VISTAS

Introducción a la lengua española

SECOND EDITION

Blanco • Donley

VISTA
HIGHER LEARNING

Boston, Massachusetts

Printed in the United States of America.

ISBN: 1-59334-382-5

10 9 8 7 6 5 4 3 2 BB 09 08 07 06 05

Table of Contents

Introduction

The **VISTAS, Second Edition,** Instructor's Resource Manual combines nine teaching resources in a single volume: the Lab Audio Program Tapescript, the Textbook Audio Tapescript, the **Fotonovela** Videoscript, the **Panorama cultural** Videoscript, English translations of the textbook's **Fotonovela** conversations, English translations of the **Panorama cultural** video voice-overs, **Hojas de actividades** handouts to accompany certain textbook activities, **Vocabulario adicional** handouts for each lesson, and answers to the textbook's **Práctica** and **¡Inténtalo!** activities.

Lab Audio Program Tapescript

This is the complete transcript of the recordings on the **VISTAS** Lab CDs or MP3 Files Audio CD-ROM, which are designed to be used in conjunction with the laboratory activities in the **VISTAS** Lab Manual. The recordings focus on building students' listening comprehension, speaking, and pronunciation skills in Spanish, as they reinforce and recycle the vocabulary and grammar of the corresponding and previous textbook lessons. Among the wide range of activities included are listening-and-repeating practice, listening-and-speaking practice, listening-and-writing activities, illustration-based work, and dictations. Students also hear a wide variety of language types, for example, statements, exclamations, questions, mini-dialogues, conversations, monologues, commercials, news broadcasts, speeches, etc. all recorded by native Spanish speakers.

For each lesson, the recordings are organized as follows:

• **Contextos** This section practices the active vocabulary taught in the corresponding textbook lesson. All exercises and activities are unique to the Lab Manual and Lab CDs/MP3s.

• **Pronunciación** In Lecciones 1–9, this section is virtually identical to the one found in the student textbook; in addition, it offers a dictation exercise not found in the corresponding textbook lesson. Since **Lecciones 10–18** of the student textbook contain **Ortografía** instead of **Pronunciación** sections, the **Pronunciación** sections in the lab program for **Lecciones 10–18** consist of original materials that expand students' pronunciation practice.

• **Estructura** This section provides exercises and activities to practice the grammar points of the corresponding textbook lesson: none duplicates those in the student textbook.

On-page **recursos** boxes throughout the student textbook and the Lab Manual, as well as annotations in the Instructor's Annotated Edition, let you and your students know exactly when laboratory activities and their corresponding recordings on the Lab CDs/MP3s are available for use.

Textbook Audio Tapescript

This is the complete transcript of the recordings on the **VISTAS** Textbook Audio CDs provided free-of-charge with the purchase of each new student text. These CDs contain the recordings to be used in conjunction with the following materials in each textbook lesson: the first **Práctica** exercise in each **Contextos** section, the **Pronunciación** exercises (**Lecciones 1–9** only), and the **Estrategia** and **Ahora escucha** activities in each **Escuchar** section. In the student textbook, an icon in the form of a headset indicates when textbook-related material is recorded on the Textbook Audio CDs. While the scripts for all materials recorded on the Textbook Audio CDs are printed in this manual, for your convenient reference, they also appear as annotations in your Instructor's Annotated Edition.

The *Fotonovela* and *Panorama cultural* Videoscripts

The complete written transcripts of the two **VISTAS 2/e** videos are provided so you can conveniently preview the video modules in preparation for using the videos in class or for assigning them for outside viewing.

Translations of the *Fotonovela* Conversations and the *Panorama cultural* Video

These sections consist of English translations of the video-based conversations in the **Fotonovela** sections of the student textbook and the **Panorama cultural** Video.

Hojas de actividades

Worksheets that accompany certain activities in the student textbook are provided for you to photocopy and hand out to the class. You will know when to access each **Hoja** from the annotations in your Instructor's Annotated Edition. Each **Hoja** also contains a page reference back to the corresponding textbook page, as well as any pertinent direction lines and models.

Vocabulario adicional

The **Vocabulario adicional** section offers supplementary vocabulary lists related to the themes of all textbook lessons. The words and expressions in the lists are not considered active or testable. Instead, they are provided to give students ready access to words and expressions they may want to use in personalized communicative activities over and above the active vocabulary provided in each lesson's **Vocabulario** section. You can distribute the **Vocabulario adicional** lists at any time during the pertinent lessons, but you might find it beneficial to hand them out after completing the **Contextos** section. This method will allow students to refer to the lists throughout the entire lesson, thereby affording them increased opportunities to expand their language use and to build a "personal lexicon."

Answers to *Práctica* and *¡Inténtalo!*

Answers to the **Práctica** and **¡Inténtalo!** activities in the student textbook are conveniently provided here, should you choose to distribute them to your students for self-correction.

*The **VISTAS 2/e** Authors and the Vista Higher Learning Editorial Staff*

CONTEXTOS

1 Identificar You will hear six short exchanges. For each one, decide whether it is a greeting, an introduction, or a leave-taking. Mark the appropriate column with an **X**.

Modelo   *You hear:* RAQUEL David, te presento a
                 Paulina.
                 DAVID Encantado.
            You mark: an **X** under *Introduction.*

1. **ANA** Hasta mañana, José.
   JOSÉ Chau, Ana. (/)
2. **ANDRÉS** Me llamo Andrés. ¿Cómo te llamas tú?
   MARIBEL Yo soy Maribel. (/)
3. **SRA. SANTOS** Buenos días, señor Martínez. ¿Cómo está usted?
   SR. MARTÍNEZ Regular. ¿Y usted? (/)
4. **FELIPE** Hola, Luisa. ¿Qué tal?
   LUISA Bien, gracias. ¿Y tú? (/)
5. **SR. ROJAS** Adiós y saludos a la señora Rodríguez.
   SR. RODRÍGUEZ Gracias, adiós. (/)
6. **SR. GARCÍA** Señora Rivas, éste es el señor Pérez.
   SRA. RIVAS Mucho gusto. (/)

2 Asociar You will hear three conversations. Look at the drawing and write the number of the conversation under the appropriate group of people.

1. **SILVIA** ¿Qué tal, Mauricio?
   MAURICIO Bien. ¿Y tú?
   SILVIA Regular. (/)
2. **ELENA** Pilar, te presento a Sergio. Sergio es del Ecuador.
   PILAR Mucho gusto, Sergio. Yo soy Pilar Salazar.
   SERGIO El gusto es mío. ¿De dónde eres, Pilar?
   PILAR Soy de España. (/)
3. **TOMÁS** Hasta pronto.
   ROSA Chau. Nos vemos mañana. (/)

3 Preguntas Listen to each question or statement and respond with an answer from the list in your lab manual. Repeat the correct response after the speaker.
1. Hola. ¿Qué tal? (/)
Bien, gracias. (/)
2. ¿Qué hay de nuevo? (/)
Nada. (/)
3. Te presento a Marta Andrade. (/)
Mucho gusto. (/)
4. Marta es de México. ¿De dónde eres tú? (/)
Soy de los Estados Unidos. (/)
5. Bueno, nos vemos mañana. (/)
Chau. (/)

PRONUNCIACIÓN

The Spanish alphabet

The Spanish alphabet consisted of 30 letters until 1994, when the **Real Academia Española** (Royal Spanish Academy) removed **ch** (**che**) and **ll** (**elle**). You may see **ch** and **ll** listed as separate letters in reference works printed before 1994. Two Spanish letters, **ñ** (**eñe**) and **rr** (**erre**), don't appear in the English alphabet. The letters **k** (**ka**) and **w** (**doble ve**) are used only in words of foreign origin. (/)

1 El alfabeto Repeat the Spanish alphabet and example words after the speaker.
a (/) adiós (/)
be (/) bien (/) problema (/)
ce (/) cosa (/) cero (/)
de (/) diario (/) nada (/)
e (/) estudiante (/)
efe (/) foto (/)
ge (/) gracias (/) Gerardo (/) regular (/)
hache (/) hola (/)
i (/) igualmente (/)
jota (/) Javier (/)
ka (/) kilómetro (/)
ele (/) lápiz (/)
eme (/) mapa (/)
ene (/) nacionalidad (/)
eñe (/) mañana (/)
o (/) once (/)
pe (/) profesor (/)
cu (/) qué (/)
ere (/) regular (/) señora (/)
erre (/) carro (/)
ese (/) señor (/)
te (/) tú (/)
u (/) usted (/)
ve (/) vista (/) nuevo (/)
doble ve (/) walkman (/)
equis (/) existir (/) México (/)
i griega (/) ye (/) yo (/)
zeta (/) ceta (/) zona (/)

2 Práctica When you hear the number, say the corresponding word aloud and then spell it. Then listen to the speaker and repeat the correct response.
1. (/) nada (/) ene, a, de, a (/)
2. (/) maleta (/) eme, a, ele, e, te, a (/)
3. (/) quince (/) cu, u, i, ene, ce, e (/)
4. (/) muy (/) eme, u, i griega (/)
5. (/) hombre (/) hache, o, eme, be, ere, e (/)
6. (/) por favor (/) pe, o, ere (/) efe, a, ve, o, ere (/)
7. (/) San Fernando (/) ese, a, ene (/) efe, e, ere, ene, a, ene, de, o (/)

8. (/) Estados Unidos (/) e, ese, te, a, de, o, ese (/) u, ene, i, de, o, ese (/)

9. (/) Puerto Rico (/) pe, u, e, ere, te, o (/) ere, i, ce, o (/)

10. (/) España (/) e, ese, pe, a, eñe, a (/)

11. (/) Javier (/) jota, a, ve, i, e, ere (/)

12. (/) Ecuador (/) e, ce, u, a, de, o, ere (/)

13. (/) Maite (/) eme, a, i, te, e (/)

14. (/) gracias (/) ge, ere, a, ce, i, a, ese (/)

15. (/) Nueva York (/) ene, u, e, ve, a (/) i griega, o, ere, ka (/)

3 Dictado You will hear six people introduce themselves. Listen carefully and write the people's names as they spell them.

1. **GONZALO** Me llamo Gonzalo Salazar. Gonzalo: ge - o - ene - zeta - a - ele - o. Salazar: ese - a - ele - a - zeta - a - ere. (/)

2. **XIMENA** Hola. Soy Ximena Díaz. Ximena: equis - i - eme - e - ene - a. Díaz: de - i acento - a - zeta. (/)

3. **CECILIA** Yo me llamo Cecilia Herrera. Cecilia: ce - e - ce - i - ele - i - a. Herrera: hache - e - erre - e - ere - a. (/)

4. **FRANCISCO** Buenas tardes. Me llamo Francisco Lozano. Francisco: efe - ere - a - ene - ce - i - ese - ce - o. Lozano: ele - o - zeta - a - ene - o. (/)

5. **JORGE** Yo soy Jorge Quintana. Jorge: jota - o - ere - ge - e. Quintana: cu - u - i - ene - te - a - ene - a. (/)

6. **MARÍA INÉS** Hola. Me llamo María Inés Peña. María: eme - a - ere - i acento - a. Inés: I - ene - e - acento - ese. Peña: pe - e - eñe - a. (/)

ESTRUCTURA

1.1 Nouns and articles

1 Identificar You will hear a series of words. Decide whether the word is masculine or feminine, and mark an **X** in the appropriate column.

Modelo *You hear:* lección
      You mark: an **X** under *feminine*.

1. computadora (/)
2. diccionario (/)
3. chica (/)
4. cuaderno (/)
5. problema (/)
6. hombre (/)
7. escuela (/)
8. nacionalidad (/)

2 Transformar Change each word from the masculine to the feminine. Repeat the correct answer after the speaker.

Modelo el chico
      la chica

1. el conductor (/)
la conductora (/)
2. el estudiante (/)
la estudiante (/)

3. un joven (/)
una joven (/)
4. el pasajero (/)
la pasajera (/)
5. un profesor (/)
una profesora (/)
6. el turista (/)
la turista (/)

3 Cambiar Change each word from the singular to the plural. Repeat the correct answer after the speaker.

Modelo una palabra
      unas palabras

1. la mujer (/)
las mujeres (/)
2. una maleta (/)
unas maletas (/)
3. un país (/)
unos países (/)
4. la capital (/)
las capitales (/)
5. el joven (/)
los jóvenes (/)
6. el autobús (/)
los autobuses (/)
7. un lápiz (/)
unos lápices (/)
8. una cosa (/)
unas cosas (/)

4 Completar Listen as Silvia reads her shopping list. Write the missing words in your lab manual.
un diccionario (/)
un diario (/)
unos cuadernos (/)
una grabadora (/)
un mapa de México (/)
unos lápices (/)

1.2 Numbers 0–30

1 Identificar ¡Bingo! You are going to play two games of bingo. As you hear each number, mark it with an **X** on your bingo card.

Juego 1 tres (/) quince (/) seis (/) veintitrés (/) cinco (/) doce (/) veintiuno (/) veinticinco (/) once (/) diecisiete (/) ¡bingo!

Juego 2 diez (/) dos (/) siete (/) trece (/) cero (/) diecinueve (/) veinticuatro (/) treinta (/) veintiocho (/) veintidós (/) ocho (/) dieciséis (/) ¡bingo!

2 Números Use the cue in your lab manual to tell how many there are of each item. Repeat the correct response after the speaker.

Modelo   *You see:* 18 chicos
               You say: dieciocho chicos

1. (/) quince lápices (/)
2. (/) cuatro computadoras (/)
3. (/) ocho cuadernos (/)
4. (/) veintidós días (/)
5. (/) nueve grabadoras (/)
6. (/) treinta fotos (/)
7. (/) una palabra (/)
8. (/) veintiséis diccionarios (/)
9. (/) doce países (/)
10. (/) tres problemas (/)
11. (/) diecisiete escuelas (/)
12. (/) veinticinco turistas (/)

3 Completar You will hear a series of math problems.
Write the missing numbers and solve the problems.
1. ¿Cuánto es diecinueve más once? (/)
2. ¿Cuánto es quince menos cinco? (/)
3. ¿Cuánto es ocho más diecisiete? (/)
4. ¿Cuánto es veintiuno menos doce? (/)
5. ¿Cuánto es tres más trece? (/)
6. ¿Cuánto es catorce más cero? (/)

4 Preguntas Look at the drawing and answer each
question you hear. Repeat the correct response after
the speaker.
1. ¿Cúantos estudiantes hay? (/)
Hay ocho estudiantes. (/)
2. ¿Cuántos mapas hay? (/)
Hay un mapa. (/)
3. ¿Cuántos profesores hay? (/)
Hay una profesora. (/)
4. ¿Cuántas mujeres hay? (/)
Hay cinco mujeres. (/)
5. ¿Cuántos hombres hay? (/)
Hay cuatro hombres. (/)
6. ¿Cuántas maletas hay? (/)
No hay maletas. (/)

1.3 Present tense of ser
1 Identificar Listen to each sentence and mark an **X** in
the column for the subject of the verb.

Modelo   *You hear:* Son pasajeros.
               You mark: an **X** under **ellos**.

1. Somos turistas. (/)
2. Soy de Puerto Rico. (/)
3. ¿De dónde eres? (/)
4. Es profesor. (/)
5. Son los lápices de Miguel. (/)
6. Ramón y yo somos de España. (/)

2 Cambiar Form a new sentence using the cue you hear
as the subject. Repeat the correct answer after the speaker.

Modelo   Isabel es de los Estados Unidos. (yo)
           Yo soy de los Estados Unidos.

1. Yo soy estudiante. (nosotros) (/)
Nosotros somos estudiantes. (/)
2. Usted es del Ecuador. (ellas) (/)
Ellas son del Ecuador. (/)
3. Ellos son turistas. (ustedes) (/)
Ustedes son turistas. (/)
4. Nosotros somos de México. (él) (/)
Él es de México. (/)
5. Ustedes son profesores. (nosotros) (/)
Nosotros somos profesores. (/)
6. Ella es de los Estados Unidos. (yo) (/)
Yo soy de los Estados Unidos. (/)
7. Tomás es conductor. (tú) (/)
Tú eres conductor. (/)
8. Yo soy de Puerto Rico. (usted) (/)
Usted es de Puerto Rico. (/)

3 Escoger Listen to each question and choose the most
logical response.
1. ¿Quién es ella? (/)
2. ¿De dónde es David? (/)
3. ¿Qué es? (/)
4. ¿De quién es? (/)
5. ¿Qué es don Mario? (/)
6. ¿De dónde eres? (/)

4 Preguntas Answer each question you hear using the
cue in your lab manual. Repeat the correct response after
the speaker.

Modelo   *You hear:* ¿De dónde es Pablo?
               You see: Estados Unidos
               You say: Él es de los Estados Unidos.

1. ¿De dónde eres tú? (/)
Yo soy de España. (/)
2. ¿De dónde son ustedes? (/)
Nosotros somos de California. (/)
3. ¿De dónde es el profesor? (/)
Él es de México. (/)
4. ¿De dónde somos nosotros? (/)
Ustedes son del Ecuador. (/)
5. ¿De dónde soy yo? (/)
Tú eres de Puerto Rico. (/)
6. ¿De dónde es la señora Sánchez? (/)
Ella es de Colorado. (/)

5 ¿Quiénes son? Listen to this conversation and write
the answers to the questions in your lab manual.
ADRIANA Hola. Me llamo Adriana Morales. ¿Cómo te
llamas tú?
ROBERTO Soy Roberto Salazar.
ADRIANA ¿De dónde eres, Roberto?
ROBERTO Yo soy de los Estados Unidos, de California.

¿Y tú?
ADRIANA Soy de San Juan, la capital de Puerto Rico.
ROBERTO ¿Eres estudiante?
ADRIANA No, soy profesora. Y tú, ¿eres estudiante?
ROBERTO Sí, soy estudiante de español. (/)

1.4 Telling time

1 **La hora** Look at the clock and listen to the statement.
Indicate whether the statement is **cierto** or **falso**.

1. Es la una menos veinte. (/)
2. Son las tres y diez. (/)
3. Son las once y media. (/)
4. Son las cinco menos cuarto. (/)
5. Son las dos menos veinticinco. (/)
6. Es la medianoche. (/)

2 **Preguntas** Some people want to know what time it is.
Answer their questions, using the cues in your lab manual.
Repeat the correct response after the speaker.

Modelo   *You hear:* ¿Qué hora es, por favor?
             You see: 3:10 p.m.
             You say: Son las tres y diez de la tarde.

1. ¿Qué hora es? (/)
Es la una y media de la tarde. (/)
2. ¿Qué hora es? (/)
Son las nueve y seis de la mañana. (/)
3. ¿Qué hora es? (/)
Son las dos y cinco de la tarde. (/)
4. ¿Qué hora es? (/)
Son las siete y cuarto de la mañana. (/)
5. ¿Qué hora es? (/)
Son las cinco menos seis de la tarde. (/)
6. ¿Qué hora es? (/)
Son las diez y veintitrés de la noche. (/)

3 **¿A qué hora?** You are trying to plan your class
schedule. Ask your counselor what time these classes
meet and write the answer.

Modelo   *You see:* la clase de economía
             You say: ¿A qué hora es la clase de economía?
             You hear: Es a las once y veinte de la mañana.
             You write: 11:20 A.M.

1. (/) Es al mediodía. (/)
2. (/) Es a las nueve y cuarto de la mañana. (/)
3. (/) Es a las ocho y media de la mañana. (/)
4. (/) Es a las cuatro menos cuarto de la tarde. (/)
5. (/) Es a las once menos diez de la mañana. (/)
6. (/) Es a las dos menos cinco de la tarde. (/)

VOCABULARIO

You will now hear the vocabulary for **Lección 1** found
on page 34 of your textbook. Listen and repeat each
Spanish word or phrase after the speaker.

Saludos
Hola. (/)
Buenos días. (/)
Buenas tardes. (/)
Buenas noches. (/)

Despedidas
Adiós. (/)
Nos vemos. (/)
Hasta luego. (/)
Hasta la vista. (/)
Hasta pronto. (/)
Hasta mañana. (/)
Saludos a… (/)
Chau. (/)

¿Cómo está?
¿Cómo está usted? (/)
¿Cómo estás? (/)
¿Qué hay de nuevo? (/)
¿Qué pasa? (/)
¿Qué tal? (/)
Bien, gracias. (/)
Muy bien, gracias. (/)
Nada. (/)
No muy bien. (/)
Regular. (/)

Expresiones de cortesía
Con permiso. (/)
De nada. (/)
Lo siento. (/)
Gracias. (/)
Muchas gracias. (/)
No hay de qué. (/)
Perdón. (/)
Por favor. (/)

Títulos
señor (/)
don (/)
señora (/)
señorita (/)

Presentaciones
¿Cómo se llama usted? (/)
¿Cómo te llamas tú ? (/)
Me llamo… (/)
¿Y tú? (/)
¿Y usted? (/)
Mucho gusto. (/)
El gusto es mío. (/)
Encantado. (/)
Encantada. (/)
Igualmente. (/)
Éste es… (/)

Ésta es... (/)
Le presento a... (/)
Te presento a... (/)
nombre (/)

¿De dónde es?
¿De dónde es usted? (/)
¿De dónde eres? (/)
Soy de... (/)

Palabras adicionales
¿cuánto? (/)
¿cuántos? (/)
¿cuánta? (/)
¿cuántas? (/)
¿de quién... ? (/)
¿de quiénes... ? (/)
hay (/)
no hay (/)

Países
Ecuador (/)
España (/)
Estados Unidos (/)
México (/)
Puerto Rico (/)

Verbos
ser (/)

Sustantivos
el autobús (/)
la capital (/)
el chico (/)
la chica (/)
la computadora (/)
la comunidad (/)
el conductor (/)

la conductora (/)
la conversación (/)
la cosa (/)
el cuaderno (/)
el día (/)
el diario (/)
el diccionario (/)
la escuela (/)
el estudiante (/)
la estudiante (/)
la foto (/)
la fotografía (/)
la grabadora (/)
el hombre (/)
el joven (/)
la joven (/)
el lápiz (/)
la lección (/)
la maleta (/)
la mano (/)
la mujer (/)
la nacionalidad (/)
el número (/)
el país (/)
la palabra (/)
el pasajero (/)
la pasajera (/)
el problema (/)
el profesor (/)
la profesora (/)
el programa (/)
el turista (/)
la turista (/)
el video (/)

End of **Lección 1**

CONTEXTOS

1 Identificar Look at each drawing and listen to the statement. Indicate whether the statement is **cierto** or **falso**.

1. Hay una silla y un borrador. (/)
2. Hay un cuaderno y unas fotos. (/)
3. Hay una mesa y un reloj. (/)
4. Hay una ventana y una pluma. (/)
5. Hay una puerta y unos libros. (/)
6. Hay un escritorio y una mochila. (/)

2 ¿Qué día es? Your friend Diego is never sure what day of the week it is. Respond to his questions saying that it is the day before the one he mentions. Then repeat the correct answer after the speaker.

Modelo   Hoy es domingo, ¿no?
          No, hoy es sábado.

1. Hoy es jueves, ¿no? (/)
No, hoy es miércoles. (/)
2. Hoy es lunes, ¿no? (/)
No, hoy es domingo. (/)
3. Hoy es viernes, ¿no? (/)
No, hoy es jueves. (/)
4. Hoy es miércoles, ¿no? (/)
No, hoy es martes. (/)
5. Hoy es sábado, ¿no? (/)
No, hoy es viernes. (/)
6. Hoy es martes, ¿no? (/)
No, hoy es lunes. (/)

3 Preguntas You will hear a series of questions. Look at Susana's schedule for today and answer each question. Then repeat the correct response after the speaker.

1. ¿Qué día es? (/)
Es martes. (/)
2. ¿A qué hora es la clase de química? (/)
Es a las once de la mañana. (/)
3. ¿Cuándo es la prueba de contabilidad? (/)
Es a la una y media de la tarde. (/)
4. ¿Quién es la profesora de matemáticas? (/)
La señorita Torres es la profesora de matemáticas. (/)
5. ¿A qué hora es la clase de matemáticas? (/)
Es a las tres de la tarde. (/)
6. ¿Quién es el señor Rivera? (/)
Es el profesor de economía. (/)

PRONUNCIACIÓN

Spanish vowels

Spanish vowels are never silent; they are always pronounced in a short, crisp way without the glide sounds used in English.

a (/)   e (/)   i (/)   o (/)   u (/)

The letter **a** is pronounced like the *a* in *father*, but shorter.
Álex (/)   clase (/)   nada (/)   encantada (/)

The letter **e** is pronounced like the *e* in *they*, but shorter.
el (/)   ene (/)   mesa (/)   elefante (/)

The letter **i** sounds like the *ee* in *beet*, but shorter.
Inés (/)   chica (/)   tiza (/)   señorita (/)

The letter **o** is pronounced like the *o* in *tone*, but shorter.
hola (/)   con (/)   libro (/)   don Francisco (/)

The letter **u** sounds like the *oo* in *room*, but shorter.
uno (/)   regular (/)   saludos (/)   gusto (/)

1 Práctica Practice the vowels by repeating the names of these places in Spain after the speaker.

1. Madrid (/)
2. Alicante (/)
3. Tenerife (/)
4. Toledo (/)
5. Barcelona (/)
6. Granada (/)
7. Burgos (/)
8. La Coruña (/)

2 Oraciones Repeat each sentence after the speaker, focusing on the vowels.

1. Hola. Me llamo Ramiro Morgado. (/)
2. Estudio arte en la Universidad de Salamanca. (/)
3. Tomo también literatura y contabilidad. (/)
4. Ay, tengo clase en cinco minutos. ¡Nos vemos! (/)

3 Refranes Repeat each saying after the speaker to practice vowels.

1. Del dicho al hecho hay un gran trecho. (/)
2. Cada loco con su tema. (/)

4 Dictado You will hear a conversation. Listen carefully and write what you hear during the pauses. The entire conversation will then be repeated so you can check your work.

JUAN Buenos días. (/) Soy Juan Ramón Montero. (/) Aquí estamos en la Universidad de Sevilla con Rosa Santos. (/) Rosa es estudiante de ciencias. (/) Rosa, tomas muchas clases, ¿no? (/)

ROSA Sí, me gusta estudiar. (/)

JUAN ¿Te gusta la clase de biología? (/)

ROSA Sí, es muy interesante. (/)

ESTRUCTURA

2.1 Present tense of -ar verbs

1 Identificar Listen to each sentence and mark an **X** in the column for the subject of the verb.

Modelo   *You hear:* Trabajo en la cafetería.
          You mark: an **X** under **yo.**

1. Viaja a España mañana. (/)
2. Estudian matemáticas. (/)
3. ¿Esperas el autobús? (/)
4. Escucho la radio. (/)
5. Compramos una mesa y unas sillas hoy. (/)
6. Bailas muy bien. (/)
7. Llegan a las cinco. (/)
8. Hablamos inglés y español. (/)

2 Cambiar Form a new sentence using the cue you hear as the subject. Repeat the correct answer after the speaker.

Modelo   María practica los verbos ahora. (José y María)
          José y María practican los verbos ahora.

1. María practica los verbos ahora. (tú) (/)
Tú practicas los verbos ahora. (/)
2. los estudiantes (/)
Los estudiantes practican los verbos ahora. (/)
3. Luis y yo (/)
Luis y yo practicamos los verbos ahora. (/)
4. Ustedes (/)
Ustedes practican los verbos ahora. (/)
5. yo (/)
Yo practico los verbos ahora. (/)
6. Pedro (/)
Pedro practica los verbos ahora. (/)

3 Preguntas Answer each question you hear in the negative. Repeat the correct response after the speaker.

Modelo   ¿Estudias geografía?
          No, yo no estudio geografía.

1. ¿Toman los chicos el autobús? (/)
No, los chicos no toman el autobús. (/)
2. ¿Necesitas terminar la tarea? (/)
No, yo no necesito terminar la tarea. (/)
3. ¿Caminan ustedes a la universidad? (/)
No, nosotros no caminamos a la universidad. (/)
4. ¿Desea Raúl viajar a Barcelona? (/)
No, Raúl no desea viajar a Barcelona. (/)
5. ¿Buscan ustedes una residencia estudiantil? (/)
No, nosotros no buscamos una residencia estudiantil. (/)
6. ¿Regresas el domingo? (/)
No, yo no regreso el domingo. (/)
7. ¿Enseña la señora Vargas historia? (/)
No, la señora Vargas no enseña historia. (/)
8. ¿Trabajas en el laboratorio de computación? (/)

No, yo no trabajo en el laboratorio de computación. (/)

4 Completar Listen to the following description and write the missing words in your lab manual.

Teresa y yo estudiamos en la Universidad Autónoma de Madrid. Teresa estudia lenguas extranjeras. Ella desea trabajar en las Naciones Unidas. Yo tomo clases de periodismo. También me gusta cantar y bailar. Los sábados canto con una tuna. Una tuna es una orquesta estudiantil. Los jóvenes de la tuna caminan por las calles y cantan canciones tradicionales de España. (/)

2.2 Forming questions in Spanish

1 Escoger Listen to each question and choose the most logical response.
1. ¿Por qué necesitas estudiar ahora? (/)
2. ¿Adónde viaja Lourdes? (/)
3. ¿Cuándo llegan ustedes? (/)
4. ¿Quiénes dibujan? (/)
5. ¿Enseña el profesor Beltrán química? (/)
6. ¿Qué escuchan en la radio? (/)
7. Te gusta mirar la televisión, ¿no? (/)
8. ¿Cuántos diccionarios hay? (/)

2 Cambiar Change each sentence into a question using the cue in your lab manual. Repeat the correct response after the speaker.

Modelo   *You hear:* Los turistas toman el autobús.
          You see: ¿Quiénes?
          You say: ¿Quiénes toman el autobús?

1. Raquel estudia en la biblioteca. (/)
¿Dónde estudia Raquel? (/)
2. Hay muchos estudiantes en la clase. (/)
¿Cuántos estudiantes hay en la clase? (/)
3. Necesito comprar papel. (/)
¿Qué necesitas comprar?
4. El profesor Villegas enseña matemáticas. (/)
¿Quién enseña matemáticas? (/)
5. Los señores Montero regresan el miércoles. (/)
¿Cuándo regresan los señores Montero? (/)
6. Fernando trabaja en una librería. (/)
¿Dónde trabaja Fernando? (/)
7. Silvia y Cecilia hablan con la profesora. (/)
¿Quiénes hablan con la profesora? (/)
8. Llevo la computadora y unos libros en la mochila. (/)
¿Qué llevas en la mochila? (/)

3 ¿Lógico o ilógico? You will hear some questions and the responses. Decide if they are **lógico** or **ilógico**.
1. **JUAN** ¿Qué clases tomas?
   ANA Tomo computación, inglés y administración de empresas. (/)
2. **JUAN** ¿A qué hora es la clase de computación?
   ANA Tomo computación los lunes, miércoles y viernes. (/)

3. **JUAN** ¿Quién es la profesora de inglés?
ANA Es de España. (/)

4. **JUAN** Tú y Diana trabajan el sábado, ¿verdad?
ANA No, no trabajamos el sábado. (/)

5. **JUAN** ¿Por qué miran ustedes la televisión?
ANA Miramos el programa *Sábado gigante*. (/)

6. **JUAN** ¿Cómo llega Diana a clase?
ANA Ella llega en autobús. (/)

4 Un anuncio Listen to this radio advertisement and answer the questions in your lab manual.

¿Deseas viajar a España y estudiar español? Toma un curso en Escuela Cervantes en la capital, Madrid. Enseñamos español, historia de arte y literatura. En Escuela Cervantes los estudiantes practican el español día y noche. También viajan a Toledo y Salamanca. ¡Estudia en Escuela Cervantes! (/)

2.3 Present tense of estar

1 Describir Look at the drawing and listen to each statement. Indicate whether the statement is **cierto** or **falso**.

1. La ventana está detrás del escritorio. (/)
2. La computadora está a la derecha. (/)
3. Los lápices están al lado del cuaderno. (/)
4. El cuaderno está debajo del escritorio. (/)
5. La mochila está a la izquierda de los libros. (/)
6. El reloj está encima del papel. (/)
7. El cuaderno está delante de la silla. (/)
8. La mochila está sobre la computadora. (/)

2 Cambiar Form a new sentence using the cue you hear. Repeat the correct answer after the speaker.

Modelo　Irma está en la biblioteca. (Irma y Hugo)
Irma y Hugo están en la biblioteca.

1. Las residencias no están lejos. (la librería) (/)
La librería no está lejos. (/)
2. René está en la cafetería. (nosotros) (/)
Nosotros estamos en la cafetería. (/)
3. Yo estoy cerca del estadio. (Julio y Verónica) (/)
Julio y Verónica están cerca del estadio. (/)
4. Nosotros estamos en el laboratorio. (tú) (/)
Tú estás en el laboratorio. (/)
5. La mochila está encima del escritorio. (los lápices) (/)
Los lápices están encima del escritorio. (/)
6. Tú estás enfrente de la pizarra. (usted) (/)
Usted está enfrente de la pizarra. (/)
7. Los turistas están en España. (Ernesto y yo) (/)
Ernesto y yo estamos en España. (/)
8. Yolanda está en la universidad. (yo) (/)
Yo estoy en la universidad. (/)

3 Escoger You will hear some sentences with a beep in place of the verb. Decide which form of **ser** or **estar** should complete each sentence and circle it.

Modelo　*You hear:* Javier (*beep*) estudiante.
You circle: **es** because the sentence is **Javier es estudiante.**

1. Felipe no (*beep*) bien hoy. (/)
2. El examen de biología (*beep*) a las diez. (/)
3. El señor Montoya (*beep*) el profesor de economía. (/)
4. (*Beep*) de Salamanca. (/)
5. La cafetería no (*beep*) al lado de la biblioteca. (/)
6. Tú (*beep*) la compañera de cuarto de María Elena, ¿verdad? (/)
7. Ahora los chicos (*beep*) en clase. (/)
8. (*Beep*) las dos y media. (/)

2.4 Numbers 31–100

1 Números de teléfono You want to invite some classmates to a party, but you don't have their telephone numbers. Ask the person who sits beside you what their telephone numbers are and write the answer.

Modelo　*You see:* Elián
You say: ¿Cuál es el número de teléfono de Elián?
You hear: Es el ocho, cuarenta y tres, cero, ocho, treinta y cinco.
You write: 843-0835

1. (/) Es el cinco, ochenta y cinco, noventa y uno, quince. (/)
2. (/) Es el cuatro, setenta y seis, cuarenta y cuatro, sesenta. (/)
3. (/) Es el nueve, cincuenta y siete, cero, dos, treinta y tres. (/)
4. (/) Es el ocho, cero seis, cincuenta y nueve, noventa y uno. (/)
5. (/) Es el siete, cuarenta y tres, setenta y dos, cincuenta. (/)
6. (/) Es el tres, doce, treinta y tres, setenta y cuatro. (/)
7. (/) Es el dos, ochenta y uno, cuarenta, sesenta y siete. (/)
8. (/) Es el ocho, treinta y seis, cincuenta y cinco, ochenta y uno. (/)

2 Preguntas You and a coworker are taking inventory at the university bookstore. Answer your coworker's questions using the cues in your lab manual. Repeat the correct response after the speaker.

Modelo　*You hear:* ¿Cuántos diccionarios hay?
You see: 45
You say: Hay cuarenta y cinco diccionarios.

1. ¿Cuántas mochilas hay? (/)
Hay cincuenta y seis mochilas. (/)
2. ¿Cuántos libros de arte hay? (/)
Hay treinta y dos libros de arte. (/)
3. ¿Cuántos relojes hay? (/)
Hay sesenta y cuatro relojes. (/)
4. ¿Cuántos borradores hay? (/)
Hay ochenta y tres borradores. (/)
5. ¿Cuántos libros de psicología hay? (/)
Hay noventa y cinco libros de psicología. (/)

6. ¿Cuántos cuadernos hay? (/)

Hay cuarenta y ocho cuadernos. (/)

7. ¿Cuántas computadoras hay? (/)

Hay treinta y una computadoras. (/)

8. ¿Cuántas plumas hay? (/)

Hay setenta y nueve plumas. (/)

3 Mensaje telefónico Listen to this telephone conversation and complete the phone message in your lab manual with the correct information.

RITA ¿Sí?

ANTONIO Hola. ¿Está Carmen?

RITA No, no está. Soy Rita, su compañera de cuarto. ¿Quién habla?

ANTONIO Antonio Sánchez. ¿A qué hora regresa Carmen?

RITA A las ocho. Ahora trabaja en el laboratorio de lenguas.

ANTONIO Oye, necesito hablar con ella. Hay un problema con la computadora.

RITA ¿Dónde estás, Antonio?

ANTONIO Estoy en la residencia. El número de teléfono es el siete, ochenta y cinco, sesenta y dos, cincuenta y nueve.

RITA Muy bien.

ANTONIO Muchas gracias, Rita. Adiós.

RITA Adiós. (/)

VOCABULARIO

You will now hear the vocabulary for **Lección 2** found on page 68 of your textbook. Listen and repeat each Spanish word or phrase after the speaker.

La clase y la universidad

el borrador (/)

la clase (/)

el compañero de clase (/)

la compañera de clase (/)

el compañero de cuarto (/)

la compañera de cuarto (/)

el escritorio (/)

el estudiante (/)

la estudiante (/)

el libro (/)

el mapa (/)

la mesa (/)

la mochila (/)

el papel (/)

la papelera (/)

la pizarra (/)

la pluma (/)

el profesor (/)

la profesora (/)

la puerta (/)

el reloj (/)

la silla (/)

la tiza (/)

la ventana (/)

la biblioteca (/)

la cafetería (/)

la casa (/)

el estadio (/)

el laboratorio (/)

la librería (/)

la residencia estudiantil (/)

la universidad (/)

el curso (/)

la materia (/)

la especialización (/)

el examen (/)

el horario (/)

la prueba (/)

el semestre (/)

la tarea (/)

el trimestre (/)

Las materias

la administración de empresas (/)

el arte (/)

la biología (/)

las ciencias (/)

la computación (/)

la contabilidad (/)

la economía (/)

el español (/)

la física (/)

la geografía (/)

la historia (/)

las humanidades (/)

el inglés (/)

las lenguas extranjeras (/)

la literatura (/)

las matemáticas (/)

la música (/)

el periodismo (/)

la psicología (/)

la química (/)

la sociología (/)

Preposiciones

al lado de (/)

a la derecha de (/)

a la izquierda de (/)

en (/)

cerca de (/)

con (/)

debajo de (/)

delante de (/)

detrás de (/)

encima de (/)

entre (/)
lejos de (/)
sin (/)
sobre (/)

Palabras adicionales
¿adónde? (/)
ahora (/)
¿cuál? (/)
¿cuáles? (/)
¿por qué? (/)
porque (/)

Verbos
bailar (/)
buscar (/)
caminar (/)
cantar (/)
cenar (/)
comprar (/)
contestar (/)
conversar (/)
desayunar (/)
descansar (/)
desear (/)
dibujar (/)
enseñar (/)
escuchar la radio (/)
escuchar música (/)
esperar (/)
estar (/)

estudiar (/)
explicar (/)
hablar (/)
llegar (/)
llevar (/)
mirar (/)
necesitar (/)
practicar (/)
preguntar (/)
preparar (/)
regresar (/)
terminar (/)
tomar (/)
trabajar (/)
viajar (/)

Los días de la semana
¿Cuándo? (/)
¿Qué día es hoy? (/)
Hoy es… (/)
la semana (/)
lunes (/)
martes (/)
miércoles (/)
jueves (/)
viernes (/)
sábado (/)
domingo (/)

End of **Lección 2**

CONTEXTOS

1 Escoger You will hear some questions. Look at the family tree and choose the correct answer to each question.

1. ¿Quién es la hermana de José Antonio y Ramón? (/)
2. ¿Cómo se llama el esposo de Ana María? (/)
3. ¿Cómo se llama la abuela? (/)
4. ¿Cómo se llama la madre de Concha? (/)
5. ¿Quiénes son los nietos de Juan Carlos? (/)
6. ¿Quién es el cuñado de Luis Miguel? (/)
7. ¿Quién es la suegra de Raquel? (/)
8. ¿Cómo se llama el padre de Eduardo? (/)

2 La familia González Héctor wants to verify the relationship between various members of the González family. Look at the drawing and answer his questions with the correct information. Repeat the correct response after the speaker.

Modelo   Juan Carlos es el abuelo de Eduardo, ¿verdad?
No, Juan Carlos es el padre de Eduardo.

1. Eduardo y Ana María son primos, ¿verdad? (/)
No, Eduardo y Ana María son hermanos. (/)
2. Pilar es la nuera de Joaquín, ¿verdad? (/)
No, Pilar es la esposa de Joaquín. (/)
3. José Antonio y Ramón son los hijos de Luis Miguel, ¿verdad? (/)
No, José Antonio y Ramón son los sobrinos de Luis Miguel. (/)
4. Eduardo es el padre de Pilar, ¿verdad? (/)
No, Eduardo es el tío de Pilar. (/)
5. Concha es la nieta de Raquel y Eduardo, ¿verdad? (/)
No, Concha es la hija de Raquel y Eduardo. (/)
6. Concha y Pilar son hermanas, ¿verdad? (/)
No, Concha y Pilar son primas. (/)

3 Profesiones Listen to each statement and write the number of the statement below the drawing it describes.
1. Es programador. (/)
2. Es médica. (/)
3. Es periodista. (/)
4. Es ingeniero. (/)

PRONUNCIACIÓN

Diphthongs and linking

In Spanish, **a, e,** and **o** are considered strong vowels. The weak vowels are **i** and **u**.

hermano (/)   niña (/)   cuñado (/)

A diphthong is a combination of two weak vowels or of a strong vowel and a weak vowel. Diphthongs are pronounced as a single syllable.

ruido (/)   parientes (/)   periodista (/)

Two identical vowel sounds that appear together are pronounced like one long vowel.

la ‿ abuela (/)   mi ‿ hijo (/)   una clase ‿ excelente (/)

Two identical consonants together sound like a single consonant.

con ‿ Natalia (/)   sus ‿ sobrinos (/)   las ‿ sillas (/)

A consonant at the end of a word is always linked with the vowel sound at the beginning of the next word.

Es ‿ ingeniera. (/)   mis ‿ abuelos (/)   sus ‿ hijos (/)

A vowel at the end of a word is always linked with the vowel sound at the beginning of the next word.

mi ‿ hermano (/)   su ‿ esposa (/)   nuestro ‿ amigo (/)

1 Práctica Repeat each word after the speaker, focusing on the diphthongs.

1. historia (/)
2. nieto (/)
3. parientes (/)
4. novia (/)
5. residencia (/)
6. prueba (/)
7. puerta (/)
8. ciencias (/)
9. lenguas (/)
10. estudiar (/)
11. izquierda (/)
12. ecuatoriano (/)

2 Oraciones When you hear the number, read the corresponding sentence aloud. Then listen to the speaker and repeat the sentence.
1. (/) Hola. Me llamo Anita Amaral. Soy del Ecuador. (/)
2. (/) Somos seis en mi familia. (/)
3. (/) Tengo dos hermanos y una hermana. (/)
4. (/) Mi papá es del Ecuador y mi mamá es de España. (/)

3 Refranes Repeat each saying after the speaker to practice diphthongs and linking sounds.
1. Cuando una puerta se cierra, otra se abre. (/)
2. Hablando del rey de Roma, por la puerta se asoma. (/)

4 Dictado You will hear eight sentences. Each will be said twice. Listen carefully and write what you hear.
1. Carlos Crespo es mi medio hermano. (/)
2. El padre de Carlos es Emilio Crespo. (/)
3. Es italiano. (/)
4. Mi padre es Arturo Molina. (/)
5. Carlos estudia administración de empresas. (/)
6. Yo estudio ciencias. (/)
7. Diana es la novia de Carlos. (/)
8. Somos compañeras y amigas. (/)

ESTRUCTURA

3.1 Descriptive adjectives

1 Transformar Change each sentence from the masculine to the feminine. Repeat the correct answer after the speaker.

Modelo   El chico es mexicano.
         La chica es mexicana.

1. El ingeniero es español. (/)
La ingeniera es española. (/)
2. El hijo de Sara es guapo. (/)
La hija de Sara es guapa. (/)
3. Los niños son ingleses. (/)
Las niñas son inglesas. (/)
4. El profesor es norteamericano. (/)
La profesora es norteamericana. (/)
5. Es un conductor bueno. (/)
Es una conductora buena. (/)
6. Los turistas alemanes son antipáticos. (/)
Las turistas alemanas son antipáticas. (/)

2 Cambiar Change each sentence from the singular to the plural. Repeat the correct answer after the speaker.

Modelo   El profesor es ecuatoriano.
         Los profesores son ecuatorianos.

1. El médico es trabajador. (/)
Los médicos son trabajadores. (/)
2. La muchacha es guapa. (/)
Las muchachas son guapas. (/)
3. El artista es italiano. (/)
Los artistas son italianos. (/)
4. El programador es japonés. (/)
Los programadores son japoneses. (/)
5. El examen es difícil. (/)
Los exámenes son difíciles. (/)
6. La foto es fea. (/)
Las fotos son feas. (/)

3 Mis compañeros de clase Describe your classmates, using the cues in your lab manual. Repeat the correct response after the speaker.

Modelo   *You hear:* María
         You see: alto
         You say: María es alta.

1. José y Elena (/)
José y Elena son simpáticos. (/)
2. Ana y Marta (/)
Ana y Marta son rubias. (/)
3. Héctor y Esteban (/)
Héctor y Esteban son inteligentes. (/)
4. Patricia (/)
Patricia es pelirroja y muy bonita. (/)
5. Roberto y Luis (/)

Roberto y Luis son altos y morenos. (/)
6. Eva (/)
Eva es delgada y trabajadora. (/)
7. Ernesto (/)
Ernesto es bajo y gordo. (/)
8. Carmen y Diana (/)
Carmen y Diana son tontas. (/)

4 Completar Listen to the following description and write the missing words in your lab manual.

Mañana mis parientes llegan de Guayaquil. Son cinco personas: mi abuela Isabel, tío Carlos y tía Josefina y mis primos Susana y Tomás. Mi prima es bonita y simpática. Baila muy bien. Tomás es un niño inteligente, pero es tonto. Tío Carlos es simpático y trabajador. Tía Josefina es alta y morena. Mi abuela es vieja y muy buena. (/)

5 La familia Rivas Look at the photo of the Rivas family and listen to each statement. Indicate whether the statement is **cierto** or **falso**.
1. Es una familia grande. (/)
2. La madre es alta. (/)
3. Los hijos son morenos. (/)
4. El padre es muy joven. (/)
5. Susana, la hija, es delgada. (/)
6. Alfredo, el hijo, es guapo. (/)
7. Los padres son antipáticos. (/)

3.2 Possessive adjectives

1 Identificar Listen to each statement and mark an **X** in the column for the possessive adjective you hear.

Modelo   *You hear:* Es mi diccionario de español.
         You mark: an **X** under *my*.

1. Nuestra profesora es de España. (/)
2. Tomás busca su mochila. (/)
3. Mis padres trabajan mucho. (/)
4. Los estudiantes necesitan llevar sus libros a clase. (/)
5. ¿Cómo está tu esposo, Clara? (/)
6. Sandra habla con sus tíos. (/)
7. Aquí están unas fotos de mi niña. (/)
8. Nuestros hijos caminan a la escuela. (/)

2 Escoger Listen to each question and choose the most logical response.
1. María, ¿está aquí el hijastro de Ernesto? (/)
2. ¿Son norteamericanos los abuelos de ustedes? (/)
3. Señor González, ¿trabaja su hijo ahora? (/)
4. Pablo, ¿cuándo regresan tus padres? (/)
5. Carolina, ¿cómo se llama la hermana de Miguel? (/)
6. Mamá, ¿dónde están mis plumas? (/)
7. Ricardo, ¿es programador tu sobrino? (/)
8. ¿Cómo es el horario de ustedes este semestre? (/)

3 Preguntas Answer each question you hear in the affirmative using the appropriate possessive adjective. Repeat the correct response after the speaker.

Modelo   ¿Es tu lápiz?

        Sí, es mi lápiz.

1. ¿Es el novio de Rosa? (/)

Sí, es su novio. (/)

2. ¿Es la grabadora de ustedes? (/)

Sí, es nuestra grabadora. (/)

3. ¿Son tus compañeros de cuarto? (/)

Sí, son mis compañeros de cuarto. (/)

4. ¿Son mis papeles? (/)

Sí, son tus papeles. (/)

5. ¿Son las maletas de ustedes? (/)

Sí, son nuestras maletas. (/)

6. ¿Son los libros de Raúl? (/)

Sí, son sus libros. (/)

7. ¿Es tu padre? (/)

Sí, es mi padre. (/)

3.3 Present tense of -er and -ir verbs

1 Identificar Listen to each statement and mark an **X** in the column for the subject of the verb.

Modelo   *You hear:* Corro con Dora mañana.

        You mark: an **X** under **yo.**

1. Leemos el horario. (/)

2. Come con Gabriela hoy. (/)

3. Escriben con lápiz. (/)

4. No decido ahora. (/)

5. No debes comer en la biblioteca. (/)

6. Asisten a la Universidad de Quito. (/)

2 Cambiar Listen to the following statements. Using the cues you hear, say that these people do the same activities. Repeat the correct answer after the speaker.

Modelo   Julia aprende francés. (mi amigo)

        Mi amigo también aprende francés.

1. Marcos bebe Pepsi. (yo) (/)

Yo también bebo Pepsi. (/)

2. Yo asisto a clase hoy. (nosotros) (/)

Nosotros también asistimos a clase hoy. (/)

3. Andrés come ahora. (los niños) (/)

Los niños también comen ahora. (/)

4. Celia escribe bien en español. (tú) (/)

Tú también escribes bien en español. (/)

5. Yo comprendo la tarea. (nosotros) (/)

Nosotros también comprendemos la tarea. (/)

6. Eva lee muchos libros. (tú) (/)

Tú también lees muchos libros. (/)

7. Tú debes estudiar. (ustedes) (/)

Ustedes también deben estudiar. (/)

8. Mis parientes viven en Texas. (mi novia) (/)

Mi novia también vive en Texas. (/)

3 Preguntas Answer each question you hear in the negative. Repeat the correct response after the speaker.

Modelo   ¿Viven ellos en una residencia estudiantil?

        No, ellos no viven en una residencia estudiantil.

1. ¿Abres las ventanas? (/)

No, yo no abro las ventanas. (/)

2. ¿Comen tus amigos en la cafetería hoy? (/)

No, mis amigos no comen en la cafetería hoy. (/)

3. ¿Viven ustedes en el Ecuador? (/)

No, nosotros no vivimos en el Ecuador. (/)

4. ¿Corre Sara mañana? (/)

No, Sara no corre mañana. (/)

5. ¿Recibes muchas cartas? (/)

No, yo no recibo muchas cartas. (/)

6. ¿Debe comprar él un diccionario? (/)

No, él no debe comprar un diccionario. (/)

7. ¿Aprenden ustedes inglés en la clase? (/)

No, nosotros no aprendemos inglés en la clase. (/)

8. ¿Leen los estudiantes la Lección 4? (/)

No, los estudiantes no leen la Lección 4. (/)

4 Describir Listen to each statement and write the number of the statement below the drawing it describes.

1. Comemos a las seis. (/)

2. Hoy debo comprar un reloj. (/)

3. Ellos aprenden a dibujar. (/)

4. Él escribe en la pizarra. (/)

3.4 Present tense of tener and venir

1 Cambiar Form a new sentence using the cue you hear as the subject. Repeat the correct answer after the speaker.

Modelo   Alicia viene a las seis. (David y Rita)

        David y Rita vienen a las seis.

1. Alicia viene a las seis. (tú) (/) Tú vienes a las seis. (/)

2. Felipe y yo (/) Felipe y yo venimos a las seis. (/)

3. los abuelos (/) Los abuelos vienen a las seis. (/)

4. yo (/) Yo vengo a las seis. (/)

5. mi prima (/) Mi prima viene a las seis. (/)

6. ustedes (/) Ustedes vienen a las seis. (/)

2 Consejos Some people are not doing what they should. Say what they have to do. Repeat the correct response after the speaker.

Modelo   Elena no trabaja.

        Elena tiene que trabajar.

1. Tú no comes bien. (/)

Tú tienes que comer bien. (/)

2. Yo no practico el vocabulario mucho. (/)

Yo tengo que practicar el vocabulario mucho. (/)

3. Luis y Eva no estudian. (/)

Luis y Eva tienen que estudiar. (/)

4. Nosotros no hablamos mucho en clase. (/)

Nosotros tenemos que hablar mucho en clase. (/)

5. Carlos no viene a clase. (/)

Carlos tiene que venir a clase. (/)

6. Ustedes no preparan la tarea. (/)

Ustedes tienen que preparar la tarea. (/)

3 **Preguntas** Answer each question you hear using the cue in your lab manual. Repeat the correct answer after the speaker.

Modelo   ¿Tienen sueño los niños? (no)
          No, los niños no tienen sueño.

1. ¿Tienes ganas de bailar? (/)

Sí, tengo ganas de bailar. (/)

2. ¿Quién tiene hambre? (/)

Roberto tiene hambre. (/)

3. ¿Tienen ustedes un examen de biología hoy? (/)

No, no tenemos un examen de biología hoy. (/)

4. ¿Tienes hermanos mayores? (/)

Tengo dos hermanos mayores. (/)

5. ¿Viene tu abuela de California? (/)

Sí, mi abuela viene de California. (/)

6. ¿Con quiénes viene? (/)

Viene con mis tíos. (/)

7. ¿Cuándo vienen ellos? (/)

Ellos vienen el domingo. (/)

4 **Situaciones** Listen to each situation and choose the appropriate **tener** expression. Each situation will be repeated.

1. Tú estás en la cafetería y tienes sólo quince minutos para comer. (/)

2. Los señores Suárez están en el restaurante *La buena mesa*. (/)

3. La temperatura hoy está a noventa y nueve grados. (/)

4. Yo bebo una limonada. (/)

5. Lupita cree que veinte y treinta son cuarenta. (/)

6. ¡Ay! Es el monstruo Frankenstein. ¡Corre! (/)

5 **Mi familia** Listen to the following description. Then read the statements in your lab manual and decide whether they are **cierto** or **falso**.

¡Hola! Me llamo Francisco Acosta y soy puertorriqueño. Tengo veinte años y asisto a la Universidad de Nueva York donde estudio economía. Mi familia vive en San Juan, la capital de Puerto Rico. Mi padre, Carlos, tiene cuarenta y cinco años. Es ingeniero. Mi madre, Dolores, enseña inglés en un instituto de idiomas. Mi hermana Maricarmen asiste a la escuela secundaria. Tiene dieciséis años. (/)

VOCABULARIO

You will now hear the vocabulary for **Lección 3** found on page 102 of your textbook. Listen and repeat each Spanish word or phrase after the speaker.

La familia

los abuelos (/)

el apellido (/)

el bisabuelo (/)

la bisabuela (/)

el abuelo (/)

la abuela (/)

el cuñado (/)

la cuñada (/)

el esposo (/)

la esposa (/)

la familia (/)

el gemelo (/)

la gemela (/)

el hermanastro (/)

la hermanastra (/)

el hermano (/)

la hermana (/)

el hijastro (/)

la hijastra (/)

el hijo (/)

la hija (/)

los hijos (/)

la madrastra (/)

la madre (/)

el medio hermano (/)

la media hermana (/)

el nieto (/)

la nieta (/)

la nuera (/)

el padrastro (/)

el padre (/)

los padres (/)

los parientes (/)

el primo (/)

la prima (/)

el sobrino (/)

la sobrina (/)

el suegro (/)

la suegra (/)

el tío (/)

la tía (/)

el yerno (/)

Otras personas

el amigo (/)

la amiga (/)

la gente (/)

el muchacho (/)

la muchacha (/)

el niño (/)

la niña (/)

el novio (/)

la novia (/)

la persona (/)

Profesiones

el artista (/)
la artista (/)
el ingeniero (/)
la ingeniera (/)
el doctor (/)
la doctora (/)
el médico (/)
la médica (/)
el periodista (/)
la periodista (/)
el programador (/)
la programadora (/)

Adjetivos

alto (/)
alta (/)
antipático (/)
antipática (/)
bajo (/)
baja (/)
bonito (/)
bonita (/)
buen (/)
bueno (/)
buena (/)
delgado (/)
delgada (/)
difícil (/)
fácil (/)
feo (/)
fea (/)
gordo (/)
gorda (/)
gran (/)
grande (/)
guapo (/)
guapa (/)

importante (/)
inteligente (/)
interesante (/)
joven (/)
mal (/)
malo (/)
mala (/)
mismo (/)
misma (/)
moreno (/)
morena (/)
mucho (/)
mucha (/)
pelirrojo (/)
pelirroja (/)
pequeño (/)
pequeña (/)
rubio (/)
rubia (/)
simpático (/)
simpática (/)
tonto (/)
tonta (/)
trabajador (/)
trabajadora (/)
viejo (/)
vieja (/)

Nacionalidades

alemán (/)
alemana (/)
canadiense (/)
chino (/)
china (/)
ecuatoriano (/)
ecuatoriana (/)
español (/)
española (/)

estadounidense (/)
francés (/)
francesa (/)
inglés (/)
inglesa (/)
italiano (/)
italiana (/)
japonés (/)
japonesa (/)
mexicano (/)
mexicana (/)
norteamericano (/)
norteamericana (/)
puertorriqueño (/)
puertorriqueña (/)
ruso (/)
rusa (/)

Verbos

abrir (/)
aprender (/)
asistir a (/)
beber (/)
comer (/)
compartir (/)
comprender (/)
correr (/)
creer en (/)
deber (/)
decidir (/)
describir (/)
escribir (/)
leer (/)
recibir (/)
tener (/)
venir (/)
vivir (/)

End of **Lección 3**

CONTEXTOS

1 Lugares You will hear six people describe what they are doing. Choose the place that corresponds to the activity.

1. Leo una revista y como. (/)
2. Practico el esquí. (/)
3. Miro un partido de fútbol. (/)
4. Nado y tomo el sol. (/)
5. Patino en línea. (/)
6. Veo una película. (/)

2 Describir For each drawing, you will hear two statements. Choose the one that corresponds to the drawing.

1. a. Son jugadores de vóleibol.
b. Es un equipo de béisbol. (/)
2. a. Javier bucea.
b. Javier practica el esquí acuático. (/)
3. a. Cristina y Marisol patinan bien.
b. Cristina y Marisol pasan mucho tiempo en casa. (/)
4. a. La señora lee el periódico.
b. La señora lee una tarjeta postal. (/)

3 Completar Listen to this description and write the missing words in your lab manual.

Chapultepec es un parque muy grande en el centro de la Ciudad de México. Los domingos muchas familias llegan a Chapultepec a pasear, descansar y practicar deportes como el baloncesto, el fútbol, el vóleibol y el ciclismo. Muchos turistas también pasean por Chapultepec. Visitan los museos y el Monumento a los Niños Héroes. (/)

PRONUNCIACIÓN

Word stress and accent marks

Every Spanish syllable contains at least one vowel. When two vowels are joined in the same syllable, they form a diphthong. A monosyllable is a word formed by a single syllable.

pe- lí- cu- la (/)   e- di- fi- cio (/)   ver (/)   yo (/)

The syllable of a Spanish word that is pronounced most emphatically is the "stressed" syllable.

bi- blio- te- ca (/)   vi- si- tar (/)   par- que (/)   fút- bol (/)

Words that end in **n**, **s**, or a vowel are usually stressed on the next to last syllable.

pe- lo- ta (/)   pis- ci- na (/)   ra- tos (/)   ha- blan (/)

If words that end in **n**, **s**, or a vowel are stressed on the last syllable, they must carry an accent mark on the stressed syllable.

na- ta- ción (/)   pa- pá (/)   in- glés (/)   Jo- sé (/)

Words that do *not* end in **n**, **s**, or a vowel are usually stressed on the last syllable.

bai- lar (/)   es- pa- ñol (/)   u- ni- ver- si- dad (/)
tra- ba- ja- dor (/)

If words that do *not* end in **n**, **s**, or a vowel are stressed on the next to last syllable, they must carry an accent mark on the stressed syllable.

béis- bol (/)   lá- piz (/)   ár- bol (/)   Gó- mez (/)

1 Práctica Repeat each word after the speaker, stressing the correct syllable.

1. profesor (/)
2. Puebla (/)
3. ¿Cuántos? (/)
4. Mazatlán (/)
5. examen (/)
6. ¿Cómo? (/)
7. niños (/)
8. Guadalajara (/)
9. programador (/)
10. México (/)
11. están (/)
12. geografía (/)

2 Conversación Repeat the conversation after the speaker to practice word stress.

MARINA Hola, Carlos. ¿Qué tal? (/)
CARLOS Bien. Oye, ¿a qué hora es el partido de fútbol? (/)
MARINA Creo que es a las siete. (/)
CARLOS ¿Quieres ir? (/)
MARINA Lo siento, pero no puedo. Tengo que estudiar biología. (/)

3 Refranes Repeat each saying after the speaker to practice word stress.

1. Quien ríe de último, ríe mejor. (/)
2. En la unión está la fuerza. (/)

4 Dictado You will hear six sentences. Each will be said twice. Listen carefully and write what you hear.

1. México es un país muy grande. (/)
2. Los mexicanos son simpáticos y trabajadores. (/)
3. Muchos turistas visitan Acapulco y Cancún. (/)
4. Cancún está en la península de Yucatán. (/)
5. Yo soy aficionada a los deportes acuáticos. (/)
6. En mi tiempo libre me gusta nadar y bucear. (/)

ESTRUCTURA

4.1 Present tense of **ir**

1 Identificar Listen to each sentence and mark an **X** in the column for the subject of the verb you hear.

Modelo   *You hear:* Van a ver una película.
           You mark: an **X** under **ellos**.

1. Vamos al parque de Chapultepec. (/)
2. Mañana va a ir a Cuernavaca. (/)
3. Vas a casa, ¿verdad? (/)

4. Van a pasear en bicicleta. (/)
5. No voy a ir al gimnasio. (/)
6. Va a llegar a las seis. (/)

2 Cambiar Form a new sentence using the cue you hear as the subject. Repeat the correct answer after the speaker.

Modelo   Ustedes van al Museo Frida Kahlo. (yo)
          Yo voy al Museo Frida Kahlo.

1. Yo voy a la cafetería. (tú) (/)
Tú vas a la cafetería. (/)
2. Pedro va a Mazatlán. (nosotros) (/)
Nosotros vamos a Mazatlán. (/)
3. Magda va a las montañas. (yo) (/)
Yo voy a las montañas. (/)
4. Nosotros vamos a bucear. (Carlos) (/)
Carlos va a bucear. (/)
5. Tú vas a escribir una carta. (yo) (/)
Yo voy a escribir una carta. (/)
6. Ana va de excursión. (ellos) (/)
Ellos van de excursión. (/)
7. Yo voy a estudiar arte. (usted) (/)
Usted va a estudiar arte. (/)
8. Raúl va a patinar en línea. (nosotros) (/)
Nosotros vamos a patinar en línea. (/)

3 Preguntas Answer each question you hear using the cue in your lab manual. Repeat the correct response after the speaker.

Modelo   *You hear:* ¿Quiénes van a la piscina?
          You see: Gustavo y Elisa
          You say: Gustavo y Elisa van a la piscina.

1. ¿Con quién vas a comer? (/)
Yo voy a comer con mis amigos. (/)
2. ¿Dónde van a comer ustedes? (/)
Nosotros vamos a comer en el Café Tacuba. (/)
3. ¿Adónde van las chicas? (/)
Las chicas van al partido de baloncesto.
4. ¿Va Antonio al partido con Ana? (/)
No, Antonio no va al partido con Ana.
5. ¿Vas a trabajar el sábado? (/)
Sí, yo voy a trabajar el sábado. (/)
6. ¿Qué van a hacer ustedes? (/)
Nosotros vamos a pasear en bicicleta. (/)

4 ¡Vamos! Listen to this conversation. Then read the statements in your lab manual and decide whether they are **cierto** or **falso**.
SERGIO Hola, Claudia.
CLAUDIA Hola, Sergio.
SERGIO ¿Adónde vas?
CLAUDIA Voy al centro. Necesito comprar una mochila. ¿Quieres ir?
SERGIO Lo siento. Ahora voy a la casa de mi tía.
CLAUDIA ¿Qué vas a hacer esta noche?

SERGIO Eh, voy a ir al gimnasio a las seis.
CLAUDIA ¿Por qué no vamos al cine a las ocho?
SERGIO Bueno, ¡vamos a ver una película!
CLAUDIA Bueno, nos vemos, Sergio.
SERGIO Chau, Claudia. (/)

4.2 Stem-changing verbs: e→ie, o→ue

1 Identificar Listen to each sentence and write the infinitive form of the verb you hear.

Modelo   *You hear:* No entiendo el problema.
          You write: entender

1. Mis padres prefieren ir a las montañas. (/)
2. No encuentro el libro de sociología. (/)
3. ¿En qué piensas, Daniel? (/)
4. ¿Cuántas horas duermen ustedes? (/)
5. Nuestro equipo de fútbol siempre pierde. (/)
6. No recuerdo. (/)
7. La profesora cierra la puerta. (/)
8. La película empieza a las siete y media. (/)

2 Preguntas Answer each question you hear using the cue in your lab manual. Repeat the correct response after the speaker.

Modelo   *You hear:* ¿A qué hora comienza el partido?
          You see: 2:15 p.m.
          You say: El partido comienza a las dos y cuarto de la tarde.

1. ¿Cuándo vuelven ustedes? (/)
Nosotros volvemos el jueves. (/)
2. ¿Quieres ir de excursión? (/)
No, yo no quiero ir de excursión. (/)
3. ¿Encuentra Marta un mapa de la ciudad? (/)
Sí, Marta encuentra un mapa de la ciudad. (/)
4. ¿Podemos tomar el autobús a Guadalajara? (/)
Sí, ustedes pueden tomar el autobús a Guadalajara. (/)
5. ¿Qué piensas hacer esta noche? (/)
Yo pienso leer una revista. (/)
6. ¿Qué prefieren hacer los niños? (/)
Los niños prefieren mirar la televisión. (/)
7. ¿A qué hora juegan ustedes al tenis? (/)
Nosotros jugamos al tenis a las tres. (/)
8. ¿Quién duerme en la clase? (/)
Samuel duerme en la clase. (/)

3 Diversiones Look at these listings from the entertainment section in a newspaper. Then listen to the questions and write the answers.
1. ¿Dónde puedes ver el Ballet Folklórico? (/)
2. ¿A qué hora empieza el concierto en Chapultepec? (/)
3. ¿A qué hora cierra el Museo de Arte Moderno? (/)
4. ¿Qué países juegan en la Copa Internacional de Fútbol el viernes? (/)
5. ¿A qué hora comienza el campeonato de baloncesto? (/)

4.3 Stem-changing verbs: e→i

1 Completar Listen to this radio broadcast and fill in the missing words.

Este fin de semana los excursionistas piden por más senderos. Dicen que ir de excursión a las montañas es una diversión muy popular y repiten que quieren más senderos. Si lo consiguen, la gente va a estar muy feliz. Si no, ustedes pueden seguir la historia aquí, en Radio Montaña.

2 Escoger Listen to each question and choose the most logical response.

1. ¿Qué pides en el restaurante?
2. ¿Dónde consigues revistas en español?
3. ¿Cuándo repiten la película?
4. ¿Qué programa sigue después del partido de fútbol?
5. ¿Cuándo pides perdón?
6. ¿Le gusta conseguir información en Internet?
7. ¿Puedes repetir la pregunta, por favor?
8. ¿Es interesante seguir el fútbol?

3 Conversación Listen to the conversation and answer the questions.

PAOLA ¿Puedo pedirte un favor?

MIGUEL Claro que sí.

PAOLA ¿Me consigues una revista de ciclismo?

MIGUEL Perdón. No entiendo bien. ¿Una revista de periodismo?

PAOLA Repito: una revista de ciclismo.

MIGUEL Ah. No puedo. Pero puedes conseguir una en la tienda de deportes.

PAOLA Ah, ¿Sí? Voy a ir mañana.

4.4 Verbs with irregular yo forms

1 Describir For each drawing, you will hear two statements. Choose the one that corresponds to the drawing.

1. a. El señor Rulfo trae una pizza.
b. El señor Rulfo hace una pizza. (/)
2. a. Enrique y Pilar salen del restaurante.
b. Enrique y Pilar ven el restaurante. (/)
3. a. Maribel trae un mensaje.
b. Maribel pone la revista en la mesa. (/)
4. a. Hacen una película de ciencia ficción.
b. Ven una película de ciencia ficción. (/)

2 Yo también Listen to the following statements about Roberto and respond by saying that you do the same things. Repeat the correct answer after the speaker.

Modelo   Roberto siempre hace ejercicio.
        Yo también hago ejercicio.

1. Roberto siempre sale a las ocho de la mañana. (/)
Yo también salgo a las ocho de la mañana. (/)
2. Roberto siempre trae su computadora. (/)
Yo también traigo mi computadora. (/)
3. Roberto siempre pone la televisión. (/)

Yo también pongo la televisión. (/)
4. Roberto siempre ve películas de horror. (/)
Yo también veo películas de horror. (/)
5. Roberto siempre oye el programa *Rock en español.* (/)
Yo también oigo el programa *Rock en español.* (/)

3 Completar Listen to this telephone conversation and complete the statements in your lab manual.

CRISTINA ¿Bueno?

MANUEL ¿Cristina? Hola. Habla Manuel. ¿Qué haces?

CRISTINA Veo la televisión. ¿Por qué preguntas?

MANUEL Mi primo Ricardo y yo queremos ir al parque y jugar al tenis. ¿Quieres ir?

CRISTINA Supongo que sí. ¿Traigo pelotas?

MANUEL No, no tienes que traer pelotas. Yo tengo muchas.

CRISTINA Está bien. ¿A qué hora salen para el parque?

MANUEL (*mumbled so it's not clear*) A las cuatro.

CRISTINA Manuel, no oigo bien. ¿A qué hora?

MANUEL A las cuatro.

CRISTINA Bueno, allí estoy. Chau. (/)

VOCABULARIO

You will now hear the vocabulary for **Lección 4** found on page 134 of your textbook. Listen and repeat each Spanish word or phrase after the speaker.

Pasatiempos

andar en patineta (/)
bucear (/)
escalar montañas (/)
escribir una carta (/)
escribir un mensaje electrónico (/)
escribir una postal (/)
escribir una tarjeta postal (/)
esquiar (/)
ganar (/)
ir de excursión (/)
ir de excursión a las montañas (/)
leer correo electrónico (/)
leer un periódico (/)
leer una revista (/)
nadar (/)
pasar tiempo (/)
pasear (/)
pasear en bicicleta (/)
pasear por la ciudad (/)
pasear por el pueblo (/)

patinar (/)
patinar en línea (/)
practicar deportes (/)
ser aficionado a (/)
ser aficionada a (/)
tomar el sol (/)
ver películas (/)
visitar monumentos (/)
la diversión (/)
el excursionista (/)
la excursionista (/)
el fin de semana (/)
el pasatiempo (/)
los ratos libres (/)
el tiempo libre (/)

Deportes
el baloncesto (/)
el béisbol (/)
el ciclismo (/)
el equipo (/)
el esquí (/)
el esquí acuático (/)
el fútbol (/)
el fútbol americano (/)
el golf (/)
el hockey (/)
el jugador (/)
la jugadora (/)
la natación (/)
el partido (/)
la pelota (/)
el tenis (/)
el vóleibol (/)

Adjetivos
deportivo (/)
deportiva (/)
favorito (/)
favorita (/)

Lugares
el café (/)
el centro (/)
el cine (/)
el gimnasio (/)
la iglesia (/)
el lugar (/)
el museo (/)
el parque (/)
la piscina (/)
la plaza (/)
el restaurante (/)

Verbos
almorzar (/)
cerrar (/)
comenzar (/)
conseguir (/)
contar (/)
decir (/)
dormir (/)
empezar (/)
encontrar (/)
entender (/)
hacer (/)
ir (/)
jugar (/)
mostrar (/)
oír (/)

pedir (/)
pensar (/)
pensar en (/)
perder (/)
poder (/)
poner (/)
preferir (/)
querer (/)
recordar (/)
repetir (/)
salir (/)
seguir (/)
suponer (/)
traer (/)
ver (/)
volver (/)

End of **Lección 4**

CONTEXTOS

1 Identificar You will hear a series of words. Write the word that does not belong in each series.

1. el automóvil, la cabaña, el avión, la motocicleta (/)
2. otoño, invierno, julio, primavera (/)
3. el empleado, el botones, el viajero, la cama (/)
4. enero, tercero, quinto, octavo (/)
5. montar a caballo, pescar, confirmar, acampar (/)
6. el piso, el ascensor, la habitación, la playa (/)
7. el océano, el tren, las montañas, el campo (/)
8. verano, febrero, octubre, mayo (/)

2 Describir For each drawing, you will hear two statements. Choose the one that corresponds to the drawing.

1. a. Los viajeros hacen un viaje en barco.
   b. El autobús lleva a los viajeros al aeropuerto. (/)
2. a. Los turistas hacen las maletas.
   b. Los viajeros pasan por la aduana. (/)
3. a. El invierno es mi estación favorita.
   b. El verano es mi estación favorita. (/)

3 En la agencia de viajes Listen to this conversation between Mr. Vega and a travel agent. Then read the statements in your lab manual and decide whether they are **cierto** or **falso**.

AGENTE DE VIAJES Buenas tardes. ¿Qué desea?

SR. VEGA Quiero ir de vacaciones a un lugar interesante y bonito.

AGENTE DE VIAJES ¿Qué le gusta hacer? ¿Acampar? ¿Esquiar? ¿Bucear?

SR. VEGA Me gusta pescar, montar a caballo y hacer turismo.

AGENTE DE VIAJES ¿Por qué no va a las montañas?

SR. VEGA No, gracias. Prefiero ir a un lugar donde hace calor.

AGENTE DE VIAJES ¿Qué tal Puerto Rico? Puerto Rico tiene muchas playas bonitas. Puede pescar, montar a caballo, nadar, bucear, ir de compras y hacer excursiones a los parques y monumentos.

SR. VEGA ¿Cuánto cuesta el hotel en Puerto Rico?

AGENTE DE VIAJES Voy a ver en la computadora. ¿Cuándo quiere ir?

SR. VEGA La primera semana de marzo.

AGENTE DE VIAJES Pues, hay Las Tres Palmas. Es un hotel de segunda categoría. Tiene restaurante, piscina y *jacuzzi*. También está muy cerca a la playa. Una habitación individual cuesta ochenta y cinco dólares la noche. ¿Hago una reservación?

SR. VEGA Sí, por favor, por cinco noches. (/)

4 Escoger Listen to each statement and choose the most appropriate activity for that weather condition.

1. Hay mucha niebla. (/)
2. Está despejado. Hace mucho sol. (/)
3. Está nublado y hace fresco. (/)
4. Hoy nieva. (/)
5. Hace mucho frío. (/)
6. Hoy hay mucha contaminación. (/)
7. Llueve y hace mucho viento. (/)

PRONUNCIACIÓN

Spanish **b** and **v**

There is no difference in pronunciation between the Spanish letters **b** and **v**. However, each letter can be pronounced two different ways, depending on which letters appear next to them.

bueno (/)   vóleibol (/)   biblioteca (/)   vivir (/)

B and **v** are pronounced like the English hard *b* when they appear either as the first letter of a word, at the beginning of a phrase, or after **m** or **n**.

bonito (/)   viajar (/)   también (/)   investigar (/)

In all other positions, **b** and **v** have a softer pronunciation, which has no equivalent in English. Unlike the hard **b**, which is produced by tightly closing the lips and stopping the flow of air, the soft **b** is produced by keeping the lips slightly open.

deber (/)   novio (/)   abril (/)   cerveza (/)

In both pronunciations, there is no difference in sound between **b** and **v**. The English *v* sound, produced by friction between the upper teeth and lower lip, does not exist in Spanish. Instead, the soft **b** comes from friction between the two lips.

bola (/)   vela (/)   Caribe (/)   declive (/)

When **b** or **v** begins a word, its pronunciation depends on the previous word. At the beginning of a phrase or after a word that ends in **m** or **n**, it is pronounced as a hard **b**.

Verónica y su esposo cantan ͜ boleros. (/)

Words that begin with **b** or **v** are pronounced with a soft **b** if they appear immediately after a word that ends in a vowel or any consonant other than **m** or **n**.

Benito es de ͜ Boquerón pero ͜ vive en ͜ Victoria. (/)

1 Práctica Repeat these words after the speaker to practice the **b** and the **v**.

1. hablamos (/)
2. trabajar (/)
3. botones (/)
4. van (/)
5. contabilidad (/)
6. bien (/)
7. doble (/)

8. novia (/)
9. béisbol (/)
10. cabaña (/)
11. llave (/)
12. invierno (/)

2 Oraciones When you hear the number, read the corresponding sentence aloud, focusing on the **b** and **v** sounds. Then listen to the speaker and repeat the sentence.
1. (/) Vamos a Guaynabo en autobús. (/)
2. (/) Voy de vacaciones a la Isla Culebra. (/)
3. (/) Tengo una habitación individual en el octavo piso. (/)
4. (/) Víctor y Eva van por avión al Caribe. (/)
5. (/) La planta baja es bonita también. (/)
6. (/) ¿Qué vamos a ver en Bayamón? (/)
7. (/) Beatriz, la novia de Víctor, es de Arecibo, Puerto Rico. (/)

3 Refranes Repeat each saying after the speaker to practice the **b** and the **v**.
1. No hay mal que por bien no venga. (/)
2. Hombre prevenido vale por dos. (/)

4 Dictado You will hear four sentences. Each will be said twice. Listen carefully and write what you hear.
1. Noventa turistas van en barco por el Caribe. (/)
2. Visitan muchos lugares bonitos. (/)
3. Los viajeros bailan, comen y beben. (/)
4. Ellos vuelven de su viaje el viernes. (/)

ESTRUCTURA

5.1 **Estar** with conditions and emotions

1 Describir For each drawing, you will hear two statements. Choose the one that corresponds to the drawing.
1. a. Estoy nerviosa.
b. Estoy muy alegre. (/)
2. a. Está preocupado.
b. Está contento. (/)
3. a. Está equivocada.
b. Está un poco triste. (/)
4. a. Está enojado.
b. Está aburrido. (/)

2 Cambiar Form a new sentence using the cue you hear as the subject. Repeat the correct answer after the speaker.

Modelo   Rubén está enojado con Patricia. (mamá)
Mamá está enojada con Patricia.

1. David está avergonzado. (Raúl y Elena) (/)
Raúl y Elena están avergonzados. (/)
2. Yo estoy nervioso cuando viajo. (Anita) (/)
Anita está nerviosa cuando viaja. (/)
3. ¿Estás tú preocupado por Pablo? (ustedes) (/)
¿Están ustedes preocupados por Pablo? (/)
4. Victoria está enamorada de Joaquín. (tú) (/)

Tú estás enamorada de Joaquín. (/)
5. Julio está muy cansado. (nosotros) (/)
Nosotros estamos muy cansados. (/)

3 Preguntas Answer each question you hear using the cues in your lab manual. Repeat the correct response after the speaker.

Modelo   *You hear:* ¿Está triste Tomás?
You see: no / contento/a
You say: No, Tomás está contento.

1. ¿Está cerrada la puerta? (/)
No, la puerta está abierta. (/)
2. ¿Están ustedes cansados? (/)
Sí, nosotros estamos cansados. (/)
3. ¿Con quién está enojada Marcela? (/)
Marcela está enojada con su hermano. (/)
4. ¿Está desordenada la habitación? (/)
No, la habitación está ordenada. (/)
5. ¿Están limpias las ventanas? (/)
No, las ventanas están sucias. (/)
6. ¿Por qué estás feliz hoy? (/)
Estoy feliz porque estoy de vacaciones. (/)

4 Situaciones You will hear four brief conversations. Choose the statement that expresses how the people feel in each situation.
1. **LAURA** Hola, Ricardo. ¿Quieres jugar a las cartas?
RICARDO Gracias, Laura, pero tengo mucho sueño. Cada día salgo a trabajar a las cinco de la mañana. (/)
2. **SRA. FUENTES** Hola, Juan.
JUAN Buenos días, señora Fuentes. ¿Cómo está?
SRA. FUENTES Muy bien, Juan. Mañana voy a Puerto Rico. ¡Voy a ver a mi hermana y a mis sobrinos!
JUAN Magnífico.
SRA. FUENTES Sí, ¡es maravilloso! (/)
3. **EUGENIO** ¿Qué hago, mamá?
MADRE ¿Por qué no vas al parque?
EUGENIO Hace mucho calor.
MADRE ¿Por qué no sales con tus amigos?
EUGENIO Ellos están de viaje.
MADRE ¿Y por qué no pones la televisión?
EUGENIO No hay programas buenos. (/)
4. **ALONSO** Eres antipática, Rosario.
ROSARIO Y tú, Alonso, eres tonto. ¿Por qué no quieres ir?
ALONSO No quiero hablar.
ROSARIO Bueno, ¡adiós! (/)

5.2 The present progressive

1 Escoger Listen to what these people are doing. Then read the statements in your lab manual and choose the appropriate description.
1. José Luis está enseñando física. (/)
2. Carlos está pidiendo los pasaportes a los viajeros. (/)
3. Yo estoy dibujando el paisaje. (/)

4. Clara y Violeta están corriendo detrás de la pelota. (/)

5. Manuel está llevando el equipaje de los huéspedes. (/)

6. Nosotros estamos haciendo una excursión a Ponce. (/)

2 Transformar Change each sentence from the present tense to the present progressive. Repeat the correct answer after the speaker.

Modelo   Adriana confirma su reservación.
          Adriana está confirmando su reservación.

1. Nosotros bailamos salsa. (/)

Nosotros estamos bailando salsa. (/)

2. Gloria y Luisa recorren Viejo San Juan. (/)

Gloria y Luisa están recorriendo Viejo San Juan. (/)

3. Ramón saca fotos de la gente. (/)

Ramón está sacando fotos de la gente. (/)

4. Tú sales con Lucía, ¿no? (/)

Tú estás saliendo con Lucía, ¿no? (/)

5. Yo leo el periódico. (/)

Yo estoy leyendo el periódico. (/)

6. Los señores Montoya escriben tarjetas postales. (/)

Los señores Montoya están escribiendo tarjetas postales. (/)

3 Preguntas Answer each question you hear using the cue in your lab manual and the present progressive. Repeat the correct response after the speaker.

Modelo   *You hear:* ¿Qué hacen ellos?
          You see: jugar a las cartas
          You say: Ellos están jugando a las cartas.

1. ¿Qué haces tú? (/)

Yo estoy haciendo las maletas. (/)

2. ¿Qué hace tu hermano? (/)

Mi hermano está pescando en el mar. (/)

3. ¿Qué hacen los niños? (/)

Los niños están durmiendo. (/)

4. ¿Qué hacen ustedes? (/)

Nosotros estamos corriendo en el parque. (/)

5. ¿Qué hace Silvia? (/)

Silvia está hablando con el botones. (/)

6. ¿Qué hacen Isabel y Manolo? (/)

Isabel y Manolo están comiendo en el café. (/)

4 Describir You will hear some questions. Look at the drawing and respond to each question. Repeat the correct answer after the speaker.

1. ¿Qué está haciendo Eduardo? (/)

Eduardo está pescando. (/)

2. ¿Qué están haciendo José y Ana? (/)

José y Ana están escalando la montaña. (/)

3. ¿Qué está haciendo Yolanda? (/)

Yolanda está nadando. (/)

4. ¿Qué están haciendo Carlota y Teresa? (/)

Carlota y Teresa están tomando el sol. (/)

5. ¿Qué está haciendo Luis? (/)

Luis está haciendo esquí acuático. (/)

6. ¿Qué están haciendo Víctor y Andrea? (/)

Víctor y Andrea están jugando al vóleibol. (/)

5.3 Ser and estar

1 Escoger You will hear some questions with a beep in place of the verb. Decide which form of **ser** or **estar** should complete each question and circle it.

Modelo   *You hear:* ¿Cómo (*beep*)?
          You circle: **estás** because the question is **¿Cómo estás?**

1. ¿Dónde (*beep*) el aeropuerto? (/)

2. ¿(*Beep*) ustedes pescando? (/)

3. ¿(*Beep*) guapo tu primo? (/)

4. ¿(*Beep*) la bicicleta de Laura? (/)

5. ¿(*Beep*) enojado con su novia Arturo? (/)

6. ¿(*Beep*) el hotel cerca del mar? (/)

2 ¿Cómo es? You just met Rosa Beltrán at a party. Describe her to a friend by using **ser** or **estar** with the cues you hear. Repeat the correct response after the speaker.

Modelo   muy amable
          Rosa es muy amable.

1. muy bonita (/)

Rosa es muy bonita. (/)

2. de San Juan, Puerto Rico (/)

Rosa es de San Juan, Puerto Rico. (/)

3. estudiando en la Universidad de Nueva York. (/)

Rosa está estudiando en la Universidad de Nueva York. (/)

4. muy inteligente (/)

Rosa es muy inteligente. (/)

5. enamorada de Antonio (/)

Rosa está enamorada de Antonio. (/)

6. la novia de Antonio (/)

Rosa es la novia de Antonio. (/)

3 ¿Ser o estar? You will hear the subject of a sentence. Complete the sentence using a form of **ser** or **estar** and the cue in your lab manual. Repeat the correct response after the speaker.

Modelo   *You hear:* Papá
          You see: en San Juan
          You say: Papá está en San Juan.

1. Armando (/)

Armando es inspector de aduanas. (/)

2. Nosotros (/)

Nosotros estamos en la estación del tren. (/)

3. El examen (/)

El examen es a las diez. (/)

4. Los chicos (/)

Los chicos están ocupados. (/)

5. Hoy (/)

Hoy es el catorce de febrero. (/)

6. Yo (/)

Yo estoy corriendo a clase. (/)

4 ¿Lógico o no? You will hear some statements. Decide if they are **lógico** or **ilógico**.

1. David siempre recibe una "A" en los exámenes. Él está listo. (/)

2. Sara no duerme mucho. Ella está cansada. (/)

3. Carlos no está haciendo nada ahora. Él está ocupado. (/)

4. Está nevando. Voy a acampar en las montañas. (/)

5. Los estudiantes están durmiendo en la clase de economía porque la profesora está mala. (/)

6. La estación de autobuses está en el centro de la ciudad. (/)

5 Ponce Listen to Carolina's description of her vacation and answer the questions in your lab manual.

¡Hola! Me llamo Carolina y ahora estoy de vacaciones en Ponce. Ponce es la segunda ciudad más grande de Puerto Rico. Está cerca del mar Caribe y es una ciudad muy bonita. Hoy no voy a la playa porque está lloviendo. Esperaba visitar el Parque de Bombas que es ahora un museo, pero hoy es martes y está cerrado. Así que voy a visitar el Museo de Arte. Oigo que tiene una colección fenomenal de pinturas. (/)

5.4 Direct object nouns and pronouns

1 Escoger Listen to each question and choose the most logical response.

1. ¿Vas a comprar la maleta? (/)

2. ¿Quién tiene el mapa? (/)

3. ¿Puedes llevarnos a la estación del tren? (/)

4. ¿Quién tiene las fotos de nuestro viaje a Puerto Rico? (/)

5. ¿Me llevan con ustedes al partido? (/)

6. ¿Van ustedes a hacer la tarea de español hoy? (/)

7. ¿Cuándo va a conseguir los pasajes Gustavo? (/)

8. Diana, ¿cuándo piensas visitarme? (/)

2 Cambiar Restate each sentence you hear using a direct object pronoun. Repeat the correct answer after the speaker.

Modelo   Isabel está mirando la televisión.
          Isabel está mirándola.

1. Javier está mostrando las fotos. (/)

Javier está mostrándolas. (/)

2. Gloria está comprando el periódico. (/)

Gloria está comprándolo. (/)

3. Yo estoy abriendo las maletas. (/)

Yo estoy abriéndolas. (/)

4. Los chicos están escuchando al profesor. (/)

Los chicos están escuchándolo. (/)

5. Nosotras estamos buscando a Marta. (/)

Nosotras estamos buscándola. (/)

6. El conductor está esperando a los pasajeros. (/)

El conductor está esperándolos. (/)

3 No veo nada You just broke your glasses and now you can't see anything. Respond to each statement using a direct object pronoun. Repeat the correct answer after the speaker.

Modelo   Allí está el Museo de Arte e Historia.
          ¿Dónde? No lo veo.

1. Allí están Ricardo y Eva. (/)

¿Dónde? No los veo. (/)

2. Allí está el autobús. (/)

¿Dónde? No lo veo. (/)

3. Allí están Julia y María Pilar. (/)

¿Dónde? No las veo. (/)

4. Allí están tus compañeros de cuarto. (/)

¿Dónde? No los veo. (/)

5. Allí está Verónica. (/)

¿Dónde? No la veo. (/)

6. Allí está el hotel. (/)

¿Dónde? No lo veo. (/)

4 Preguntas Answer each question you hear in the negative. Repeat the correct response after the speaker.

Modelo   ¿Haces la excursión a El Yunque?
          No, no la hago.

1. ¿Toman ustedes el metro? (/)

No, no lo tomamos. (/)

2. ¿Buscan ellos al botones? (/)

No, ellos no lo buscan. (/)

3. ¿Tienen ustedes reservaciones para el hotel? (/)

No, no las tenemos. (/)

4. ¿Me puedes llevar a casa? (/)

No, no te puedo llevar a casa. (/)

5. ¿Pone la radio Cecilia? (/)

No, Cecilia no la pone. (/)

6. ¿Traes tu computadora? (/)

No, no la traigo. (/)

VOCABULARIO

You will now hear the vocabulary for **Lección 5** found on page 168 of your textbook. Listen and repeat each Spanish word or phrase after the speaker.

Los viajes y las vacaciones

acampar (/)

confirmar una reservación (/)

estar de vacaciones (/)

hacer las maletas (/)

hacer turismo (/)

hacer un viaje (/)

hacer una excursión (/)

ir de compras (/)

ir de pesca (/)

ir de vacaciones (/)

ir en autobús (/)

ir en automóvil (/)
ir en avión (/)
ir en barco (/)
ir en motocicleta (/)
ir en taxi (/)
jugar a las cartas (/)
montar a caballo (/)
pasar por la aduana (/)
pescar (/)
sacar fotos (/)
tomar fotos (/)
el agente de viajes (/)
la agente de viajes (/)
el inspector de aduanas (/)
la inspectora de aduanas (/)
el viajero (/)
la viajera (/)
el aeropuerto (/)
la agencia de viajes (/)
la cabaña (/)
el campo (/)
el equipaje (/)
la estación de autobuses (/)
la estación del metro (/)
la estación de tren (/)
la llegada (/)
el mar (/)
el océano (/)
el paisaje (/)
el pasaje (/)
el pasaje de ida y vuelta (/)
el pasaporte (/)
la playa (/)
la salida (/)

El hotel

el ascensor (/)
el botones (/)
la botones (/)
la cama (/)
el empleado (/)
la empleada (/)
la habitación individual (/)
la habitación doble (/)

el hotel (/)
el huésped (/)
la huésped (/)
la llave (/)
el piso (/)
la planta baja (/)

Adjetivos

abierto (/)
abierta (/)
aburrido (/)
aburrida (/)
alegre (/)
amable (/)
avergonzado (/)
avergonzada (/)
cansado (/)
cansada (/)
cerrado (/)
cerrada (/)
cómodo (/)
cómoda (/)
confundido (/)
confundida (/)
contento (/)
contenta (/)
desordenado (/)
desordenada (/)
enamorado de (/)
enamorada de (/)
enojado (/)
enojada (/)
equivocado (/)
equivocada (/)
feliz (/)
limpio (/)
limpio (/)
listo (/)
lista (/)
nervioso (/)
nerviosa (/)
ocupado (/)
ocupada (/)
ordenado (/)

ordenada (/)
preocupado por (/)
preocupada por (/)
seguro (/)
segura (/)
sucio (/)
sucia (/)
triste (/)

Los números ordinales

primer (/)
primero (/)
primera (/)
segundo (/)
segunda (/)
tercer (/)
tercero (/)
tercera (/)
cuarto (/)
cuarta (/)
quinto (/)
quinta (/)
sexto (/)
sexta (/)
séptimo (/)
séptima (/)
octavo (/)
octava (/)
noveno (/)
novena (/)
décimo (/)
décima (/)

Palabras adicionales

ahora mismo (/)
el año (/)
¿Cuál es la fecha? (/)
¿Cuál es la fecha de hoy? (/)
de buen humor (/)
de mal humor (/)
la estación (/)
el mes (/)
todavía (/)

End of **Lección 5**

CONTEXTOS

1 ¿Lógico o ilógico? Listen to each statement and indicate if it is **lógico** or **ilógico**.

1. Puedes regatear en un mercado al aire libre. (/)
2. Las vendedoras ponen el dinero en la caja. (/)
3. Los hombres usan medias. (/)
4. Las camisetas son para hombres y mujeres. (/)
5. Las blusas son ropa de mujer. (/)
6. La gente lleva lentes oscuros cuando hay mucha niebla. (/)
7. Llevo un abrigo cuando hace calor. (/)
8. Cuando llueve, uso un impermeable. (/)

2 Escoger Listen as each person talks about the clothing he or she needs to buy. Then choose the activity for which the clothing would be appropriate.

1. **RITA** Voy a ir al almacén y comprar un traje de baño, sandalias y gafas de sol. (/)
2. **RICARDO** Señorita, busco un traje, color gris, una camisa blanca y una corbata elegante. (/)
3. **SARA** Necesito comprar un suéter, guantes y botas. (/)
4. **JUAN** Vamos al centro comercial. Necesito conseguir bluejeans, botas y un sombrero. (/)
5. **IRENE** Papá, necesito dinero. Tengo que comprar una camiseta, pantalones cortos y zapatos de tenis. (/)
6. **BERTA** Necesito muchas cosas. A ver... una maleta, unos pantalones, una falda, blusas, zapatos, un impermeable y ropa interior. (/)

3 Preguntas Respond to each question saying that the opposite is true. Repeat the correct answer after the speaker.

Modelo   Las sandalias cuestan mucho, ¿no?
          No, las sandalias cuestan poco.

1. Los guantes son caros, ¿no? (/)
No, los guantes son baratos. (/)
2. La falda es negra, ¿no? (/)
No, la falda es blanca. (/)
3. El vestido es largo, ¿no? (/)
No, el vestido es corto. (/)
4. El abrigo es feo, ¿no? (/)
No, el abrigo es hermoso. (/)
5. Los señores Álvarez son pobres, ¿no? (/)
No, los señores Álvarez son ricos. (/)
6. El sombrero es nuevo, ¿no? (/)
No, el sombrero es viejo. (/)

4 Describir You will hear some questions. Look at the drawing and write the answer to each question.
1. ¿Es Diana la dependienta o la clienta? (/)
2. ¿Venden ropa para hombres en la tienda? (/)
3. ¿Qué va a comprar Diana? (/)
4. ¿Puedo comprar guantes y calcetines en la tienda? (/)

PRONUNCIACIÓN

The consonants d and t

Like **b** and **v**, the Spanish **d** can have a hard sound or a soft sound, depending on which letters appear next to it.
¿Dónde? (/)   vender (/)   nadar (/)   verdad (/)

At the beginning of a phrase and after **n** or **l**, the letter **d** is pronounced with a hard sound. This sound is similar to the English d in *dog*, but a little softer and duller. The tongue should touch the back of the upper teeth, not the roof of the mouth.

Don (/)   dinero (/)   tienda (/)   falda (/)

In all other positions, **d** has a soft sound. It is similar to the English *th* in *there*, but a little softer.
medias (/)   verde (/)   vestido (/)   huésped (/)

When **d** begins a word, its pronunciation depends on the previous word. At the beginning of a phrase or after a word that ends in **n** or **l**, it is pronounced as a hard **d**.
Don Diego no tiene el diccionario. (/)

Words that begin with **d** are pronounced with a soft **d** if they appear immediately after a word that ends in a vowel or any consonant other than **n** or **l**.
Doña Dolores es de la capital. (/)

When pronouncing the Spanish **t**, the tongue should touch the back of the upper teeth, not the roof of the mouth. In contrast to the English *t*, no air is expelled from the mouth.
traje (/)   pantalones (/)   tarjeta (/)   tienda (/)

1 Práctica Repeat each phrase after the speaker to practice the **d** and the **t**.
1. Hasta pronto. (/)
2. De nada. (/)
3. Mucho gusto. (/)
4. Lo siento. (/)
5. No hay de qué. (/)
6. ¿De dónde es usted? (/)
7. ¡Todos a bordo! (/)
8. No puedo. (/)
9. Es estupendo. (/)
10. No tengo computadora. (/)
11. ¿Cuándo vienen? (/)
12. Son las tres y media. (/)

2 Oraciones When you hear the number, read the corresponding sentence aloud, focusing on the **d** and **t** sounds. Then listen to the speaker and repeat the sentence.
1. (/) Don Teodoro tiene una tienda en un almacén en La Habana. (/)

2. (/) Don Teodoro vende muchos trajes, vestidos y zapatos todos los días. (/)

3. (/) Un día un turista, Federico Machado, entra en la tienda para comprar un par de botas. (/)

4. (/) Federico regatea con don Teodoro y compra las botas y también un par de sandalias. (/)

3 Refranes Repeat each saying after the speaker to practice the **d** and the **t**.

1. En la variedad está el gusto. (/)

2. Aunque la mona se vista de seda, mona se queda. (/)

4 Dictado You will hear four sentences. Each will be said twice. Listen carefully and write what you hear.

1. Teresa y David toman el autobús al centro comercial. (/)

2. Teresa desea comprar una chaqueta y un cinturón rosado. (/)

3. David necesita una corbata verde y unos pantalones cortos. (/)

4. Van a una tienda de ropa donde encuentran todo. (/)

ESTRUCTURA

6.1 Numbers 101 and higher

1 Poblaciones Look at the population figures in the chart and listen to each statement. Then indicate whether the statement is **cierto** or **falso**.

1. Colombia tiene cuarenta y tres millones, ochocientos veintiún mil habitantes. (/)

2. México tiene ciento y un mil, ochocientos cincuenta y un habitantes. (/)

3. Perú tiene veintiséis millones, quinientos veinte habitantes. (/)

4. Ecuador tiene trece millones, ciento doce mil habitantes. (/)

5. Puerto Rico tiene tres millones, quinientos treinta mil habitantes. (/)

6. España tiene treinta y nueve millones, quinientos ochenta y cuatro mil habitantes. (/)

2 Dictado Listen carefully and write each number as numerals rather than words.

1. 534 (/)

2. 389 (/)

3. 1275 (/)

4. 791 (/)

5. 2.164.000 (/)

6. 956 (/)

7. 15.670 (/)

8. 142 (/)

9. 694 (/)

3 Preguntas Answer each question you hear using the cue in your lab manual. Repeat the correct response after the speaker.

Modelo   *You hear:* ¿Cuántas personas hay en Chile?
           You see: 15.589.000
           You say: Hay quince millones, quinientas ochenta y nueve mil personas en Chile.

1. ¿Cuántas habitaciones tiene el Hotel Maravilla? (/)
El Hotel Maravilla tiene ochocientas habitaciones. (/)

2. ¿Cuántos empleados tiene el Hotel Maravilla? (/)
El Hotel Maravilla tiene trescientos cincuenta y seis empleados. (/)

3. ¿Cuántos huéspedes están en el hotel ahora? (/)
Mil docientos ochenta y cuatro huéspedes están en el hotel ahora. (/)

4. ¿Cuál es el número de tu habitación? (/)
Mi habitación es la setecientos once. (/)

5. ¿Cuántos pasajeros están en el avión? (/)
Ciento setenta y dos pasajeros están en el avión. (/)

6. ¿Cuántos estudiantes asisten a la Universidad Interamericana de Puerto Rico? (/)
Unos cuarenta y tres mil estudiantes asisten a la Universidad Interamericana de Puerto Rico. (/)

4 Un anuncio Listen to this radio advertisement and write the prices for each item listed in your lab manual. Then figure out what the total cost for the trip would be.

¿Desea viajar por el mar Caribe? El barco El Presidente puede llevarlo. Sale de San Juan, Puerto Rico y recorre el Caribe por seis noches. Para ir a San Juan tiene que tomar el avión. El pasaje de ida y vuelta es seiscientos diecinueve dólares. Una semana en el barco en una habitación doble son setecientos ocho dólares. El barco recorre el Caribe y los viajeros pueden hacer turismo en Puerto Rico, la República Dominicana y Jamaica. El total para las tres excursiones son doscientos veinticinco dólares. (/)

6.2 Indirect object pronouns

1 Escoger Listen to each question and choose the most logical response.

1. ¿Te muestra Bárbara su nuevo abrigo? (/)

2. ¿Le presta tu suéter azul a Ana María? (/)

3. ¿Qué vas a comprarnos? (/)

4. Felipe está preguntándole el precio al dependiente, ¿no? (/)

5. ¿Cuánto les cuestan a ustedes las camisetas? (/)

6. ¿Puedes traerme un sombrero? (/)

2 Transformar Cecilia has been shopping. Say for whom she bought these items using indirect object pronouns. Repeat the correct answer after the speaker.

Modelo   Cecilia compra una bolsa para Dora.
           Cecilia le compra una bolsa.

1. Cecilia compra calcetines para nosotros. (/)
Cecilia nos compra calcetines. (/)

2. Cecilia compra un vestido para mí. (/)
Cecilia me compra un vestido. (/)

3. Cecilia compra pantalones para ustedes. (/)
Cecilia les compra pantalones. (/)

4. Cecilia compra zapatos de tenis para ti. (/)
Cecilia te compra zapatos de tenis. (/)

5. Cecilia compra una corbata para su novio. (/)
Cecilia le compra una corbata.

6. Cecilia compra camisas para Juan y Martín. (/)
Cecilia les compra camisas. (/)

3 Preguntas Answer each question you hear using the cue in your lab manual. Repeat the correct response after the speaker.

Modelo   *You hear:* ¿Quién está esperándote?
          You see: Mauricio
          You say: Mauricio está esperándome.

1. ¿Les escribes una tarjeta a tus amigos? (/)
Sí, les escribo una tarjeta. (/)
2. ¿Cuánto te cuesta el traje de baño? (/)
El traje de baño me cuesta cincuenta dólares. (/)
3. ¿Le venden ustedes la computadora a Silvia? (/)
No, no le vendemos la computadora. (/)
4. ¿Qué les muestra Luis a ustedes? (/)
Luis nos muestra su traje nuevo. (/)
5. ¿Quién te presta la maleta? (/)
Antonio me presta la maleta. (/)
6. ¿Qué me compras? (/)
Te compro bluejeans. (/)

4 En el centro comercial Listen to this conversation and answer the questions in your lab manual.
JOSÉ Oye, Norma, vi a tu novio.
NORMA ¿A Gustavo? ¿Dónde?
JOSÉ En el almacén. Está comprándote una falda.
NORMA No te creo, José. ¿Cuándo?
JOSÉ Ahora. Me acaba de preguntar qué talla usas. La falda es muy hermosa y cara. Yo le voy a prestar dinero.
NORMA ¿Y cuándo me va a regalar la falda?
JOSÉ Esta noche.
NORMA ¡Fantástico! (/)

6.3 Preterite tense of regular verbs
1 Identificar Listen to each sentence and decide whether the verb is in the present or the preterite tense. Mark an **X** in the appropriate column.

Modelo   *You hear:* Alejandro llevó un suéter marrón.
          You mark: an **X** under *preterite.*

1. Carmen salió de la casa a las tres de la tarde. (/)
2. Carmen y Rafael trabajan en el almacén Buen Precio. (/)
3. Rafael empezó a trabajar el mes pasado. (/)
4. Creo que él es un buen vendedor. (/)
5. Tú también vendes ropa en un almacén, ¿no? (/)
6. Anteayer te vimos en el centro comercial. (/)
7. Busqué unos zapatos negros. (/)
8. Los zapatos costaron cincuenta dólares. (/)

2 Cambiar Change each sentence from the present to the preterite. Repeat the correct answer after the speaker.

Modelo   Compro unas sandalias baratas.
          Compré unas sandalias baratas.

1. Enrique lee el periódico. (/)
Enrique leyó el periódico. (/)
2. Llego a las seis. (/)
Llegué a las seis. (/)
3. De repente empieza a llover. (/)
De repente empezó a llover. (/)
4. ¿Escribes a tu mamá? (/)
¿Escribiste a tu mamá? (/)
5. Aprendo a esquiar. (/)
Aprendí a esquiar. (/)
6. Mis sobrinos montan a caballo. (/)
Mis sobrinos montaron a caballo. (/)
7. No lo entendemos. (/)
No lo entendimos. (/)
8. María lo ve, pero no lo cree. (/)
María lo vio, pero no lo creyó. (/)

3 Preguntas Answer each question you hear using the cue in your lab manual. Repeat the correct response after the speaker.

Modelo   *You hear:* ¿Dónde conseguiste tus botas?
          You see: en la tienda Lacayo
          You say: Conseguí mis botas en la tienda Lacayo.

1. ¿Cuánto costaron los pantalones cortos? (/)
Costaron veintiséis dólares. (/)
2. ¿Cuándo volvieron ustedes de las montañas? (/)
Volvimos de las montañas ayer. (/)
3. ¿Quién perdió los lentes de contacto? (/)
Marta perdió los lentes de contacto. (/)
4. ¿Gastaste mucho dinero en la ropa? (/)
No, no gasté mucho dinero en la ropa. (/)
5. ¿Vieron ustedes mi bolsa? (/)
No, no vimos tu bolsa. (/)
6. ¿Recibiste un regalo de Maribel? (/)
No, no recibí un regalo de Maribel. (/)

4 ¿Estás listo? Listen to this conversation between Matilde and Hernán. Make a list of the tasks Hernán has already done in preparation for his trip and a list of the tasks he still needs to do.
MATILDE Hola, Hernán. ¿Ya estás listo para tu viaje a Cuba?
HERNÁN Sí, Matilde, creo que sí.
MATILDE Vamos a ver… ¿Ya compraste el pasaje de avión?
HERNÁN Sí, Matilde. Lo compré la semana pasada.
MATILDE Bueno. ¿Confirmaste la reservación para el hotel?
HERNÁN No, voy a hablar con la agente de viajes esta tarde.
MATILDE ¿Ya encontraste tu pasaporte?
HERNÁN Acabo de encontrarlo.
MATILDE ¿Ya preparaste la maleta?
HERNÁN Sí, la preparé anoche.

MATILDE ¿Decidiste llevar tu mochila o no?
HERNÁN Decidí no llevarla.
MATILDE ¿Leíste tu libro sobre Cuba?
HERNÁN No. Pienso leerlo en el avión. (/)

6.4 Demonstrative adjectives and pronouns

1 En el mercado A group of tourists is shopping at an open-air market. Listen to what they say, and mark an **X** in the column for the demonstrative adjective you hear.

Modelo   *You hear:* Me gusta mucho esa bolsa.
          You mark: an **X** under *that.*

1. ¿Cuánto es este cinturón? (/)
2. Quiero aquel sombrero. (/)
3. Estas sandalias son baratas, ¿verdad? (/)
4. ¿Qué piensas de esa chaqueta? (/)

2 Cambiar Form a new sentence using the cue you hear. Repeat the correct answer after the speaker.

Modelo   Quiero este suéter. (chaqueta)
          Quiero esta chaqueta.

1. Quiero este suéter. (calcetines) (/) Quiero estos calcetines. (/)
2. (bolsa) (/) Quiero esta bolsa. (/)
3. (medias) (/) Quiero estas medias. (/)
4. (sombrero) (/) Quiero este sombrero. (/)
5. (lentes oscuros) (/) Quiero estos lentes oscuros. (/)
6. (corbata) (/) Quiero esta corbata. (/)

3 Transformar Form a new sentence using the cue you hear. Repeat the correct answer after the speaker.

Modelo   Aquel abrigo es muy hermoso. (corbatas)
          Aquellas corbatas son muy hermosas.

1. Aquel abrigo es muy hermoso. (zapatos) (/) Aquellos zapatos son muy hermosos. (/)
2. (cartera) (/) Aquella cartera es muy hermosa. (/)
3. (suéter) (/) Aquel suéter es muy hermoso. (/)
4. (pantalones) (/) Aquellos pantalones son muy hermosos. (/)
5. (camisetas) (/) Aquellas camisetas son muy hermosas. (/)
6. (blusa) (/) Aquella blusa es muy hermosa. (/)

4 Preguntas Answer each question you hear in the negative using a form of the demonstrative pronoun **ése**. Repeat the correct response after the speaker.

Modelo   ¿Quieres esta blusa?
          No, no quiero ésa.

1. ¿Vas a comprar este traje? (/)
No, no voy a comprar ése. (/)
2. ¿Prefieres estas sandalias? (/)
No, no prefiero ésas. (/)
3. ¿Quieres estos lentes de sol? (/)
No, no quiero ésos. (/)

4. ¿Te gusta este cinturón? (/)
No, no me gusta ése. (/)
5. ¿Compras estas botas? (/)
No, no compro ésas. (/)
6. ¿Quieres esta bolsa? (/)
No, no quiero ésa. (/)
7. ¿Te gustan estos bluejeans? (/)
No, no me gustan ésos. (/)
8. ¿Vas a comprar esta camisa? (/)
No, no voy a comprar ésa.

5 De compras Listen to this conversation. Then read the statements in your lab manual and decide whether they are **cierto** or **falso**.
JULIO ¿Adónde vamos ahora, Flor?
FLOR Vamos al almacén.
JULIO ¿Al almacén Don Guapo?
FLOR No, a éste no. El almacén donde Enrique trabaja.
JULIO ¿Aquél que está en el centro comercial?
FLOR ¡No, hombre! Mira, a ése que está al lado del Hotel Plaza. (/)

VOCABULARIO

You will now hear the vocabulary for **Lección 6** found on page 200 of your textbook. Listen and repeat each Spanish word or phrase after the speaker.

La ropa
el abrigo (/)
los bluejeans (/)
la blusa (/)
la bolsa (/)
la bota (/)
el calcetín (/)
la camisa (/)
la camiseta (/)
la cartera (/)
la chaqueta (/)
el cinturón (/)
la corbata (/)
la falda (/)
las gafas (/)
las gafas de sol (/)
las gafas oscuras (/)
los guantes (/)
el impermeable (/)
los lentes de contacto (/)
los lentes de sol (/)
las medias (/)
los pantalones (/)
los pantalones cortos (/)
la ropa (/)
la ropa interior (/)
la sandalia (/)
el sombrero (/)

el suéter (/)
el traje (/)
el traje de baño (/)
el vestido (/)
los zapatos de tenis (/)

Ir de compras
el almacén (/)
la caja (/)
el centro comercial (/)
el cliente (/)
la clienta (/)
el dependiente (/)
efectivo (/)
en efectivo (/)
la dependienta (/)
el dinero (/)
el mercado (/)
el mercado al aire libre (/)
un par de zapatos (/)
el precio (/)
el precio fijo (/)
la rebaja (/)
el regalo (/)
la tarjeta de crédito (/)
la tienda (/)
el vendedor (/)
la vendedora (/)
costar (/)
gastar (/)
hacer juego (/)
hacer juego con (/)
llevar (/)
pagar (/)
regatear (/)
usar (/)
vender (/)

Adjetivos
barato (/)
barata (/)
bueno (/)
buena (/)
cada (/)
caro (/)
cara (/)
corto (/)
corta (/)
elegante (/)
hermoso (/)
hermosa (/)
largo (/)

larga (/)
loco (/)
loca (/)
nuevo (/)
nueva (/)
otro (/)
otra (/)
pobre (/)
rico (/)
rica (/)

Los colores
el color (/)
amarillo (/)
amarilla (/)
anaranjado (/)
anaranjada (/)
azul (/)
blanco (/)
blanca (/)
gris (/)
marrón (/)
café (/)
morado (/)
morada (/)
negro (/)
negra (/)
rojo (/)
roja (/)
rosado (/)
rosada (/)
verde (/)

Palabras adicionales
acabar de (/)
anoche (/)
anteayer (/)
ayer (/)
de repente (/)
desde (/)
dos veces (/)
hasta (/)
pasado (/)
pasada (/)
el año pasado (/)
la semana pasada (/)
prestar (/)
una vez (/)
ya (/)

End of **Lección 6**

CONTEXTOS

1 Describir For each drawing, you will hear two statements. Choose the one that corresponds to the drawing.

1. a. Celia se baña.
   b. Celia se ducha. (/)
2. a. Celia se cepilla los dientes.
   b. Celia se cepilla el pelo. (/)
3. a. Celia se viste.
   b. Celia se peina. (/)
4. a. Celia se acuesta.
   b. Celia se levanta. (/)

2 Preguntas Clara is going to baby-sit your nephew. Answer her questions about your nephew's daily routine using the cues in your lab manual. Repeat the correct response after the speaker.

Modelo   *You hear:* ¿A qué hora va a la escuela?
          You see: 8:30 A.M.
          You say: Va a la escuela a las ocho y media de la mañana.

1. ¿A qué hora se despierta? (/)
Se despierta a las siete de la mañana. (/)
2. ¿Qué hace antes de vestirse? (/)
Antes de vestirse se lava la cara. (/)
3. ¿Cuándo se baña? (/)
Se baña por la noche. (/)
4. ¿Con qué se lava el pelo? (/)
Se lava el pelo con champú para niños. (/)
5. ¿A qué hora debe acostarse? (/)
Debe acostarse a las nueve de la noche. (/)
6. ¿Cuándo se cepilla los dientes? (/)
Se cepilla los dientes después de comer. (/)

3 Entrevista Listen to this interview. Then read the statements in your lab manual and decide whether they are **cierto** or **falso**.

EDGAR Muy buenos días, amigos de *Radio Mañana*. Yo soy Edgar Echandi y hoy tenemos el gusto de hablar con la madre de un maravilloso jugador de béisbol. Estoy hablando del increíble Sergio Santos. Gracias por venir, Sra. Santos.

SRA. SANTOS El gusto es mío, Edgar.

EDGAR Sergio vive en casa con usted, ¿verdad?

SRA. SANTOS Sí.

EDGAR ¿Y cómo es la rutina diaria de Sergio? ¿A qué hora se despierta y qué hace después?

SRA. SANTOS Bueno, mi hijo siempre se despierta a las seis de la mañana.

EDGAR ¿Los domingos también?

SRA. SANTOS Sí, todos los días. Después, corre por una hora en el parque, come y va al estadio.

EDGAR ¿No se baña? ¿No se afeita?

SRA. SANTOS Oh, sí. Se afeita por la mañana y se ducha dos veces al día, después de correr y antes de acostarse.

EDGAR Sergio no sólo juega bien; es una persona muy limpia. Ja, ja. ¿Y a qué hora se acuesta?

SRA. SANTOS Se acuesta a las once después de leer el periódico.

EDGAR Gracias, Sra. Santos. Y amigos, ya regresamos. (/)

PRONUNCIACIÓN

The consonants r and rr

In Spanish, **r** has a strong trilled sound at the beginning of a word. No English words have a trill, but English speakers often produce a trill when they imitate the sound of a motor.

ropa (/)   rutina (/)   rico (/)   Ramón (/)

In any other position, **r** has a weak sound similar to the English *tt* in *better* or the English *dd* in *ladder*. In contrast to English, the tongue touches the roof of the mouth behind the teeth.

gustar (/)   durante (/)   primero (/)   crema (/)

The letter **rr**, which only appears between vowels, always has a strong trilled sound.

pizarra (/)   corro (/)   marrón (/)   aburrido (/)

Between vowels, the difference between the strong trilled **rr** and the weak **r** is very important, as a mispronunciation could lead to confusion between two different words.

caro   carro   pero   perro

1 Práctica Repeat each word after the speaker to practice the **r** and the **rr**.

1. Perú (/)
2. Rosa (/)
3. borrador (/)
4. madre (/)
5. comprar (/)
6. favor (/)
7. rubio (/)
8. reloj (/)
9. Arequipa (/)
10. tarde (/)
11. cerrar (/)
12. despertador (/)

2 Oraciones When you hear the number, read the corresponding sentence aloud, focusing on the **r** and **rr** sounds. Then listen to the speaker and repeat the sentence.

1. (/) Ramón Robles Ruiz es programador. Su esposa Rosaura es artista. (/)

2. (/) A Rosaura Robles le encanta regatear en el mercado. (/)

3. (/) Ramón nunca regatea… le aburre regatear. (/)

4. (/) Rosaura siempre compra cosas baratas. (/)

5. (/) Ramón no es rico pero prefiere comprar cosas muy caras. (/)

6. (/) ¡El martes Ramón compró un carro nuevo! (/)

3 Refranes Repeat each saying after the speaker to practice the **r** and the **rr**.

1. Perro que ladra no muerde. (/)

2. No se ganó Zamora en una hora. (/)

4 Dictado You will hear seven sentences. Each will be said twice. Listen carefully and write what you hear.

1. Ramiro y Roberta Torres son peruanos. (/)

2. Ramiro es pelirrojo, gordo y muy trabajador. (/)

3. Hoy él quiere jugar al golf y descansar, pero Roberta prefiere ir de compras. (/)

4. Hay grandes rebajas y ella necesita un regalo para Ramiro. (/)

5. ¿Debe comprarle una cartera marrón o un suéter rojo? (/)

6. Por la tarde, Ramiro abre su regalo. (/)

7. Es ropa interior. (/)

ESTRUCTURA

7.1 Reflexive verbs

1 Describir For each drawing, you will hear two statements. Choose the one that corresponds to the drawing.

1. a. Me pongo los zapatos de tenis.
b. Me quito los zapatos de tenis. (/)

2. a. Raúl se levanta de la silla.
b. Raúl se sienta en la silla. (/)

3. a. Ana se siente feliz.
b. Ana se pone nerviosa. (/)

4. a. Guillermo no quiere quedarse en la cama.
b. Guillermo no quiere levantarse. (/)

2 Preguntas Answer each question you hear in the affirmative. Repeat the correct response after the speaker.

Modelo   ¿Se levantó temprano Rosa?
        Sí, Rosa se levantó temprano.

1. ¿Te acostaste tarde anoche? (/)
Sí, me acosté tarde anoche. (/)

2. ¿Te bañaste esta mañana? (/)
Sí, me bañé esta mañana. (/)

3. ¿Te cepillaste los dientes? (/)
Sí, me cepillé los dientes. (/)

4. ¿Te sientes bien? (/)
Sí, me siento bien.

5. ¿Se preocupan por los exámenes tus amigos? (/)
Sí, mis amigos se preocupan por los exámenes. (/)

6. En la clase, ¿se sientan ustedes cerca de la pizarra? (/)
Sí, nos sentamos cerca de la pizarra. (/)

7. ¿Deben los hombres quitarse el sombrero en la clase? (/)
Sí, los hombres deben quitarse el sombrero en la clase. (/)

3 ¡Esto fue el colmo! Listen as Julia describes what happened in her dorm yesterday. Then choose the correct ending for each statement in your lab manual.

Hola. Me llamo Julia. Vivo en una residencia estudiantil. En nuestro piso sólo hay un cuarto de baño. Esto es un problema porque siempre tengo que esperar para usar el baño y luego me tengo que duchar en cinco minutos. Ayer me enojé mucho con la chica nueva porque se quedó en el baño por dos horas. Estuvimos llamándola, pero no nos contestó. Nosotras nos preocupamos por ella. Cuando la chica salió del baño y nos vio a todas esperándola, se puso roja y se sintió avergonzada. (/)

7.2 Indefinite and negative words

1 ¿Lógico o ilógico? You will hear some questions and the responses. Decide if they are **lógico** or **ilógico**.

1. ¿Con quién vas a ir al centro comercial?
Tampoco voy a ir al centro comercial. (/)

2. ¿Qué te probaste en la tienda?
No me probé nada. (/)

3. ¿Vas al Mercado Central mucho?
No, nunca voy al Mercado Central. (/)

4. ¿Viste algo que te gustó?
No, nadie. (/)

5. ¿Prefieres estos zapatos o las botas?
No prefiero ni los zapatos ni las botas. (/)

6. ¿Te gusta algún abrigo?
No me gusta nadie. (/)

7. ¿Cuándo vas a llevar esta chaqueta?
No me la voy a poner nunca jamás. (/)

8. ¿Me compraste algún regalo?
Sí, te compré algo. (/)

2 ¿Pero o sino? You will hear some sentences with a beep in place of a word. Decide if **pero** or **sino** should complete each sentence and circle it.

Modelo   *You hear:* Ellos no viven en Lima (*beep*) Arequipa.
        You circle: **sino** because the sentence is **Ellos no viven en Lima sino Arequipa.**

1. No quiero sentarme aquí (*beep*) allí. (/)

2. Carlos no se siente bien, (*beep*) va a clase. (/)

3. Su auto no es nuevo (*beep*) viejo. (/)

4. No hace frío (*beep*) calor. (/)

5. Queremos ir al cine, (*beep*) no tenemos dinero. (/)

6. Esta lección no es fácil (*beep*) difícil. (/)

7. Me senté a la mesa, (*beep*) no comí nada. (/)

8. Paco nunca se peina, (*beep*) se viste bien. (/)

3 Transformar Change each sentence you hear to say the opposite is true. Repeat the correct answer after the speaker.

Modelo   Nadie se ducha ahora.
          Alguien se ducha ahora.

1. Nunca me preocupo por nada. (/)
Siempre me preocupo por algo. (/)
2. Nunca viajo con nadie. (/)
Siempre viajo con alguien. (/)
3. No buscan a nadie. (/)
Buscan a alguien. (/)
4. Mi hijo jamás se lava las manos antes de comer. (/)
Mi hijo siempre se lava las manos antes de comer. (/)
5. Tampoco nos vamos. (/)
También nos vamos. (/)
6. Gloria no se despide de nadie. (/)
Gloria se despide de alguien. (/)

4 Preguntas Answer each question you hear in the negative. Repeat the correct response after the speaker.

Modelo   ¿Qué estás haciendo?
          No estoy haciendo nada.

1. ¿Hay alguien en el cuarto de baño? (/)
No, no hay nadie en el cuarto de baño. (/)
2. ¿Hay algunas toallas limpias? (/)
No, no hay ninguna toalla limpia. (/)
3. ¿Quieres jugar al béisbol o al baloncesto? (/)
No quiero jugar ni al béisbol ni al baloncesto. (/)
4. ¿Con quién se quedaron en casa los niños? (/)
No se quedaron con nadie. (/)
5. ¿Siempre te acuestas tarde? (/)
Nunca me acuesto tarde. (/)
6. ¿Quieren ustedes tomar algo? (/)
No, no queremos tomar nada. (/)

5 Entre amigos Listen to this conversation between Felipe and Mercedes. Then decide whether the statements in your lab manual are **cierto** or **falso**.
FELIPE Hola, Mercedes.
MERCEDES Hola, Felipe. Oye, no hay nadie en la residencia.
FELIPE Todos están en el Centro Estudiantil. Mario Vargas Llosa, el famoso novelista peruano, está hablando sobre su libro *La casa verde*.
MERCEDES Ah, ¿sí? ¿Quieres ir? Yo quiero ir.
FELIPE ¿Leíste algún libro de él?
MERCEDES No, no, ninguno, pero mi amigo peruano piensa que sus libros son excelentes.
FELIPE ¿Un amigo peruano?
MERCEDES Sí, un amigo, pero sólo un amigo, ¿eh? El año pasado pasé una semana con él en el Perú.
FELIPE ¿De verdad? ¿Visitaste Cuzco o Machu Picchu?
MERCEDES No, no visité ninguno de estos lugares, pero quiero verlos algún día.
FELIPE Bueno, algo es algo. Yo jamás viajé a ningún otro país. (/)

7.3 Preterite of ser and ir

1 Escoger Listen to each sentence and indicate whether the verb is a form of **ser** or **ir**.
1. Héctor y Lidia fueron al restaurante y luego al cine. (/)
2. El examen fue el martes. (/)
3. ¿Por qué no fuiste de compras ayer? (/)
4. Ellos fueron en tren. (/)
5. El sábado pasado fuimos a la playa. (/)
6. Fue una idea magnífica. (/)
7. Ese dependiente fue muy amable. (/)
8. No fui con ellos. (/)

2 Cambiar Change each sentence from the present to the preterite. Repeat the correct answer after the speaker.

Modelo   Ustedes van en avión.
          Ustedes fueron en avión.

1. Es un regalo muy bonito. (/)
Fue un regalo muy bonito. (/)
2. Yo voy al centro comercial. (/)
Yo fui al centro comercial. (/)
3. Esas chicas son muy antipáticas. (/)
Esas chicas fueron muy antipáticas. (/)
4. Tú vas al campo, ¿no? (/)
Tú fuiste al campo, ¿no? (/)
5. Nosotros somos sus estudiantes. (/)
Nosotros fuimos sus estudiantes. (/)
6. Silvia va a comprar champú. (/)
Silvia fue a comprar champú. (/)
7. Nosotros vamos a la piscina. (/)
Nosotros fuimos a la piscina. (/)
8. Tú eres periodista, ¿no? (/)
Tú fuiste periodista, ¿no? (/)

3 Preguntas Answer each question you hear using the cue in your lab manual. Repeat the correct response after the speaker.

Modelo   *You hear:* ¿Quién fue tu profesor de química?
          You see: el Sr. Ortega
          You say: El Sr. Ortega fue mi profesor de química.

1. ¿Adónde fueron ustedes ayer? (/)
Fuimos al mercado al aire libre. (/)
2. ¿Cómo fueron tus clases hoy? (/)
Mis clases fueron muy buenas. (/)
3. ¿Fuiste tú al gimnasio esta mañana? (/)
No, yo no fui al gimnasio esta mañana. (/)
4. ¿Cómo fue la excursión a Machu Picchu? (/)
La excursión a Machu Picchu fue fabulosa. (/)
5. ¿Adónde fueron Roberto y David? (/)
Roberto y David fueron al parque. (/)
6. ¿Cómo fue el examen de biología? (/)
El examen de biología fue difícil. (/)

4 ¿Qué hicieron anoche? Listen to this telephone conversation and answer the questions in your lab manual.

CARLOS Aló. ¿Sí?

KATARINA ¿Carlos? Habla Katarina. ¿Cómo estás?

CARLOS Cansado.

KATARINA ¿Por qué?

CARLOS Anoche fui al estadio para ver el partido de fútbol. Terminó muy tarde.

KATARINA ¿Cómo fue el partido?

CARLOS ¡Estupendo! Mi equipo favorito ganó.

KATARINA Qué bien. Esteban y yo fuimos al cine.

CARLOS ¿Qué tal la película?

KATARINA Fue muy aburrida. Esteban se durmió durante la película.

CARLOS ¡Él siempre se duerme en el cine! (/)

7.4 Gustar and verbs like gustar

1 Escoger Listen to each question and choose the most logical response.

1. ¿Te gusta salir a comer? (/)
2. ¿A Maricarmen le interesa el arte? (/)
3. ¿A sus padres les molestan los vendedores? (/)
4. ¿A ustedes les importa el dinero? (/)
5. ¿Te falta jabón? (/)
6. ¿A sus amigos les fascinan los museos? (/)

2 Cambiar Form a new sentence using the cue you hear. Repeat the correct answer after the speaker.

Modelo   A ellos les interesan las ciencias. (a Ricardo)
          A Ricardo le interesan las ciencias.

1. A ellos les interesan las ciencias. (a ti) (/)
A ti te interesan las ciencias.
2. (a ustedes) (/) A ustedes les interesan las ciencias. (/)
3. (a mí) (/) A mí me interesan las ciencias. (/)
4. (a nosotros) (/) A nosotros nos interesan las ciencias. (/)
5. (a mis amigos) (/) A mis amigos les interesan las ciencias. (/)
6. (a mi hermana) (/) A mi hermana le interesan las ciencias. (/)

3 Preguntas Answer each question you hear using the cue in your lab manual. Repeat the correct response after the speaker.

Modelo   *You hear:* ¿Qué te encanta hacer?
          You see: patinar en línea
          You say: Me encanta patinar en línea.

1. ¿Qué cosas te importan? (/)
Me importan la familia y los amigos. (/)
2. ¿A sus padres les gusta viajar? (/)
Sí, les gusta viajar. (/)
3. ¿Qué les interesa a ustedes? (/)
Nos interesan las computadoras. (/)

4. ¿Cuánto dinero le queda a Arturo? (/)
Le quedan dos dólares. (/)
5. ¿Qué deportes te gustan? (/)
Me gustan el baloncesto y el béisbol. (/)
6. ¿A Patricia le molestan los niños? (/)
No, no le molestan. (/)
7. ¿A ustedes les falta algo? (/)
No, no nos falta nada. (/)
8. ¿A los estudiantes les importa comer bien? (/)
Sí, les importa comer bien. (/)

4 Preferencias Listen to this conversation. Then fill in the chart with Eduardo's preferences and answer the question in your lab manual.

BEATRIZ Hola, Eduardo.

EDUARDO Hola, chicas. ¿Quieren salir esta tarde?

BEATRIZ Sí, buena idea. ¿Por qué no vamos a ver el partido de tenis?

EDUARDO No, no me interesa el tenis. Es aburrido.

ANABEL ¿Quieres ir a la playa?

EDUARDO Me gusta nadar, pero me molesta el sol. ¿Por qué no vamos de excursión al campo?

BEATRIZ No, no tengo ganas de ir al campo. ¿Por qué no vamos al centro comercial?

EDUARDO Me aburre ir de compras.

ANABEL ¿Qué tal si vamos al cine?

EDUARDO Me encanta el cine.

BEATRIZ Yo ya fui ayer.

EDUARDO Bueno, entonces nos quedamos en casa esta tarde. (/)

VOCABULARIO

You will now hear the vocabulary for **Lección 7** found on page 232 of your textbook. Listen and repeat each Spanish word or phrase after the speaker.

Los verbos reflexivos

acordarse de (/)
acostarse (/)
afeitarse (/)
bañarse (/)
cepillarse el pelo (/)
cepillarse los dientes (/)
despedirse de (/)
despertarse (/)
dormirse (/)
ducharse (/)
enojarse con (/)
irse (/)
lavarse la cara (/)
lavarse las manos (/)
levantarse (/)
llamarse (/)
maquillarse (/)
peinarse (/)
ponerse (/)

preocuparse (/)
probarse (/)
quedarse (/)
quitarse (/)
secarse (/)
sentarse (/)
sentirse (/)
vestirse (/)

Palabras de secuencia
antes (/)
antes de (/)
después (/)
después de (/)
durante (/)
entonces (/)
luego (/)
más tarde (/)
por último (/)

Palabras afirmativas y negativas
algo (/)
alguien (/)
alguno (/)
alguna (/)
algún (/)
algunos (/)
algunas (/)
jamás (/)
nada (/)
nadie (/)
ni… ni (/)
ninguno (/)
ninguna (/)
ningún (/)
nunca (/)
o… o (/)

siempre (/)
también (/)
tampoco (/)

En el baño
el baño (/)
el cuarto de baño (/)
el champú (/)
la crema de afeitar (/)
la ducha (/)
el espejo (/)
el inodoro (/)
el jabón (/)
el lavabo (/)
el maquillaje (/)
la pasta de dientes (/)
la toalla (/)

Gustar y verbos similares
aburrir (/)
encantar (/)
faltar (/)
fascinar (/)
gustar (/)
importar (/)
interesar (/)
molestar (/)
quedar (/)

Palabras adicionales
el despertador (/)
las pantuflas (/)
la rutina diaria (/)
por la mañana (/)
por la noche (/)
por la tarde (/)

End of Lección 7

CONTEXTOS

1 Identificar Listen to each question and mark an **X** in the appropriate category.

Modelo   *You hear:* ¿Qué es la piña?
              You mark: an **X** under **fruta**.

1. ¿Qué es el salmón? (/)
2. ¿Qué es el jugo de manzana? (/)
3. ¿Qué son las arvejas? (/)
4. ¿Qué es el atún? (/)
5. ¿Qué es la chuleta de cerdo? (/)
6. ¿Qué es el melocotón? (/)
7. ¿Qué es el jamón? (/)
8. ¿Qué es la leche? (/)

2 Describir Listen to each sentence and write the number of the sentence below the drawing of the food or drink mentioned.

1. Mónica prefiere ensalada. (/)
2. Carlos necesita comprar leche y pan. (/)
3. Desayuno huevo frito y salchicha. (/)
4. No me gustan las uvas. (/)
5. Marcos prueba la sopa. (/)
6. Rafael quiere langosta. (/)
7. Ricardo y yo pedimos café. (/)
8. Ponemos sal y pimienta en la comida. (/)
9. Alicia pide vino tinto. (/)
10. El camarero recomienda bistec con espárragos. (/)

3 En el restaurante You will hear a couple ordering a meal in a restaurant. Write the items they order in the appropriate categories.

CAMARERO Buenas tardes. ¿Qué desean?
SEÑORA Buenas. A ver... para mí de primer plato una ensalada de lechuga y tomate. Y de plato principal una hamburguesa con queso y papas fritas.
SEÑOR Bueno, yo tengo mucha hambre. Para mí, una sopa de verduras y pollo asado con arvejas y zanahorias.
CAMARERO ¿Y de beber? Tenemos unos vinos excelentes.
SEÑORA ¡No gracias! Tenemos que trabajar después. Dos botellas de agua mineral, por favor. (/)

PRONUNCIACIÓN

ll, ñ, c, and z

Most Spanish speakers pronounce the letter **ll** like the *y* in *yes*.

pollo (/)   llave (/)   ella (/)   cebolla (/)

The letter **ñ** is pronounced much like the *ny* in *canyon*.

mañana (/)   señor (/)   baño (/)   niña (/)

Before **a**, **o**, or **u**, the Spanish **c** is pronounced like the *c* in *car*.

café (/)   colombiano (/)   cuando (/)   rico (/)

Before **e** or **i**, the Spanish **c** is pronounced like the *s* in *sit*. In parts of Spain, **c** before **e** or **i** is pronounced like the *th* in *think*.

cereales (/)   delicioso (/)   conducir (/)   conocer (/)

The Spanish **z** is pronounced like the *s* in *sit*. In parts of Spain, **z** before a vowel is pronounced like the *th* in *think*.

zeta (/)   zanahoria (/)   almuerzo (/)   cerveza (/)

1 Práctica Repeat each word after the speaker to practice pronouncing **ll**, **ñ**, **c**, and **z**.

1. mantequilla (/)
2. cuñado (/)
3. aceite (/)
4. manzana (/)
5. español (/)
6. cepillo (/)
7. zapato (/)
8. azúcar (/)
9. quince (/)
10. compañera (/)
11. almorzar (/)
12. calle (/)

2 Oraciones When the speaker pauses, repeat the corresponding sentence or phrase, focusing on **ll**, **ñ**, **c**, and **z**.

1. Mi compañero de cuarto se llama Toño Núñez. (/) Su familia es de la ciudad de Guatemala y de Quetzaltenango. (/)
2. Dice que la comida de su mamá es deliciosa, (/) especialmente su pollo al champiñón y sus tortillas de maíz. (/)
3. Creo que Toño tiene razón (/) porque hoy cené en su casa (/) y quiero volver mañana para cenar allí otra vez. (/)

3 Refranes Repeat each saying after the speaker to practice pronouncing **ll**, **ñ**, **c**, and **z**.

1. Las apariencias engañan. (/)
2. Panza llena, corazón contento. (/)

4 Dictado You will hear five sentences. Each will be said twice. Listen carefully and write what you hear.

1. Catalina compró mantequilla, chuletas de cerdo, refrescos y melocotones en el mercado. (/)
2. Ese señor español quiere almorzar en un restaurante francés. (/)
3. El mozo le recomendó los camarones con arroz. (/)
4. En mi casa empezamos la comida con una sopa. (/)
5. Guillermo llevó a Alicia al Café Azul anoche. (/)

ESTRUCTURA

8.1 Preterite of stem-changing verbs

1 Identificar Listen to each sentence and decide whether the verb is in the present or the preterite tense. Mark an **X** in the appropriate column.

Modelo   *You hear:* Pido bistec con papas fritas.
     You mark: an **X** under *present.*

1. ¿Quiénes consiguen los refrescos? (/)
2. Tomás prefiere café con leche. (/)
3. Carmen y Raúl nos siguieron al restaurante. (/)
4. Esteban se muere de hambre. (/)
5. Les sirvo camarones fritos. (/)
6. Tú pediste jamón y espárragos, ¿no? (/)
7. El camarero les repitió la lista de bebidas. (/)
8. Después de comer me sentí muy bien. (/)

2 Cambiar Change each sentence you hear substituting the new subject given. Repeat the correct response after the speaker.

Modelo   Tú no dormiste bien anoche. (Los niños)
     Los niños no durmieron bien anoche.

1. Yo serví ensalada de fruta. (Lupe) (/)
Lupe sirvió ensalada de fruta. (/)
2. La niña no pidió jugo de manzana. (Nosotros) (/)
Nosotros no pedimos jugo de manzana. (/)
3. Tomás prefirió langosta. (Yo) (/)
Yo preferí langosta. (/)
4. Nosotros nos sentimos tristes. (Los señores García) (/)
Los señores García se sintieron tristes. (/)
5. Me vestí para salir. (Olga) (/)
Olga se vistió para salir. (/)
6. Francisca se despidió de los abuelos. (Elena y Roberto) (/)
Elena y Roberto se despidieron de los abuelos. (/)

3 Preguntas Answer each question you hear using the cue in your lab manual. Repeat the correct response after the speaker.

Modelo   *You hear:* ¿Qué pediste?
     You see: pavo asado con papas y arvejas
     You say: Pedí pavo asado con papas y arvejas.

1. ¿Conseguiste trabajo en el Café Astoria? (/)
Sí, conseguí trabajo en el Café Astoria. (/)
2. ¿Les sirvió el camarero vino a los jóvenes? (/)
No, el camarero no les sirvió vino a los jóvenes. (/)
3. ¿Qué prefirieron tomar los niños? (/)
Los niños prefirieron tomar leche. (/)
4. ¿Durmieron ustedes bien anoche? (/)
Sí, nosotros dormimos bien anoche. (/)
5. ¿Te sentiste mal ayer? (/)
No, no me sentí mal ayer. (/)
6. ¿Cuándo murió tu abuelo? (/)
Mi abuelo murió la semana pasada. (/)

4 Un día largo Listen as Ernesto describes what he did yesterday. Then read the statements in your lab manual and decide whether they are **cierto** or **falso**.

Ayer empecé a trabajar en el restaurante La Paloma. Conseguí el trabajo gracias a mi primo que trabaja allí como camarero. Me levanté a las ocho de la mañana. Me bañé y me vestí rápidamente. Desayuné café y pan tostado con mantequilla. Salí de mi casa a las nueve de la mañana. Al ser mi primer día preferí ir al restaurante caminando. Llegué a las nueve y media. A las doce, los clientes empezaron a llegar. Trabajamos mucho toda la mañana. ¡Mi primo y yo no almorzamos hasta las tres de la tarde! Yo me pedí el plato del día: pollo asado con papas. Después, nosotros seguimos trabajando hasta las diez de la noche. (/)

8.2 Double object pronouns

1 Escoger The manager of **El Gran Pavo** Restaurant wants to know what items the chef is going to serve to the customers today. Listen to each question and choose the correct response.

1. ¿Les vas a servir frijoles a los clientes? (/)
2. ¿Les vas a servir langosta a los clientes? (/)
3. ¿Les vas a servir espárragos a los clientes? (/)
4. ¿Les vas a servir papas fritas a los clientes? (/)
5. ¿Les vas a servir salmón a los clientes? (/)
6. ¿Les vas a servir arroz a los clientes? (/)

2 Cambiar Repeat each statement, replacing the direct object noun with a pronoun.

Modelo   María te hace ensalada.
     María te la hace.

1. Alejandro nos sirve entremeses. (/)
Alejandro nos los sirve. (/)
2. Juan te prepara café. (/)
Juan te lo prepara. (/)
3. Nos recomiendan las chuletas de cerdo. (/)
Nos las recomiendan. (/)
4. El camarero me trae vino tinto. (/)
El camarero me lo trae. (/)
5. Le compro las frutas. (/)
Se las compro. (/)
6. Les hacemos la cena. (/)
Se la hacemos. (/)

3 Preguntas Answer each question using the cue you hear and object pronouns. Repeat the correct response after the speaker.

Modelo   ¿Me recomienda ustedes los mariscos? (Sí)
     Sí, se los recomiendo.

1. ¿Nos trae el camarero el menú? (Sí) (/)
Sí, se lo trae. (/)
2. ¿Elena les sirve los entremeses a ellos ahora? (Sí) (/)
Sí, se los sirve ahora. (/)

3. ¿Me compras la chaqueta roja? (No) (/)
No, no te la compro. (/)
4. ¿Le pides dinero a tu papá? (Sí) (/)
Sí, se lo pido. (/)
5. ¿Me venden ustedes el auto? (Sí) (/)
Sí, te lo vendemos. (/)

4 Una fiesta Listen to this conversation between Eva and Marcela. Then read the statements in your lab manual and decide whether they are **cierto** or **falso**.

EVA El viernes vamos a hacer una fiesta para Sebastián. Yo le voy a preparar su comida favorita: camarones al ajo.

MARCELA ¡Qué rico! ¿Y qué puedo hacer yo? ¿Te parece bien una ensalada de verduras?

EVA A mí me parece muy bien, pero a Sebastián no le gustan las verduras. ¿Por qué no le preparas una ensalada de mariscos?

MARCELA Bueno, se la preparo. ¿Y quién compra las bebidas?

EVA Clara y Luis van a comprar algunas botellas de vino tinto y también unos refrescos.

MARCELA Parece que vamos a tener muchas bebidas.

EVA ¡Ah! ¿Y recuerda que le tienes que comprar un regalo? Yo le compré una cartera. (/)

8.3 Saber and conocer

1 ¿Saber o conocer? You will hear some sentences with a beep in place of the verb. Decide which form of **saber** or **conocer** should complete each sentence and circle it.

Modelo   *You hear:* (*Beep*) cantar.
          You circle: **Sé** because the sentence is **Sé cantar.**

1. (*Beep*) a Manolo. (/)
2. (*Beep*) montar a caballo. (/)
3. (*Beep*) la ciudad de Guatemala. (/)
4. (*Beep*) a la dueña de ese restaurante. (/)
5. (*Beep*) preparar bistec con champiñones. (/)
6. ¿(*Beep*) la fecha? (/)

2 Cambiar Listen to the following statements and say that you do the same activities. Repeat the correct answer after the speaker.

Modelo   Julia sabe nadar.
          Yo también sé nadar.

1. Mi hermana conduce una motocicleta. (/)
Yo también conduzco una motocicleta. (/)
2. Mis amigas conocen el libro de Rigoberta Menchú. (/)
Yo también conozco el libro de Rigoberta Menchú. (/)
3. Carlos traduce la lección al inglés. (/)
Yo también traduzco la lección al inglés. (/)
4. Mi compañero de cuarto les ofrece una bebida. (/)
Yo también les ofrezco una bebida. (/)
5. Jorge sabe hacer arroz con pollo. (/)
Yo también sé hacer arroz con pollo. (/)

3 Preguntas Answer each question using the cue you hear. Repeat the correct response after the speaker.

Modelo   ¿Conocen tus padres Antigua? (Sí)
          Sí, mis padres conocen Antigua.

1. ¿Saben ustedes dónde está el Café Oriental? (No) (/)
No, no sabemos dónde está el Café Oriental. (/)
2. ¿Conoces la comida guatemalteca? (No) (/)
No, no conozco la comida guatemalteca. (/)
3. ¿Sabes si hay una sección de no fumar? (No) (/)
No, no sé si hay una sección de no fumar. (/)
4. ¿Conocen ustedes a mi amiga María? (No) (/)
No, no conocemos a su amiga María. (/)
5. ¿Siempre conducen con cuidado tus amigos? (Sí) (/)
Sí, mis amigos siempre conducen con cuidado. (/)
6. ¿Te parece difícil esta lección? (No) (/)
No, esta lección no me parece difícil. (/)

4 Mi compañera de cuarto Listen as Jennifer describes her roommate. Then read the statements in your lab manual and decide whether they are **cierto** or **falso**.

Conozco a Laura, mi compañera de cuarto, desde el primer día de universidad. Es la compañera de cuarto perfecta porque sabe hacer muchas cosas. Sabe cantar y bailar y habla español, francés e inglés. También sabe preparar comida, especialmente los platos típicos de Guatemala, como los chiles rellenos. ¡Yo sólo sé preparar huevos fritos! Laura también practica muchos deportes. Sabe esquiar y patinar en línea. Para ella es fácil conocer gente nueva. Ella siempre me presenta a muchachos muy simpáticos. (/)

5 La mejor comida Listen to this conversation between Jorge and Rosalía. Then choose the correct answers to the questions in your lab manual.

JORGE A mí me gusta mucho la buena comida. Soy un gran aficionado a los buenos restaurantes y conozco los mejores restaurantes de la ciudad.

ROSALÍA Si crees que comes bien porque vas a muchos restaurantes, estás muy equivocado. Yo sé preparar unos platos deliciosos. Creo que la buena comida muchas veces es barata.

JORGE Dices eso porque no conoces el nuevo restaurante francés. ¿Quieres venir conmigo esta tarde después de trabajar?

ROSALÍA Mmm. Bueno, voy a ir, pero tú tienes que probar mi comida. Vas a ver cuánto te gusta.

JORGE Muy bien. Entonces nos encontramos a las siete en la puerta del restaurante. ¿Sabes dónde está?

ROSALÍA Sí, lo sé. (/)

8.4 Comparisons and superlatives

1 Escoger You will hear a series of descriptions. Choose the statement in your lab manual that expresses the correct comparison.

1. Rafael tiene veinte dólares y yo tengo diez dólares. (/)
2. Elena tiene doce años y Juan tiene nueve años. (/)

3. Enrique come dos hamburguesas y José come dos hamburguesas. (/)

4. La comida en el Café Condesa es buena, pero la comida en La Fonda es más sabrosa. (/)

5. Las langostas cuestan cincuenta pesos el kilo y los camarones cuestan treinta pesos el kilo. (/)

2 Comparar Look at each drawing and answer the question you hear with a comparative statement. Repeat the correct response after the speaker.

1. ¿Quién es más bajo? (/)

Sara es más baja que Ricardo. (/)

2. ¿Quién es más gordo? (/)

Héctor es más gordo que Alejandro. (/)

3. ¿Quién es más rubia? (/)

Melisa es más rubia que Leonor. (/)

3 Al contrario You are babysitting Anita, a small child, who starts boasting about herself and her family. Respond to each statement using a comparative of equality. Then repeat the correct answer after the speaker.

Modelo   Mi mamá es más bonita que tu mamá.
          Al contrario, mi mamá es tan bonita como tu mamá.

1. Mis padres son más inteligentes que tus padres. (/)

Al contrario, mis padres son tan inteligentes como tus padres. (/)

2. Mi hermana es más delgada que tu hermana. (/)

Al contrario, mi hermana es tan delgada como tu hermana. (/)

3. Mis hermanos son más altos que tus hermanos. (/)

Al contrario, mis hermanos son tan altos como tus hermanos. (/)

4. Mi papá es más simpático que tu papá (/)

Al contrario, mi papá es tan simpático como tu papá. (/)

5. Yo corro más rápido que tú. (/)

Al contrario, yo corro tan rápido como tú. (/)

6. Yo patino mejor que tú. (/)

Al contrario, yo patino tan bien como tú. (/)

4 Preguntas Answer each question you hear using the absolute superlative. Repeat the correct response after the speaker.

Modelo   La comida de la cafetería es mala, ¿no?
          Sí, es malísima.

1. Este restaurante es pequeño, ¿no? (/)

Sí, es pequeñísimo. (/)

2. Los entremeses son sabrosos, ¿no? (/)

Sí, son sabrosísimos. (/)

3. Las frutas son deliciosas, ¿no?

Sí, son deliciosísimas. (/)

4. La langosta está rica, ¿no? (/)

Sí, está riquísima. (/)

5. El camarero parece joven, ¿no? (/)

Sí, parece jovencísimo. (/)

6. Es fácil preparar una tortilla con champiñones, ¿no? (/)

Sí, es facilísimo. (/)

VOCABULARIO

You will now hear the vocabulary for **Lección 8** found on page 268 of your textbook. Listen and repeat each Spanish word or phrase after the speaker.

Las comidas

el camarero (/)

la camarera (/)

la comida (/)

el dueño (/)

la dueña (/)

el menú (/)

la sección de no fumar (/)

el almuerzo (/)

la cena (/)

el desayuno (/)

los entremeses (/)

el plato (/)

el plato principal (/)

delicioso (/)

deliciosa (/)

rico (/)

rica (/)

sabroso (/)

sabrosa (/)

escoger (/)

merendar (/)

pedir (/)

probar (/)

recomendar (/)

servir (/)

La frutas

la banana (/)

las frutas (/)

el limón (/)

la manzana (/)

el melocotón (/)

la naranja (/)

la pera (/)

la sandía (/)

la uva (/)

Las verduras

las arvejas (/)

la cebolla (/)

el champiñón (/)

la ensalada (/)

los espárragos (/)

los frijoles (/)

la lechuga (/)

el maíz (/)
las papas (/)
las patatas (/)
las papas fritas (/)
las patatas fritas (/)
el tomate (/)
las verduras (/)
la zanahoria (/)

La carne y el pescado
el atún (/)
el bistec (/)
los camarones (/)
la carne (/)
la carne de res (/)
la chuleta (/)
la chuleta de cerdo (/)
la hamburguesa (/)
el jamón (/)
la langosta (/)
los mariscos (/)
el pavo (/)
el pescado (/)
el pollo (/)
el pollo asado (/)
la salchicha (/)
el salmón (/)

Otras comidas
el aceite (/)
el arroz (/)
el azúcar (/)

el ajo (/)
los cereales (/)
el huevo (/)
la mantequilla (/)
la margarina (/)
la mayonesa (/)
el pan (/)
el pan tostado (/)
la pimienta (/)
el queso (/)
la sal (/)
el sándwich (/)
la sopa (/)
el vinagre (/)
el yogur (/)

Las bebidas
el agua (/)
el agua mineral (/)
la bebida (/)
el café (/)
la cerveza (/)
el jugo (/)
el jugo de fruta (/)
la leche (/)
el refresco (/)
el té (/)
el té helado (/)
el vino (/)
el vino blanco (/)
el vino tinto (/)

Verbos
conducir (/)
conocer (/)
ofrecer (/)
parecer (/)
saber (/)
traducir (/)
morir (/)

Las comparaciones
como (/)
más de (/)
más… que (/)
menos de (/)
menos… que (/)
tan… como (/)
tantos… como (/)
tantas… como (/)
tanto… como (/)
el mayor (/)
la mayor (/)
el mejor (/)
la mejor (/)
el menor (/)
la menor (/)
el peor (/)
la peor (/)
mejor (/)
peor (/)

End of **Lección 8**

CONTEXTOS

1 ¿Lógico o ilógico? You will hear some statements. Decide if they are **lógico** or **ilógico**.

1. Si una pareja se lleva bien, debe divorciarse. (/)

2. Una mujer que no está casada es soltera. (/)

3. La amistad es tan importante como el amor. (/)

4. Rita piensa romper con Samuel porque lo quiere muchísimo. (/)

5. Eduardo y Elsa se comprometieron en junio y luego se enamoraron. (/)

6. Cuando la esposa del señor Soto se murió, él quedó viudo. (/)

7. Mis hermanos no se llevan bien. En realidad, Simón odia a Gustavo. (/)

8. Yo nací en mil novecientos ochenta y tres. Mis padres nacieron en mil novecientos setenta y seis. (/)

2 Escoger For each drawing, you will hear three statements. Choose the one that corresponds to the drawing.

1. a. Ayer Felipe y Maribel celebraron su aniversario de bodas. (/)

b. Ayer Felipe y Maribel se separaron. (/)

c. Ayer Felipe y Maribel celebraron su boda en la Iglesia de San Isidro. (/)

2. a. El señor Alvarado cumple treinta años hoy. (/)

b. Todos los invitados brindaron cuando el señor Alvarado se jubiló. (/)

c. Todos los invitados se sintieron tristes cuando el señor Alvarado se jubiló. (/)

3. a. Anoche Javier se comprometió con Margarita. (/)

b. Anoche Javier rompió con Margarita. (/)

c. Anoche Javier le regaló un dulce. (/)

4. a. Nadie se sonrió durante la fiesta. (/)

b. Todos comieron pastel de cumpleaños en la fiesta. (/)

c. Todos se divirtieron en la fiesta de Navidad. (/)

3 Una celebración Listen as Sra. Jiménez talks about a party she has planned. Then answer the questions in your lab manual.

El viernes a las ocho y media vamos a hacer una fiesta de sorpresa para mi hijo, Martín. ¡Ya cumple veintiún años! ¡No lo puedo creer! Invitamos a sus amigos de la universidad y, claro, a toda la familia. Primero vamos a cenar y luego a bailar. Por último, vamos a servir su pastel favorito de helado de chocolate. (/)

PRONUNCIACIÓN

The letters **h**, **j**, and **g**

The Spanish **h** is always silent.

helado (/)　　hombre (/)　　hola (/)　　hermosa (/)

The letter **j** is pronounced much like the English *h* in *his*.

José (/)　　jubilarse (/)　　dejar (/)　　pareja (/)

The letter **g** can be pronounced three different ways. Before **e** or **i**, the letter **g** is pronounced much like the English *h*.

agencia (/)　　general (/)　　Gil (/)　　Gisela (/)

At the beginning of a phrase or after the letter **n**, the Spanish **g** is pronounced like the English *g* in *girl*.

Gustavo, gracias por llamar el domingo. (/)

In any other position, the Spanish **g** has a somewhat softer sound.

Me gradué en agosto. (/)

In the combinations **gue** and **gui**, the **g** has a hard sound and the **u** is silent. In the combination **gua**, the **g** has a hard sound and the **u** is pronounced like the English *w*.

Guerra (/)　　conseguir (/)　　guantes (/)　　agua (/)

1 Práctica Repeat each word after the speaker to practice pronouncing **h**, **j**, and **g**.

1. hamburguesa (/)
2. jugar (/)
3. oreja (/)
4. guapa (/)
5. geografía (/)
6. magnífico (/)
7. espejo (/)
8. hago (/)
9. seguir (/)
10. gracias (/)
11. hijo (/)
12. galleta (/)
13. Jorge (/)
14. tengo (/)
15. ahora (/)

2 Oraciones When you hear the number, read the corresponding sentence aloud. Then listen to the speaker and repeat the sentence.

1. (/) Hola. Me llamo Gustavo Hinojosa Lugones y vivo en Santiago de Chile. (/)

2. (/) Tengo una familia grande; somos tres hermanos y tres hermanas. (/)

3. (/) Voy a graduarme en mayo. (/)

4. (/) Para celebrar mi graduación mis padres van a regalarme un viaje a Egipto. (/)

5. (/) ¡Qué generosos son! (/)

3 Refranes Repeat each saying after the speaker to practice pronouncing **h**, **j**, and **g**.

1. A la larga, lo más dulce amarga. (/)

2. El hábito no hace al monje. (/)

4 **Dictado** Victoria is talking to her friend Mirta on the phone. Listen carefully and during the pauses write what she says. The entire passage will then be repeated so that you can check your work.

Mirta, sabes que el domingo es el aniversario de bodas de Héctor y Ángela, ¿no? (/) Sus hijos quieren hacerles una fiesta grande (/) e invitar a todos sus amigos. (/) Pero a Ángela y a Héctor no les gusta la idea. (/) Ellos quieren salir juntos a algún restaurante (/) y después relajarse en casa. (/)

ESTRUCTURA

9.1 Irregular preterites

1 **Escoger** Listen to each question and choose the most logical response.

1. ¿Condujiste a clase hoy? (/)
2. ¿Qué te dijo Javier? (/)
3. ¿Dónde estuvieron ustedes anoche? (/)
4. ¿Por qué vino tarde Felipe? (/)
5. ¿Cuándo supieron que yo fui al médico? (/)
6. ¿Dónde pusieron los regalos? (/)
7. ¿Les tradujiste todo el menú? (/)
8. ¿Le diste una buena propina al camarero? (/)

2 **Cambiar** Change each sentence from the present to the preterite. Repeat the correct answer after the speaker.

Modelo   Él pone el flan sobre la mesa.
              Él puso el flan sobre la mesa.

1. Las abuelas vienen de Chile el martes. (/)
Las abuelas vinieron de Chile el martes. (/)
2. Yo estoy muy contenta. (/)
Yo estuve muy contenta. (/)
3. Ellos dan regalos bonitos. (/)
Ellos dieron regalos bonitos. (/)
4. Hay una fiesta el sábado. (/)
Hubo una fiesta el sábado. (/)
5. Trae unos dulces a la fiesta. (/)
Trajo unos dulces a la fiesta. (/)
6. Ana y yo hacemos un pastel de chocolate. (/)
Ana y yo hicimos un pastel de chocolate. (/)
7. Tú tienes que preparar los entremeses. (/)
Tú tuviste que preparar los entremeses. (/)
8. Luz dice que ellos traen el vino. (/)
Luz dijo que ellos trajeron el vino. (/)

3 **Preguntas** Answer each question you hear using the cue in your lab manual. Substitute object pronouns for the direct object when possible. Repeat the correct answer after the speaker.

Modelo   You hear: ¿Quién condujo el auto?
              You see: yo
              You say: Yo lo conduje.

1. ¿Con quién vinieron ustedes? (/)
Vinimos con Gerardo. (/)

2. ¿Quién trajo los refrescos? (/)
Mateo y Yolanda los trajeron. (/)
3. ¿Quién hizo las galletas? (/)
Nosotros las hicimos. (/)
4. ¿Cómo estuvo la comida? (/)
La comida estuvo muy buena. (/)
5. ¿Qué le dijiste a Ramón? (/)
Le dije "¡Felicitaciones!" (/)
6. ¿Quién te dio el dinero? (/)
Mi papá me lo dio. (/)

4 **Completar** Listen to the dialogue and write the missing words in your lab manual.

Supe por un amigo que los Márquez vinieron a visitar a su hija. Me dijo que condujeron desde Antofagasta y que se quedaron en el Hotel Carrera. Les hice una llamada anoche pero no contestaron el teléfono. Sólo pude dejarles un mensaje. Hoy ellos me llamaron y me preguntaron si mi esposa y yo teníamos tiempo para almorzar con ellos. Claro que les dije que sí. (/)

9.2 Verbs that change meaning in the preterite

1 **Identificar** Listen to each sentence and mark and **X** in the column for the subject of the verb.

Modelo   You hear: ¿Cuándo lo supiste?
              You mark: an **X** under **tú**.

1. Conocimos a Clara en Valparaíso. (/)
2. ¿Pude comprar los regalos? (/)
3. Supe de la muerte de Iris esta mañana. (/)
4. ¿Pudiste ir a la tienda anoche? (/)
5. Supieron la verdad, ¿no? (/)
6. Quise tener una cita con ella. (/)
7. No quisieron pasar la Navidad con los suegros. (/)
8. Conoció a su esposo en una fiesta. (/)

2 **Preguntas** Answer each question you hear using the cue in your lab manual. Substitute object pronouns for the direct object when possible. Repeat the correct response after the speaker.

Modelo   You hear: ¿Conocieron ellos a Sandra?
              You see: sí
              You say: Sí, la conocieron.

1. ¿Pudieron ustedes terminar la tarea? (/)
Sí, pudimos terminarla. (/)
2. ¿Dónde conoció usted al señor Ruiz? (/)
Lo conocí en la casa de Ángela. (/)
3. ¿Cuándo supieron ustedes de su divorcio? (/)
Lo supimos el viernes. (/)
4. ¿Quisieron bailar los chicos? (/)
No, no quisieron bailar. (/)
5. ¿Pudo hacer el pastel Clara? (/)
No, no lo pudo hacer. (/)
6. ¿Cuándo supiste del nacimiento del niño? (/)
Lo supe anoche. (/)

3 ¡Qué lástima! Listen as José talks about some news he recently received. Then read the statements and decide whether they are **cierto** or **falso**.

Supimos de la muerte de Francisco esta mañana. y nos sentimos muy tristes. Se murió muy joven. Carolina quiso hablar con su familia pero no lo consiguió. Si tenemos tiempo mañana, vamos a ir a visitarlos. (/)

4 Relaciones amorosas Listen as Susana describes what happened between her and Pedro. Then answer the questions in your lab manual.

El domingo no pude salir con Pedro porque pasé toda la noche con los libros. Esa noche mi amiga Juana me llamó y me dijo que vio a Pedro con Mónica en el cine. Anoche cuando Pedro llamó, me enojé mucho. Le dije que supe que el domingo salió con Mónica. Ya no voy a salir más con él. (/)

9.3 ¿Qué? and ¿cuál?

1 ¿Lógico o ilógico? You will hear some questions and the responses. Decide if they are **lógico** or **ilógico**.

1. —¿Con quién se casa María?
—Se casa en junio. (/)
2. —¿Cuándo se comprometieron ellos?
—Se comprometieron en diciembre. (/)
3. —¿Cómo es el novio de María?
—Es chileno. (/)
4. —¿Cuál es su profesión?
—Es médico. (/)
5. —¿Qué piensas regalarles para la boda?
—Pienso darles algunos consejos. (/)
6. —¿Qué te gustaría comer esta noche?
—Vamos al restaurante Metrópoli. (/)
7. —De postre hay flan y helado de chocolate. ¿Cuál prefieres?
—Prefiero el flan, gracias. (/)
8. —¿A qué hora empieza la película?
—A las ocho. (/)

2 Preguntas You will hear a series of responses to questions. Using **¿qué?** or **¿cuál?**, form the question that prompted each response. Repeat the correct answer after the speaker.

Modelo   Santiago de Chile es la capital de Chile.
          ¿Cuál es la capital de Chile?

1. El pastel es un postre. (/)
¿Qué es el pastel? (/)
2. El apellido de su esposo es Méndez. (/)
¿Cuál es el apellido de su esposo? (/)
3. Su número de teléfono es el seis, treinta y cinco, quince, veintisiete. (/)
¿Cuál es su número de teléfono? (/)
4. Voy a comprar el vestido negro. (/)
¿Qué vestido vas a comprar? (/)
5. La fecha de nuestro aniversario es el 14 de febrero. (/)
¿Cuál es la fecha de su aniversario? (/)

6. La propina es el dinero que uno le deja al camarero. (/)
¿Qué es la propina? (/)
7. El número de su casa es doscientos setenta. (/)
¿Cuál es el número de su casa? (/)
8. Paco busca los regalos de Navidad. (/)
¿Qué busca Paco? (/)

3 De compras Look at Marcela's shopping list for Christmas and answer each question you hear. Repeat the correct response after the speaker.

1. ¿Qué tiene que comprar para la abuela? (/)
Tiene que comprar un suéter blanco. (/)
2. ¿Cuántos pares de calcetines tiene que comprar? (/)
Tiene que comprar tres pares de calcetines. (/)
3. ¿Para quién son los calcetines? (/)
Los calcetines son para Pepe. (/)
4. ¿Qué va a comprar para el abuelo? (/)
Va a comprar un cinturón. (/)
5. ¿Cuántas camisas necesita comprar? (/)
Necesita comprar dos camisas. (/)
6. ¿Qué talla usa Raúl? (/)
Raúl usa la talla 17. (/)

4 Escoger Listen to this radio commercial and choose the most logical response to each question.

La Agencia de Fiestas Mar le ofrece lo necesario para todo tipo de celebraciones. ¿Qué tipo de fiesta piensa celebrar? Para bodas, cumpleaños, quinceañeras y fiestas de aniversario, ¡sabemos cómo puede dar la fiesta del año! ¿Dónde quiere dar la fiesta? Le ofrecemos la elegante Casa Mar, o traemos comida, música, decoraciones y camareros a su casa, a la playa o a otro lugar. Al dejar los preparativos en las manos de nuestros profesionales, usted puede pensar en lo más importante: a quién va a invitar y qué ropa va a llevar. Para comenzar a divertirse, llámenos al 924-8956. ¡Agencia de Fiestas Mar! (/)

9.4 Pronouns after prepositions

1 Cambiar Listen to each statement and say that the feeling is not mutual. Use a pronoun after the preposition in your response. Then repeat the correct answer after the speaker.

Modelo   Carlos quiere desayunar con nosotros.
          Pero nosotros no queremos desayunar con él.

1. Isabel habla mucho de su novio. (/)
Pero él no habla mucho de ella. (/)
2. Yo quiero salir con Emilio. (/)
Pero él no quiere salir conmigo. (/)
3. Queremos ir al restaurante con Nora. (/)
Pero ella no quiere ir al restaurante con nosotros. (/)
4. Raúl está enojado contigo. (/)
Pero tú no estás enojado con él. (/)
5. Tus padres se preocupan mucho por ti. (/)
Pero tú no te preocupas mucho por ellos. (/)
6. Yo me acuerdo de ustedes. (/)
Pero ustedes no se acuerdan de mí. (/)

2 Preguntas Answer each question you hear using the appropriate pronoun after the preposition and the cue in your lab manual. Repeat the correct response after the speaker.

Modelo *You hear:* ¿Almuerzas con Alberto hoy?
    You see: No
    You say: No, no almuerzo con él hoy.

1. ¿Te gustaría cenar conmigo? (/)
Sí, me gustaría cenar contigo. (/)
2. ¿Quién está al lado de Rosa? (/)
Luis está al lado de ella. (/)
3. ¿Estás preparando el desayuno para los niños? (/)
Sí, estoy preparando el desayuno para ellos. (/)
4. ¿Es el sándwich para mí? (/)
Sí, el sándwich is para ti. (/)
5. ¿Viene Yolanda al restaurante con Juan? (/)
No, Yolanda no viene al restaurante con él. (/)
6. ¿Quién se sienta detrás de ustedes? (/)
Francisco se sienta detrás de nosotros. (/)

3 Preparativos Listen to this conversation between David and Andrés. Then answer the quesrions in your lab manual.

DAVID Falta comprar jamón, pan... No sé qué más. Nunca recuerdo nada cuando estoy contigo, Andrés.

ANDRÉS Lo siento. Ah sí, ya lo sé. También necesitamos comprar salchicha y queso para los entremeses.

DAVID Oye, ¿sabes con quién va Alfredo a la fiesta?

ANDRÉS Sé que le pidió a Sara..., pero ella no quiere ir con él. Está muy enojada.

DAVID Entre tú y yo, creo que no se llevan bien. ¿Y tú? ¿Con quién vas?

ANDRÉS Hmmm. Voy con Sara...

DAVID ¡Ah! ¿sí? No sé. Debes tener cuidado, puede ser difícil para Alfredo. Mira, vamos a comprar algo especial para él. (/)

VOCABULARIO

You will now hear the vocabulary for **Lección 9** found on page 296 of your textbook. Listen and repeat each Spanish word or phrase after the speaker.

Las celebraciones
el aniversario (/)
el aniversario de bodas (/)
la boda (/)
el cumpleaños (/)
el día de fiesta (/)
la fiesta (/)
el invitado (/)
la invitada (/)
la Navidad (/)
la quinceañera (/)
la sorpresa (/)
brindar (/)

celebrar (/)
cumplir años (/)
dejar una propina (/)
divertirse (/)
invitar (/)
pagar la cuenta (/)
pasarlo bien (/)
pasarlo mal (/)
regalar (/)
reírse (/)
relajarse (/)
sonreír (/)
sorprender (/)

Los postres y otras comidas
la botella (/)
la botella de vino (/)
el champán (/)
los dulces (/)
el flan (/)
el flan de caramelo (/)
la galleta (/)
el helado (/)
el pastel (/)
el pastel de chocolate (/)
el postre (/)

Las relaciones personales
la amistad (/)
el amor (/)
el divorcio (/)
el estado civil (/)
el matrimonio (/)
la pareja (/)
el recién casado (/)
la recién casada (/)
casarse con (/)
comprometerse con (/)
divorciarse de (/)
enamorarse de (/)
llevarse bien con (/)
llevarse mal con (/)
odiar (/)
romper con (/)
salir con (/)
separarse de (/)
tener una cita (/)
casado (/)
casada (/)
divorciado (/)
divorciada (/)
juntos (/)
juntas (/)
separado (/)
separada (/)

soltero (/)
soltera (/)
viudo (/)
viuda (/)

Las etapas de la vida
la adolescencia (/)
la edad (/)
el estado civil (/)
las etapas de la vida (/)
la juventud (/)
la madurez (/)
la muerte (/)
el nacimiento (/)
la niñez (/)

la vejez (/)
cambiar de (/)
cambiar en (/)
graduarse (/)
graduarse de (/)
jubilarse (/)
nacer (/)

Palabras adicionales
la alegría (/)
el beso (/)
conmigo (/)
contigo (/)

End of **Lección 9**

CONTEXTOS

1 Identificar You will hear a series of words. Write each one in the appropriate category.

Modelo   *You hear:* el hospital
          You write: **el hospital** under **Lugares.**

1. la infección (/)
2. la sala de emergencia (/)
3. la aspirina (/)
4. la farmacia (/)
5. la pastilla (/)
6. el resfriado (/)
7. el consultorio (/)
8. el antibiótico (/)
9. la gripe (/)
10. la fiebre (/)

2 Describir For each drawing, you will hear two statements. Choose the one that corresponds to the drawing.

1. a. Carmen se lastimó el pie.
b. Carmen se rompió el brazo. (/)
2. a. Gregorio sufrió una enfermedad.
b. Gregorio se cayó de su bicicleta. (/)
3. a. A Jaime le duele mucho el estómago.
b. Jaime tiene fiebre. (/)
4. a. La enfermera le tomó la temperatura.
b. La enfermera le puso una inyección. (/)

PRONUNCIACIÓN

c (before a consonant) and q

In Lesson 8, you learned that, in Spanish, the letter **c** before the vowels **a**, **o**, and **u** is pronounced like the *c* in the English word *car*. When the letter **c** appears before any consonant except **h**, it is also pronounced like the *c* in *car*.

clínica (/)   bicicleta (/) crema (/)   doctora (/) octubre (/)

In Spanish, the letter **q** is always followed by a **u**, which is silent. The combination **qu** is pronounced like the *k* sound in the English word *kitten*. Remember that the sounds **kwa**, **kwe**, **kwi**, **kwo**, and **koo** are always spelled with the combination **cu** in Spanish, never with **qu**.

querer (/)   parque (/)   queso (/)   química (/)   mantequilla (/)

1 Práctica Repeat each word after the speaker, focusing on the **c** and **q** sounds.

1. quince (/)
2. querer (/)
3. pequeño (/)
4. equipo (/)
5. conductor (/)
6. escribir (/)

7. contacto (/)
8. increíble (/)
9. aquí (/)
10. ciclismo (/)
11. electrónico (/)
12. quitarse (/)

2 Oraciones When you hear the number, read the corresponding sentence aloud. Then listen to the speaker and repeat the sentence.

1. (/) El Dr. Cruz quiso sacarle la muela. (/)
2. (/) Clara siempre se maquilla antes de salir de casa. (/)
3. (/) ¿Quién perdió su equipaje? (/)
4. (/) Pienso comprar aquella camisa porque me queda bien. (/)
5. (/) La chaqueta cuesta quinientos cuarenta dólares, ¿no? (/)
6. (/) Esa clienta quiere pagar con tarjeta de crédito. (/)

3 Refranes Repeat each saying after the speaker to practice the **c** and the **q** sounds.

1. Ver es creer. (/)
2. Quien mal anda, mal acaba. (/)

4 Dictado You will hear five sentences. Each will be said twice. Listen carefully and write what you hear.

1. Esta mañana Cristina se despertó enferma. (/)
2. Le duele todo el cuerpo y no puede levantarse de la cama. (/)
3. Cree que es la gripe y va a tener que llamar a la clínica de la universidad. (/)
4. Cristina no quiere perder otro día de clase, pero no puede ir porque está muy mareada. (/)
5. Su compañera de cuarto va a escribirle un mensaje electrónico a la profesora Crespo (/) porque hoy tienen un examen en su clase. (/)

ESTRUCTURA

10.1 The imperfect tense

1 Identificar Listen to each sentence and circle the verb tense you hear.

1. Dolores tenía mucha fiebre. (/)
2. Fui a la farmacia. (/)
3. Nos sentíamos congestionados. (/)
4. ¿Está usted embarazada? (/)
5. Me sacaron una muela. (/)
6. Su mamá quería tomarle la temperatura. (/)
7. Le pusieron una inyección al niño. (/)
8. Me dolía la garganta. (/)
9. Marco se siente mareado. (/)
10. No encontraron al doctor. (/)

2 Cambiar Form a new sentence using the cue you hear. Repeat the correct answer after the speaker.

Modelo   Iban a casa. (Eva)
          Eva iba a casa.

1. Éramos amigos. (ellos) (/)
Ellos eran amigos. (/)
2. Pedro trabajaba en una farmacia. (tú) (/)
Tú trabajabas en una farmacia. (/)
3. Antes siempre salían mucho. (él) (/)
Antes él siempre salía mucho. (/)
4. ¿Tenías miedo? (ustedes) (/)
¿Tenían miedo ustedes? (/)
5. Los niños estaban enfermos. (nosotros) (/)
Nosotros estábamos enfermos. (/)
6. Querían a su abuelo. (yo) (/)
Yo quería a su abuelo. (/)

3 Preguntas A reporter is writing an article about funny things people used to do when they were children. Answer her questions, using the cues in your lab manual. Then repeat the correct response after the speaker.

Modelo   *You hear:* ¿Qué hacía Miguel de niño?
          You see: ponerse pajitas en la nariz
          You say: Miguel se ponía pajitas en la nariz.

1. ¿Qué hacían tus hermanos de niños? (/)
Mis hermanos se quitaban los zapatos en el restaurante. (/)
2. ¿Qué hacían tu hermana y tú? (/)
Mi hermana y yo nos vestíamos con la ropa de mamá. (/)
3. ¿Qué hacía Elena de niña? (/)
Elena sólo quería comer dulces. (/)
4. ¿Qué hacías tú? (/)
Yo jugaba con un amigo invisible. (/)
5. ¿Qué hacía tu mejor amigo? (/)
Mi mejor amigo usaba las botas de su papá. (/)
6. ¿Qué hacían tus primos? (/)
Mis primos comían con las manos. (/)

4 Completar Listen to this description of Ángela's medical problem and write the missing words in your lab manual.

Sufría Ángela porque estornudaba día y noche. Pensaba que tenía un resfriado, pero se sentía bastante saludable. Se iba de la biblioteca después de poco tiempo porque les molestaba a los otros estudiantes. Sus amigas, Laura y Petra, siempre le decían que tenía alguna alergia. Por fin, decidió hacerse un examen médico. La doctora le dijo que ella era alérgica y que había muchas medicinas para las alergias. Finalmente, le recetó unas pastillas. Al día siguiente, Ángela se sentía mejor porque sabía cuál era el problema y ella dejó de estornudar después de tomar las pastillas. (/)

10.2 The preterite and the imperfect
1 Identificar Listen to each statement and identify the verbs in the preterite and the imperfect. Write them in the appropriate column.

Modelo   *You hear:* Cuando llegó la ambulancia, el esposo estaba mareado.
          You write: **llegó** under *preterite,* and **estaba** under *imperfect.*

1. Elisa le tomó la temperatura a su hijo porque estaba muy enfermo. (/)
2. Me lastimé la rodilla cuando jugaba al tenis. (/)
3. Mi amiga Anita siempre tenía dolor de cabeza cuando estudiaba. (/)
4. Estábamos en la sala de emergencias cuando llegó la enfermera. (/)
5. La muela me dolió todo el fin de semana, pero el lunes el dentista me la sacó. (/)
6. Fui a la farmacia a comprar el medicamento que me recetó el médico. (/)
7. Siempre me dolían los oídos cuando era niño. (/)
8. Llevó a su hija al médico porque le dolía la garganta. (/)

2 Responder Answer the questions using the cues in your lab manual. Substitute direct object pronouns for the direct object nouns when appropriate. Repeat the correct response after the speaker.

Modelo   *You hear:* ¿Por qué no llamaste al médico la semana pasada?
          You see: perder su número de teléfono
          You say: Porque perdí su número de teléfono.

1. ¿Dónde pusiste el medicamento?
Lo puse en la mesa de la cocina. (/)
2. ¿Cuándo se cayó del árbol tu hermano?
Cuando tenía ocho años. (/)
3. ¿Por qué no fuiste al dentista ayer?
Porque me lastimé el tobillo. (/)
4. ¿Olvidaste la receta en casa?
No, la puse en la mochila. (/)
5. ¿Cuándo te dolía el estómago?
Cuando me tomaba las pastillas. (/)
6. ¿Tuviste la gripe el año pasado?
No, no la tuve. Pero tuve una grave infección de garganta. (/)
7. ¿Cuánto tiempo estuviste en el consultorio?
Estuve toda la mañana. (/)
8. ¿Por qué no te sacaron la muela?
Porque necesitaba una radiografía de la boca. (/)

3 ¡Qué nervios! Listen as Sandra tells a friend about her day. Then read the statements in your lab manual and decide whether they are **cierto** or **falso.**

Era la primera vez que ponía una inyección. Estaba muy nerviosa y además me dolía mucho la cabeza porque no dormí muy bien anoche. La enfermera me ayudó a relajarme y me dio una pastilla para el dolor de cabeza. El paciente era un hombre muy simpático. Él fue enfermero cuando era joven y ahora trabajaba en la farmacia de sus padres. Me dijo que él ponía muchas inyecciones cuando trabajaba de enfermero en el hospital, pero cuando puso su primera inyección, él también estaba muy nervioso. Mientras él hablaba, yo decidí ponerle la inyección. Todo salió bien y yo estaba muy contenta. (/)

10.3 Constructions with se

1 Escoger Listen to each question and choose the most logical response.

1. ¿Trajiste el regalo para David? (/)
2. ¿Llamó al médico Cecilia? (/)
3. ¿Qué pasó con los pantalones de Ramón? (/)
4. ¿Recordaron ustedes hacer reservaciones? (/)
5. Silvia, ¿tienes el número del hospital? (/)
6. Niños, ¿qué pasó con la ventana? (/)

2 Preguntas Answer each question you hear using the cue in your lab manual and the impersonal **se**. Repeat the correct response after the speaker.

Modelo   *You hear:* ¿Qué lengua se habla en Costa Rica?
          You see: español
          You say: Se habla español.

1. ¿A qué hora se cierra la clínica? (/)
Se cierra a las seis. (/)
2. ¿Cómo se dice *flu* en español? (/)
Se dice "gripe". (/)
3. ¿Dónde se compran aspirinas? (/)
Se compran en la farmacia. (/)
4. ¿Dónde se paga la cuenta? (/)
Se paga en la caja. (/)
5. ¿Dónde se consiguen mapas de la ciudad? (/)
Se consiguen en la Oficina de Turismo. (/)
6. ¿Cómo se llega al centro? (/)
Se toma el autobús número tres. (/)

3 Letreros Some or all of the type is missing on the signs in your lab manual. Listen to the speaker and write the appropriate text below each sign. The text for each sign will be repeated.

1. Se venden casas y apartamentos. Precios razonables. (/)
2. ¡Nos preocupamos por su salud! Se prohíbe fumar en el hospital. (/)
3. Se sale por la derecha. (/)
4. ¡No se puede hacer radiografías a mujeres embarazadas! Favor de informar a la enfermera si piensa que está embarazada. (/)

10.4 Adverbs

1 Completar Listen to each statement and circle the word or phrase that best completes it.

1. Tuvimos muchos problemas... (/)
2. Ahora que su novio se mudó, se hablan por teléfono... (/)
3. Quisimos ir a ver la película pero era muy... (/)
4. Gloria tenía dolor de cabeza... (/)
5. Julio se fue a su primer día de escuela... (/)
6. Sandra siempre llegaba a clase... (/)

2 Cambiar Form a new sentence by changing the adjective in your lab manual to an adverb. Repeat the correct answer after the speaker.

Modelo   *You hear:* Juan dibuja.
          You see: fabuloso
          You say: Juan dibuja fabulosamente.

1. Iba al dentista. (/)
Iba al dentista regularmente. (/)
2. El médico escribió la receta. (/)
El médico escribió la receta rápidamente. (/)
3. Roberto se fue de vacaciones. (/)
Roberto se fue de vacaciones felizmente. (/)
4. Ana está triste. (/)
Ana está triste constantemente. (/)
5. Van al cine. (/)
Van al cine generalmente. (/)
6. Escaló la montaña. (/)
Escaló la montaña fácilmente. (/)

3 Preguntas Answer each question you hear in the negative, using the cue in your lab manual. Repeat the correct response after the speaker.

Modelo   *You hear:* ¿Salió bien la operación?
          You see: mal
          You say: No, la operación salió mal.

1. ¿Caminaban ustedes rápidamente? (/)
No, nosotros caminábamos lentamente. (/)
2. ¿Llegaron ustedes temprano a la clínica? (/)
No, nosotros llegamos tarde a la clínica. (/)
3. El abrigo es un poco largo, ¿no? (/)
No, el abrigo es muy largo. (/)
4. Siempre comes en ese restaurante, ¿no? (/)
No, yo nunca como en ese restaurante. (/)
5. ¿Se fueron ellos alegremente? (/)
No, ellos se fueron tristemente. (/)
6. ¿Sabe mucho Iris de medicina? (/)
No, Iris sabe poco de medicina. (/)

4 Situaciones You will hear four brief conversations. Choose the phrase that best completes each sentence in your lab manual.

1. **ESTEBAN** Mónica, ¿llegó a tiempo el avión?
   MÓNICA No, llegó tarde y apenas tuvimos tiempo de tomar el avión para San José. (/)
2. **PILAR** No sé qué me pasa. Tengo fiebre a menudo, por lo menos una vez por semana. Además de eso, cada vez que me acuesto, me pongo a toser.
   TOMÁS Pues, tienes que hacerte un examen médico pronto. Voy a ir a llamar para pedir una cita. (/)
3. **DOCTOR** Mire la radiografía, Sra. Blanco. Se rompió la pierna aquí y aquí.
   SRA. BLANCO ¿Voy a poder correr normalmente? (/)
4. **VICENTE** Dejé la receta para los antibióticos en la farmacia ayer. ¿Puedes ir a buscarme las pastillas hoy, María?

MARÍA Sabes que es importante comenzar a tomar los antibióticos inmediatamente. Hiciste mal en no ir a buscarlos ayer. (/)

VOCABULARIO

You will now hear the vocabulary for **Lección 10** found on page 328 of your textbook. Listen and repeat each Spanish word or phrase after the speaker.

El cuerpo

la boca (/)
el brazo (/)
la cabeza (/)
el corazón (/)
el cuello (/)
el cuerpo (/)
el dedo (/)
el estómago (/)
la garganta (/)
el hueso (/)
la muela (/)
la nariz (/)
el oído (/)
el ojo (/)
la oreja (/)
el pie (/)
la pierna (/)
la rodilla (/)
el tobillo (/)

La salud

el accidente (/)
el antibiótico (/)
la aspirina (/)
la clínica (/)
el consultorio (/)
el doctor (/)
la doctora (/)
el dentista (/)
la dentista (/)
el dolor (/)
el dolor de cabeza (/)

el enfermero (/)
la enfermera (/)
el examen médico (/)
la farmacia (/)
la gripe (/)
el hospital (/)
la infección (/)
el medicamento (/)
la medicina (/)
la operación (/)
el paciente (/)
la paciente (/)
la pastilla (/)
la radiografía (/)
la receta (/)
el resfriado (/)
la sala de emergencias (/)
la salud (/)
el síntoma (/)
la tos (/)

Verbos

caerse (/)
dañar (/)
darse con (/)
doler (/)
enfermarse (/)
estar enfermo (/)
estar enferma (/)
estornudar (/)
lastimarse (/)
lastimarse el pie (/)
olvidar (/)
poner una inyección (/)
prohibir (/)
quedar (/)
recetar (/)
romper (/)
romperse (/)
romperse la pierna (/)
sacarse una muela (/)
ser alérgico (/)
ser alérgica (/)
sufrir una enfermedad (/)

tener dolor (/)
tener fiebre (/)
tomar la temperatura (/)
torcerse (/)
torcerse el tobillo (/)
toser (/)

Adjetivos

congestionado (/)
congestionada (/)
embarazada (/)
grave (/)
mareado (/)
mareada (/)
médico (/)
médica (/)
saludable (/)
sano (/)
sana (/)

Adverbios

a menudo (/)
a tiempo (/)
a veces (/)
además de (/)
apenas (/)
así (/)
bastante (/)
casi (/)
con frecuencia (/)
de niño (/)
de niña (/)
de vez en cuando (/)
despacio (/)
menos (/)
mientras (/)
muchas veces (/)
poco (/)
por lo menos (/)
pronto (/)
rápido (/)
todos los días (/)

End of **Lección 10**

CONTEXTOS

1 Asociaciones Circle the word or words that are not logically associated with each word you hear.

1. el teclado (/)
2. navegar (/)
3. el volante (/)
4. la gasolina (/)
5. la calle (/)
6. el canal (/)

2 ¿Lógico o ilógico? You will hear some statements. Decide if they are **lógico** or **ilógico**.

1. El monitor de Julia no funciona pero todavía escribe mensajes electrónicos en su computadora. (/)
2. Algunas personas pueden recibir un *fax* en su computadora. (/)
3. Cuando los Ramos no pueden estacionar en su calle, revisan el aceite. (/)
4. Hay más accidentes cuando se maneja a alta velocidad o está lloviendo. (/)
5. El control remoto ayuda mucho a personas que no pueden caminar. (/)
6. Sandra se durmió sobre el volante mientras Jorge manejaba. (/)

3 Identificar For each drawing in your lab manual, you will hear two statements. Choose the statement that best corresponds to the drawing.

1. a. Él piensa que Mariela necesita una contestadora. (/)
b. Parece que el teléfono de Mariela está descompuesto porque no suena. (/)
2. a. Anabel tiene que mirar debajo del capó. (/)
b. Su próximo carro va a tener un baúl más grande. (/)
3. a. Pilar necesita comprarse una computadora portátil. (/)
b. Ella usa su computadora portátil para estudiar. (/)
4. a. Ayer llenó el tanque pero se olvidó de revisar el aceite. (/)
b. Miguel no tiene ningún problema porque es mecánico. (/)

PRONUNCIACIÓN

c (before e or i), s, and z

In Latin America, **c** before **e** or **i** sounds much like the *s* in *sit*.

medicina (/)　　celular (/)　　conocer (/)　　paciente (/)

In parts of Spain, **c** before **e** or **i** is pronounced like the *th* in *think*.

conducir (/)　　policía (/)　　cederrón (/)　　velocidad (/)

The letter **s** is pronounced like the *s* in *sit*.

subir (/)　　besar (/)　　sonar (/)　　impresora (/)

In Latin America, the Spanish **z** is pronounced like the **s**.

cabeza (/)　　nariz (/)　　abrazar (/)　　embarazada (/)

The **z** is pronounced like the *th* in *think* in parts of Spain.

zapatos (/)　　zona (/)　　plaza (/)　　brazo (/)

1 Práctica Repeat each word after the speaker to practice pronouncing **s**, **z**, and **c** before **i** and **e**.

1. funcionar (/)
2. policía (/)
3. receta (/)
4. sitio (/)
5. disco (/)
6. zapatos (/)
7. zanahoria (/)
8. marzo (/)
9. comenzar (/)
10. perezoso (/)
11. quizás (/)
12. operación (/)

2 Oraciones When you hear each number, read the corresponding sentence aloud. Then listen to the speaker and repeat the sentence.

1. (/) Vivió en Buenos Aires en su niñez pero siempre quería pasar su vejez en Santiago. (/)
2. (/) Cecilia y Zulaima fueron al centro a cenar al restaurante Las Delicias. (/)
3. (/) Sonó el despertador a las seis y diez pero estaba cansado y no quiso oírlo. (/)
4. (/) Zacarías jugaba al baloncesto todas las tardes después de cenar. (/)

3 Refranes Repeat each saying after the speaker to practice pronouncing **s**, **z**, and **c** before **i** and **e**.

1. Zapatero, a tus zapatos. (/)
2. Primero es la obligación que la devoción. (/)

4 Dictado You will hear a friend describing Azucena's weekend experiences. Listen carefully and write what you hear during the pauses. The entire passage will be repeated so that you can check your work.

El sábado pasado Azucena iba a salir con Francisco. (/) Se subió al carro e intentó arrancarlo, pero no funcionaba. (/) El carro tenía gasolina y (/), como revisaba el aceite con frecuencia, (/) sabía que tampoco era eso. (/) Decidió tomar un autobús cerca de su casa. (/) Se subió al autobús y comenzó a relajarse. (/) Debido a la circulación llegó tarde, (/) pero se alegró de ver que Francisco estaba esperándola. (/)

ESTRUCTURA

11.1 Familiar commands

1 Identificar You will hear some sentences. If the verb is a **tú** command, circle **Sí** in your lab manual. If the verb is not a **tú** command, circle **No**.

Modelo　*You hear:* Ayúdanos a encontrar el control remoto.

You circle: **Sí** because **Ayúdanos** is a **tú** command.

1. Revisen el aceite del carro. (/)
2. Apaguen la televisión. (/)
3. Llámame al teléfono celular. (/)
4. Limpia el parabrisas. (/)
5. Súbete al carro. (/)
6. No estacionen en la autopista. (/)
7. Llevo el carro al taller. (/)
8. Maneja con cuidado. (/)
9. Compran una impresora. (/)
10. Dame tu dirección electrónica. (/)

2 Cambiar Change each command you hear to the negative. Repeat the correct answer after the speaker.

Modelo   Cómprame un reproductor de DVD.
          No me compres un reproductor de DVD.

1. Quema estos discos compactos. (/)
No quemes estos discos compactos. (/)
2. Cambia la llanta del carro. (/)
No cambies la llanta del carro. (/)
3. Estaciona detrás de ese coche. (/)
No estaciones detrás de ese coche. (/)
4. Cómprate una computadora portátil. (/)
No te compres una computadora portátil. (/)
5. Prende el televisor. (/)
No prendas el televisor. (/)
6. Graba tus ejercicios de español en este disco. (/)
No grabes tus ejercicios de español en este disco. (/)
7. Navega en Internet. (/)
No navegues en Internet. (/)
8. Para en la gasolinera. (/)
No pares en la gasolinera. (/)

3 Preguntas Answer each question you hear using an affirmative **tú** command. Repeat the correct response after the speaker.

Modelo   ¿Estaciono aquí?
          Sí, estaciona aquí.

1. ¿Te ayudo a arreglar el televisor? (/)
Sí, ayúdame. (/)
2. ¿Llamo al mecánico?
Sí, llámalo.
3. ¿Borro este archivo?
Sí, bórralo.
4. ¿Te lleno el tanque? (/)
Sí, llénalo. (/)
5. ¿Arranco el coche? (/)
Sí, arráncalo. (/)
6. ¿Compro un teclado nuevo? (/)
Sí, cómpralo. (/)

7. ¿Manejo tu carro? (/)
Sí, manéjalo. (/)

4 Consejos prácticos You will hear a conversation among three friends. Using **tú** commands and the ideas presented, write six pieces of advice that Mario can follow to save some money.

MARIO Chicos, necesito ahorrar. Gasto demasiado dinero, pero no sé qué hacer para ahorrar.
ALICIA Mario, hay muchas cosas que puedes hacer para ahorrar dinero y ¡energía!
LUIS Sí, Alicia tiene razón. Por ejemplo, puedes usar el transporte público para ir al trabajo y puedes comprar un carro más pequeño. Tu carro consume mucha gasolina.
ALICIA También puedes hablar menos por teléfono y cancelar la televisión por cable.
LUIS Además, puedes vender tu teléfono celular. Creo que no lo necesitas.
ALICIA Ah, y no te olvides de apagar las luces, la televisión y la computadora.
MARIO Gracias, chicos.
LUIS Para eso están los amigos. (/)

11.2 Por and para

1 Escoger You will hear some sentences with a beep in place of a preposition. Decide if **por** or **para** should complete each sentence.

Modelo   *You hear:* El teclado es (*beep*) la computadora de Nuria.
          You mark: an **X** under **para**.

1. Miriam necesita la licencia de conducir (*beep*) agosto. (/)
2. Este taller es (*beep*) carros japoneses. (/)
3. Le mandamos la carta a Lupe (*beep*) fax. (/)
4. Tú quieres mi disco compacto y yo quiero tu cinta. Te doy el disco compacto (*beep*) la cinta. (/)
5. La velocidad máxima en la autopista es 80 kilómetros (*beep*) hora. (/)
6. Miguel chocó anoche (*beep*) tener el parabrisas sucio. (/)
7. Esta autopista va (*beep*) Rosario. (/)
8. ¿Es cierto que vivieron en Buenos Aires (*beep*) tres años? (/)

2 La aventura Complete each phrase about Jaime with **por** or **para** and the cue in your lab manual. Repeat each correct response after the speaker.

Modelo   *You hear:* Jaime estudió
          You see: médico
          You say: Jaime estudió para médico.

1. Quería descansar. (/)
Quería descansar por unos meses. (/)
2. Buscó un mapa. (/)
Buscó un mapa para hacer sus planes. (/)
3. Compró un pasaje. (/)
Compró un pasaje por mil dólares. (/)

4. Fue a Buenos Aires. (/)

Fue a Buenos Aires para hacer turismo. (/)

5. Decidió pasear. (/)

Decidió pasear por la ciudad. (/)

6. Compró un disco. (/)

Compró un disco para su mamá. (/)

7. Tuvo que cambiar sus dólares. (/)

Tuvo que cambiar sus dólares por pesos. (/)

8. Salió en coche. (/)

Salió en coche para la montañas. (/)

3 Los planes Listen to the telephone conversation between Antonio and Sonia and then select the best response for the questions in your lab manual.

ANTONIO ¡Qué bueno que se van de vacaciones todo el mes de junio! Van a Buenos Aires, ¿no?

SONIA No, al final cambiamos nuestros planes. Vamos a Bariloche para esquiar. Vamos a ir en carro porque queremos ir por Santiago de Chile.

ANTONIO ¡Qué viaje tan largo! ¿Hay suficiente espacio en el baúl de tu carro para todo el equipaje?

SONIA Sí, las maletas más grandes las envié por avión. Ahora estoy buscando una bolsa especial para llevar mis cosas para esquiar. Voy a pasar por el centro para ver si tienen ese tipo de equipaje.

ANTONIO Si quieres pasar por mí, me gustaría ir contigo. Necesito buscar un regalo de aniversario para tía Elena y tío Julio.

SONIA Te veo a las dos y cuarto. ¿Está bien? (/)

11.3 Reciprocal reflexives

1 Escoger Listen to each question and, in your lab manual, choose the most logical response.

1. ¿Hace mucho tiempo que son amigos ustedes? (/)
2. ¿Crees que se besaron en la primera cita? (/)
3. ¿Se llevaron mal ustedes por mucho tiempo? (/)
4. Allá se saludan con un abrazo, ¿no? (/)
5. ¿Se miraban como amigos o como novios? (/)
6. ¿Se ayudaron ustedes con la tarea de francés? (/)
7. ¿Se hablan ellos con mucha frecuencia? (/)
8. ¿Se quieren tú y Felipe más ahora que cuando se casaron? (/)

2 Responder Answer each question in the affirmative. Repeat the correct answer after the speaker.

Modelo   ¿Se abrazaron tú y Carolina en la primera cita?
           Sí, nos abrazamos en la primera cita.

1. ¿Se llamaban tú y Jorge todos los días? (/)

Sí, nos llamábamos todos los días. (/)

2. ¿Se enojaron mucho David y Julio? (/)

Sí, se enojaron mucho. (/)

3. ¿Se entendían bien tú y tus compañeros de cuarto? (/)

Sí, nos entendíamos bien. (/)

4. De niños, nos llevábamos bien tú y yo, ¿verdad? (/)

Sí, de niños nos llevábamos bien. (/)

5. ¿Se vieron Antonio y Catalina en el aeropuerto? (/)

Sí, se vieron en el aeropuerto. (/)

6. ¿Se querían mucho tú y Adolfo? (/)

Sí, nos queríamos mucho. (/)

3 Los amigos Listen to a description of a friendship and then, in your lab manual, choose the phrase that best completes each sentence.

Andrea y Samuel se conocieron cuando los dos tenían once años. Sus madres eran muy amigas y por eso los chicos se veían a menudo. Casi siempre se llevaban bien pero un día, por un problema sobre quién era el favorito de Tomás, dejaron de hablarse. Por fin comprendieron que se querían mucho y no podían estar así. Samuel llamó a Andrea y le dijo que lo sentía. Andrea le dijo que ella también lo sentía mucho. Cuando se vieron, se hablaron y se abrazaron. (/)

11.4 Stressed possessive adjectives and pronouns

1 Identificar Listen to each statement and mark an **X** in the column identifying the possessive pronoun you hear.

Modelo   *You hear:* Ya arreglaron todos los coches pero el tuyo no.
           You write: an **X** under *yours.*

1. Cuando compraste las cintas, ¿compraste la mía también? (/)
2. Las llantas de mi coche son nuevas pero las tuyas no, ¿verdad? (/)
3. David me llamó para pedirnos su disco. ¿Tú tienes el suyo? (/)
4. Nuestros teléfonos son viejos pero Carlos y Diana compraron celulares. Los suyos son nuevos. (/)
5. Tenemos impresora, pero Manuel no. Debemos prestarle la nuestra. (/)
6. Cuando llevaron el carro de David al taller, llevaron el mío también. (/)
7. Susana ya se subió al autobús, pero, ¿a qué hora viene el tuyo? (/)
8. Dice María que si subes por la calle Sol, puedes estacionar tu carro al lado del suyo. (/)

2 Transformar Restate each sentence you hear, using the clues in your lab manual. Repeat the correct answer after the speaker.

Modelo   *You hear:* ¿De qué año es el carro suyo?
           You see: mine
           You say: ¿De qué año es el carro mío?

1. Usé la impresora mía. (/)

Usé la impresora suya. (/)

2. ¿Funciona bien la contestadora mía? (/)

¿Funciona bien la contestadora nuestra? (/)

3. Se apagó el carro suyo. (/)

Se apagó el carro tuyo. (/)

4. Las cintas tuyas son muy buenas, ¿no? (/)

Las cintas suyas son muy buenas, ¿no? (/)

5. ¿Guardaste los archivos nuestros? (/)
¿Guardaste los archivos míos? (/)
6. Hay unos videos tuyos en casa. (/)
Hay unos videos suyos en casa. (/)

3 Cierto o falso You will hear two brief conversations. Listen carefully and then indicate whether the statements in your lab manual are **cierto** or **falso**.

Conversación 1

PABLO El coche es mío. Lo compré con mi dinero. ¡Me lo tengo que llevar yo!

ANA Bueno, bueno. Pero el televisor es de los dos, ¿no? ¿Qué vamos a hacer? Es nuestro. ¿Por qué no decimos que el televisor es tuyo y la computadora es mía?

PABLO ¡Pues yo la necesito para mi trabajo!

ANA Está bien, para ti, pero como los discos compactos míos son mejores que los tuyos, yo me llevo el tocadiscos compacto. (/)

Conversación 2

JULIÁN Adela, tu prima dice que debes llevarte la computadora suya a la universidad porque tiene un módem más rápido.

ADELA ¡Ay, Julián, qué amable es! Se la puedo cambiar por la nuestra. A ella le podemos dar nuestra calculadora. La suya no es muy buena y la va a necesitar para estudiar economía.

JULIÁN La calculadora es más tuya que nuestra. Me parece muy buena idea. (/)

VOCABULARIO

You will now hear the vocabulary for **Lección 11** found on page 360 of your textbook. Listen and repeat each Spanish word or phrase after the speaker.

La tecnología

la calculadora (/)
la cámara digital (/)
la cámara de video (/)
el cibercafé (/)
la contestadora (/)
el control remoto (/)
el disco compacto (/)
el estéreo (/)
el *fax* (/)
el radio (/)
el teléfono (/)
el teléfono celular (/)
la televisión por cable (/)
el televisor (/)
el tocadiscos compacto (/)
el video (/)
el videocasete (/)
la videocasetera (/)
el *walkman* (/)
apagar (/)
funcionar (/)

llamar (/)
poner (/)
prender (/)
sonar (/)
descompuesto (/)
descompuesta (/)

Verbos

abrazar (/)
abrazarse (/)
ayudar (/)
ayudarse (/)
besar (/)
besarse (/)
encontrar (/)
encontrarse (/)
saludar (/)
saludarse (/)

El carro

la autopista (/)
la carretera (/)
el baúl (/)
la calle (/)
el capó (/)
el cofre (/)
el carro (/)
el coche (/)
la circulación (/)
el tráfico (/)
el garaje (/)
el taller (/)
el taller mecánico (/)
la gasolina (/)
la gasolinera (/)
la licencia de conducir (/)
la llanta (/)
el mecánico (/)
la mecánica (/)
el parabrisas (/)
la policía (/)
la velocidad máxima (/)
el volante (/)
arrancar (/)
arreglar (/)
bajar (/)
bajarse de (/)
conducir (/)
manejar (/)
estacionar (/)
llenar (/)
llenar el tanque (/)
parar (/)
revisar (/)
revisar el aceite (/)

subir (/)
subirse a (/)
lento (/)
lenta (/)
lleno (/)
llena (/)

La computadora

el archivo (/)
arroba (/)
el cederrón (/)
la computadora portátil (/)
la dirección electrónica (/)
el disco compacto (/)
la impresora (/)
Internet (/)
el monitor (/)
la página principal (/)
la pantalla (/)
el programa de computación (/)
el ratón (/)

la red (/)
el reproductor de DVD (/)
el sitio web (/)
el teclado (/)
borrar (/)
descargar (/)
grabar (/)
guardar (/)
imprimir (/)
navegar (/)
navegar en Internet (/)
quemar (/)

Otras palabras y expresiones

para (/)
por (/)
por aquí (/)
por ejemplo (/)
por eso (/)
por fin (/)

End of **Lección 11**

CONTEXTOS

1 Describir Listen to each sentence and write the number of the sentence below the drawing of the household item mentioned.

1. Luisa compró cortinas para la sala. (/)
2. Víctor necesita una lámpara para su oficina. (/)
3. Buscamos una cómoda para la alcoba. (/)
4. Necesitamos una secadora nueva. (/)
5. ¿Te gusta este cuadro? (/)
6. Compré un estante ayer. (/)
7. Esta estufa no funciona bien. (/)
8. Silvia y Felipe quieren comprar una alfombra para el comedor. (/)

2 Identificar You will hear a series of words. Write the word that does not belong in each series.

1. la cocina, el congelador, el armario, el horno (/)
2. la almohada, el tenedor, la manta, la cama (/)
3. el cartel, el vaso, la copa, la taza (/)
4. el sofá, el sillón, la mesita, la pared (/)
5. el sótano, el alquiler, la guardilla, el garaje (/)
6. el jardín, el balcón, el patio, el cubierto (/)
7. la servilleta, el lavaplatos, la tostadora, la cafetera (/)
8. el comedor, la sala, la vivienda, la alcoba (/)

3 Quehaceres domésticos Your children are complaining about the state of things in your house. Respond to their complaints by telling them what household chores they should do to correct the situation. Repeat the correct response after the speaker.

Modelo   La ropa está arrugada.
            Debes planchar la ropa.

1. La alfombra está sucia. (/)
Debes pasar la aspiradora. (/)
2. Hay mucha basura. (/)
Debes sacar la basura. (/)
3. La sala está desordenada. (/)
Debes arreglar la sala. (/)
4. No hay ni platos ni vasos en la mesa. (/)
Debes poner la mesa. (/)
5. El suelo de la cocina está sucio. (/)
Debes barrer el suelo. (/)
6. Hay platos sucios sobre la mesa. (/)
Debes quitar la mesa. (/)

4 En la oficina de la agente inmobiliaria Listen to this conversation between Mr. Fuentes and a real estate agent. Then read the statements in your lab manual and decide whether they are **cierto** or **falso**.

AGENTE Buenas tardes, señor. ¿En qué puedo servirle?
SR. FUENTES Busco un apartamento de dos alcobas.

AGENTE Tenemos varios. ¿Quiere un apartamento en la ciudad o en las afueras?
SR. FUENTES Prefiero las afueras.
AGENTE ¿Cuánto quiere pagar en alquiler?
SR. FUENTES No más de ochocientos balboas al mes.
AGENTE Hay un apartamento de dos alcobas en un barrio muy bonito a las afueras de la ciudad y sólo cuesta setecientos balboas al mes. ¿Tiene hijos?
SR. FUENTES Sí, tengo un niño de tres años.
AGENTE Perfecto. Esta casa de apartamentos está cerca de un parque.
SR. FUENTES ¿En qué piso está el apartamento?
AGENTE Está en el tercer piso. Tiene un balcón muy grande y garaje.
SR. FUENTES ¿Hay ascensor?
AGENTE Sí, hay un ascensor.
SR. FUENTES ¿Y muebles?
AGENTE No, muebles no, pero tiene cocina, refrigerador, lavaplatos y horno de microondas. Todo es muy moderno y muy limpio. ¿Quiere ir a verlo esta tarde?
SR. FUENTES Sí, me gustaría verlo. Gracias. (/)

PRONUNCIACIÓN

The letter **x**

In Spanish, the letter **x** has several sounds. When the letter **x** appears between two vowels, it is usually pronounced like the *ks* sound in *eccentric* or the *gs* sound in *egg salad*.

conexión (/)   examen (/)   saxofón (/)

If the letter **x** is followed by a consonant, it is pronounced like *s* or *ks*.

explicar (/)   sexto (/)   excursión (/)

In Old Spanish, the letter **x** had the same sound as the Spanish **j**. Some proper names and some words from native languages like Náhuatl and Maya have retained this pronunciation.

Don Quixote (/)   Oaxaca (/)   Texas (/)

1 Práctica Repeat each word after the speaker, focusing on the **x** sound.

1. éxito (/)
2. reflexivo (/)
3. exterior (/)
4. excelente (/)
5. expedición (/)
6. mexicano (/)
7. expresión (/)
8. examinar (/)
9. excepto (/)
10. exagerar (/)
11. contexto (/)
12. Maximiliano (/)

2 Oraciones When you hear the number, read the corresponding sentence aloud. Then listen to the speaker and repeat the sentence.

1. (/) Xavier Ximénez va de excursión a Ixtapa. (/)
2. (/) Xavier es una persona excéntrica y se viste de trajes extravagantes. (/)
3. (/) Él es un experto en lenguas extranjeras. (/)
4. (/) Hoy va a una exposición de comidas exóticas. (/)
5. (/) Prueba algunos platos exquisitos y extraordinarios. (/)

3 Refranes Repeat each saying after the speaker to practice the **x** sound.

1. Ir por extremos no es de discretos. (/)
2. El que de la ira se deja vencer, se expone a perder. (/)

4 Dictado You will hear five sentences. Each will be said twice. Listen carefully and write what you hear.

1. Doña Ximena vive en una casa de apartamentos en el extremo de la ciudad de México. (/)
2. Su apartamento está en el sexto piso. (/)
3. Ella es extranjera. (/)
4. Viene de Extremadura, España. (/)
5. A doña Ximena le gusta ir de excursión y le fascina explorar lugares nuevos. (/)

ESTRUCTURA

12.1 Relative pronouns

1 Escoger You will hear some sentences with a beep in place of the relative pronoun. Decide whether **que**, **quien** or **lo que** should complete each sentence and circle it.

Modelo   *You hear:* (*Beep*) me gusta de la casa es el jardín.
           You circle: **Lo que** because the sentence is **Lo que me gusta de la casa es el jardín.**

1. Éstos son los cuadros (*beep*) compré ayer. (/)
2. Éste es el guía con (*beep*) fuimos a las islas San Blas. (/)
3. La chica (*beep*) está al lado de Gustavo es de Panamá. (/)
4. En la cocina hay todo (*beep*) necesitas para cocinar. (/)
5. El Sr. Acosta es el vecino de (*beep*) hablaba. (/)
6. Ése es el barrio en (*beep*) vivo. (/)
7. (*Beep*) debes hacer es arreglar tu alcoba. (/)
8. Tengo un hijo (*beep*) trabaja en el Hotel Central. (/)
9. Alina es la chica para (*beep*) compré el cartel. (/)
10. No entiendo (*beep*) quieres decir. (/)

2 Completar You will hear some incomplete sentences. Choose the correct ending for each sentence.

1. El Sr. Vallejo es el vecino… (/)
2. Ésa es la tienda… (/)
3. Las chicas… (/)
4. Ésa es la alfombra… (/)
5. Estos niños no hacen… (/)
6. La señora… (/)

3 Preguntas Answer each question you hear using a relative pronoun and the cues in your lab manual. Repeat the correct response after the speaker.

Modelo   *You hear:* ¿Quiénes son los chicos rubios?
           You see: mis primos / viven en Colón
           You say: Son mis primos que viven en Colón.

1. ¿Quién es Inés? (/)
Es la chica que conocí en el café. (/)
2. ¿Quién es Tomás Vallejo? (/)
Es el cliente que llamó ayer. (/)
3. ¿Quién es Raúl? (/)
Es el chico con quien se casa Patricia. (/)
4. ¿Quién es el Sr. Rivas? (/)
Es el agente que nos ayudó. (/)
5. ¿Quiénes son los Gómez? (/)
Son los vecinos que viven en la casa azul. (/)
6. ¿Quién es Sara? (/)
Es la chica con quien trabajo. (/)

4 Un robo There has been a theft at the Rivera's house. The detective they have hired has gathered all the family members in the living room to reveal the culprit. Listen to his conclusions. Then complete the list of clues in your lab manual and answer the question.

LORENZO Señor detective, ¿sabe quién se llevó las cucharas de la abuela?
DETECTIVE Sí, don Lorenzo. Es alguien de la familia. (*gasps from various people*)
DETECTIVE Esta persona, quien está en esta sala ahora mismo, entró a la casa a la medianoche. Lo sé porque el reloj de la entrada se rompió a esa hora. Luego, esta persona entró a la cocina y se preparó una taza de té. Lo sé porque la taza sucia estaba en el lavaplatos. Después, se acostó en el sofá de la oficina. ¿Cómo sé esto? Fácil. Encontré dos pelos en la almohada. Lo que no sé es cuánto tiempo durmió esta persona. Pero antes de irse, se llevó las cucharas de la abuela, que bien sabemos, costaron mucho dinero. Esta persona, damas y caballeros, es la tía Matilde, a quien le gusta el té, es pelirroja y necesita dinero. (*gasps from various people*) (/)

12.2 Formal commands

1 Identificar You will hear some sentences. If the verb is a formal command, circle **Sí**. If the verb is not a command, circle **No**.

Modelo   *You hear:* Saque la basura.
           You circle: **Sí** because **Saque** is a formal command.

1. Juega en el jardín. (/)
2. Vuelvan muy pronto. (/)
3. Escriba su nombre completo. (/)
4. Buscan una mesita de noche. (/)
5. Suba al segundo piso. (/)
6. Vengan a mi fiesta de cumpleaños. (/)
7. Miran las pinturas. (/)
8. Plancha la ropa. (/)
9. No alquila un apartamento en el centro. (/)
10. No se sienten aquí. (/)

2 Cambiar A physician is giving a patient advice. Change each sentence you hear from an indirect command to a formal command. Repeat the correct answer after the speaker.

Modelo   Usted tiene que dormir ocho horas cada noche.
            Duerma ocho horas cada noche.

1. Usted tiene que comer más frutas y verduras. (/)
Coma más frutas y verduras. (/)
2. Usted tiene que trabajar menos horas. (/)
Trabaje menos horas. (/)
3. Usted tiene que divertirse más. (/)
Diviértase más. (/)
4. Usted tiene que tomar unas vacaciones. (/)
Tome unas vacaciones. (/)
5. Usted tiene que practicar algún deporte. (/)
Practique algún deporte. (/)
6. Usted tiene que seguir mis instrucciones. (/)
Siga mis instrucciones. (/)

3 Preguntas Answer each question you hear in the affirmative using a formal command and a direct object pronoun. Repeat the correct response after the speaker.

Modelo   ¿Cerramos las ventanas?
            Sí, ciérrenlas.

1. ¿Ponemos las copas en la mesa? (/)
Sí, pónganlas en la mesa. (/)
2. ¿Sacamos la basura? (/)
Sí, sáquenla. (/)
3. ¿Apagamos las luces? (/)
Sí, apáguenlas. (/)
4. ¿Sacudimos los muebles? (/)
Sí, sacúdanlos. (/)
5. ¿Vamos al supermercado más tarde? (/)
Sí, vayan al supermercado más tarde. (/)
6. ¿Traemos el vino? (/)
Sí, tráiganlo. (/)
7. ¿Servimos el postre ahora? (/)
Sí, sírvanlo. (/)
8. ¿Quitamos los platos ahora? (/)
Sí, quítenlos ahora. (/)

4 Más preguntas Answer each question you hear using a formal command and the cue in your lab manual. Repeat the correct response after the speaker.

Modelo   *You hear:* ¿Debo llamar al Sr. Rodríguez?
            You see: no / ahora
            You say: No, no lo llame ahora.

1. ¿Limpiamos el garaje hoy? (/)
No, no lo limpien hoy. (/)
2. ¿A qué hora debemos llegar? (/)
Lleguen a las cinco. (/)

3. ¿Puedo sentarme? (/)
Sí, siéntese aquí. (/)
4. ¿Debemos comprar esa lámpara? (/)
No, no la compren. (/)
5. ¿Cuándo debo pagar el alquiler? (/)
Páguelo el primer día del mes. (/)
6. ¿Qué debo decirle? (/)
Dígale que estamos ocupados. (/)

5 Direcciones Julia is going to explain how to get to her home. Listen to her instructions, then number the instructions in your lab manual in the correct order. Two items will not be used.

Para llegar a mi casa, tomen el metro y bájense en la estación Santa Rosa. La casa de apartamentos en que vivo está al lado del Banco Popular. Es un edificio de cuatro pisos con balcones. Entren por la puerta de enfrente; no vayan atrás donde está toda la basura. Suban las escaleras al tercer piso. Mi apartamento es el número 311. Está al final del pasillo a mano izquierda. Levanten la pequeña alfombra y allí van a encontrar la llave. (/)

12.3 The present subjunctive

1 Escoger You will hear some sentences with a beep in place of a verb. Decide which verb should complete each sentence and circle it.

Modelo   *You hear:* Es urgente que (*beep*) al médico.
            You see: vas   vayas
            You circle: **vayas** because the sentence is **Es urgente que vayas al médico.**

1. Es mejor que nosotros (*beep*) el autobús. (/)
2. Es no es necesario que ustedes (*beep*). (/)
3. Es urgente que yo (*beep*) a cocinar. (/)
4. Es bueno que (*beep*) tu habitación. (/)
5. Es importante que los niños (*beep*) temprano. (/)
6. Es necesario que (*beep*) usar el subjuntivo. (/)
7. Es mejor que (*beep*) en la cafetería. (/)
8. Es necesario que Rafael (*beep*) a otro apartamento. (/)

2 Cambiar You are a Spanish instructor, and it's the first day of class. Tell your students what's important for them to do using the cues you hear.

Modelo   hablar español en la clase
            Es importante que ustedes hablen español en la clase.

1. estar preparados (/)
Es importante que ustedes estén preparados. (/)
2. aprender el vocabulario (/)
Es importante que ustedes aprendan el vocabulario. (/)
3. hacer la tarea (/)
Es importante que ustedes hagan la tarea. (/)
4. estudiar todos los días (/)
Es importante que ustedes estudien todos los días. (/)
5. venir a clase (/)
Es importante que ustedes vengan a clase. (/)

6. ir al laboratorio de lenguas (/)

Es importante que ustedes vayan al laboratorio de lenguas. (/)

7. traer sus libros a clase (/)

Es importante que ustedes traigan sus libros a clase. (/)

8. trabajar juntos (/)

Es importante que ustedes trabajen juntos. (/)

3 Transformar Change each sentence you hear to the subjunctive mood using the expression in your lab manual. Repeat the correct answer after the speaker.

Modelo   *You hear:* Pones tu ropa en el armario.
          You see: Es necesario
          You say: Es necesario que pongas tu ropa en el armario.

1. Salimos esta noche. (/)

Es mejor que salgamos esta noche. (/)

2. Busco un apartamento. (/)

Es urgente que busque un apartamento. (/)

3. Los niños comen en la sala. (/)

Es malo que los niños coman en la sala. (/)

4. La casa tiene garaje. (/)

Es importante que la casa tenga garaje. (/)

5. Ana juega en el patio. (/)

Es bueno que Ana juegue en el patio. (/)

6. Sacas la basura. (/)

Es necesario que saques la basura. (/)

4 ¿Qué pasa aquí? Listen to this conversation. Then choose the phrase that best completes each sentence in your lab manual.

CECILIA Llegas tarde, Mario.

MARIO Lo siento, doña Cecilia.

CECILIA Es importante que llegues a tiempo.

MARIO Sí, perdón.

CECILIA Y mira tus manos. Es necesario que te las laves.

MARIO Enseguida, doña Cecilia.

CECILIA También es urgente que pongas las mesas. Abrimos en media hora.

MARIO Todo va a estar listo. No se preocupe. (/)

12.4 Subjunctive with verbs of will and influence

1 Identificar Listen to each sentence. If you hear a verb in the subjunctive, mark **Sí**. If you don't hear the subjunctive, mark **No**.

1. Mamá quiere que sacudamos los muebles. (/)

2. Es mejor comprar una casa. (/)

3. Les recomendamos que encuentren vivienda cerca de la universidad. (/)

4. Prefieres compartir una habitación con Daniel, ¿no? (/)

5. Leticia dijo que no le gustó el apartamento en el centro. (/)

6. Te aconsejo que lleves una chaqueta hoy. (/)

2 Transformar Some people are discussing what they or their friends want to do. Say that you don't want them to

do those things. Repeat the correct response after the speaker.

Modelo   Esteban quiere invitar a tu hermana a una fiesta.
          No quiero que Esteban invite a mi hermana a una fiesta.

1. Raquel y Luis quieren mudarse a Colón. (/)

No quiero que Raquel y Luis se muden a Colón. (/)

2. Nosotros queremos abrir las ventanas. (/)

No quiero que ustedes abran las ventanas. (/)

3. Simón quiere comprar un estéreo nuevo. (/)

No quiero que Simón compre un estéreo nuevo. (/)

4. Teresa quiere salir con Julio. (/)

No quiero que Teresa salga con Julio. (/)

5. Los niños quieren comer dulces. (/)

No quiero que los niños coman dulces. (/)

6. Tu hijo quiere tener una tarjeta de crédito. (/)

No quiero que mi hijo tenga una tarjeta de crédito. (/)

3 Situaciones Listen to each situation and make a recommendation using the cues in your lab manual. Repeat the correct response after the speaker.

Modelo   *You hear:* Sacamos una **F** en el examen de química.
          You see: estudiar más
          You say: Les recomiendo que estudien más.

1. Tengo frío.

Te recomiendo que te pongas un suéter. (/)

2. Marta tiene la gripe. (/)

Le recomiendo que se quede en la cama. (/)

3. Francisco necesita un regalo para la boda de sus amigos. (/)

Le recomiendo que les regale una tostadora. (/)

4. Queremos alquilar una cabaña en las montañas. (/)

Les recomiendo que no lo hagan. (/)

5. Necesito cortinas nuevas para la sala. (/)

Te recomiendo que las compres en La Casa Bonita. (/)

6. Los turistas quieren probar comida panameña. (/)

Les recomiendo que vayan a La Cascada. (/)

4 ¿Qué hacemos? Listen to this conversation and answer the questions in your lab manual.

(*sound of a doorbell ringing*)

ALFREDO Buenas tardes, Sr. Barriga. ¿Desea entrar?

SR. BARRIGA No, chicos, me quedo aquí en la entrada. Sólo vengo por el alquiler.

JUAN Ah, Sr. Barriga, ¿es posible que se lo paguemos la próxima semana?

SR. BARRIGA Ya van dos meses que no me pagan. Insisto en que paguen hoy mismo.

JUAN Por favor, le rogamos que nos dé más tiempo.

SR. BARRIGA Si no recibo el alquiler pronto, van a tener que mudarse de este apartamento. ¿Entienden?

ALFREDO Pero, señor, somos estudiantes y no tenemos mucho dinero. Juan Carlos perdió su trabajo la semana pasada y...

SR. BARRIGA Pues le sugiero que encuentre otro trabajo pronto.

ALFREDO Puedo pedirles a mis padres que nos presten dinero, pero prefiero no hacerlo.

SR. BARRIGA Si quieren quedarse aquí, recomiendo que llamen a sus padres ahora mismo. Quiero los dos meses de alquiler mañana por la mañana. ¡Adiós, chicos! (/)

VOCABULARIO

You will now hear the vocabulary for **Lección 12** found on page 394 of your textbook. Listen and repeat each Spanish word or phrase after the speaker.

Las viviendas

las afueras (/)
el alquiler (/)
el ama de casa (/)
el barrio (/)
el edificio de apartamentos (/)
el vecino (/)
la vecina (/)
la vivienda (/)
alquilar (/)
mudarse (/)

Los cuartos y otros lugares

la alcoba (/)
el dormitorio (/)
el altillo (/)
el balcón (/)
la cocina (/)
el comedor (/)
el cuarto (/)
la entrada (/)
la escalera (/)
el garaje (/)
el jardín (/)

la oficina (/)
el pasillo (/)
el patio (/)
la sala (/)
el sótano (/)

Los muebles y otras cosas

la alfombra (/)
la almohada (/)
el armario (/)
el cartel (/)
la cómoda (/)
las cortinas (/)
el cuadro (/)
el estante (/)
la lámpara (/)
la luz (/)
la manta (/)
la mesita (/)
la mesita de noche (/)
los muebles (/)
la pared (/)
la pintura (/)
el sillón (/)
el sofá (/)

Los electrodomésticos

la cafetera (/)
la cocina (/)
la estufa (/)
el congelador (/)
el electrodoméstico (/)
el horno (/)
el horno de microondas (/)
la lavadora (/)
el lavaplatos (/)
el refrigerador (/)
la secadora (/)
la tostadora (/)

La mesa

la copa (/)

la cuchara (/)
el cuchillo (/)
el plato (/)
la servilleta (/)
la taza (/)
el tenedor (/)
el vaso (/)

Los quehaceres domésticos

arreglar (/)
barrer el suelo (/)
cocinar (/)
ensuciar (/)
hacer la cama (/)
hacer quehaceres domésticos (/)
lavar (/)
lavar el suelo (/)
laver los platos (/)
limpiar la casa (/)
pasar la aspiradora (/)
planchar la ropa (/)
poner la mesa (/)
quitar la mesa (/)
sacar la basura (/)
sacudir los muebles (/)

Verbos y expresiones verbales

aconsejar (/)
insistir en (/)
mandar (/)
recomendar (/)
rogar (/)
sugerir (/)
Es bueno que (/)
Es importante que (/)
Es malo que (/)
Es mejor que (/)
Es necesario que (/)
Es urgente que (/)

End of **Lección 12**

CONTEXTOS

1 ¿Lógico o ilógico? You will hear some questions and the responses. Decide if they are **lógico** or **ilógico**.

1. —¿Adónde nos lleva este sendero?
—Al lago. (/)

2. —¿Hay muchos animales en el desierto?
—Sí, hay estrellas y lunas. (/)

3. —¿Qué reciclan en tu casa?
—Envases de plástico y botellas de vidrio. (/)

4. —¿Qué ves en el cielo?
—Una flor muy hermosa. (/)

5. —¿Por qué no podemos pescar aquí?
—Porque el río está contaminado. (/)

6. —¿Qué puede hacer el gobierno para proteger los bosques?
—Puede hacer leyes para prohibir la deforestación. (/)

2 Eslóganes You will hear some slogans created by environmentalists. Write the number of each slogan next to the ecological problem it addresses.

1. Cuide los árboles de su ciudad para respirar mejor. (/)
2. Esta ciudad es su casa; no la ensucie. (/)
3. Proteja los ríos. El agua es vida. (/)
4. Evite el auto. Tome el autobús. (/)
5. Es triste imaginarse los océanos sin un pez, el cielo sin un pájaro. ¡Protéjalos! (/)
6. Hay que controlar los gases tóxicos que salen de los autos y de las fábricas. Recuerde: Lo que sube a las nubes, vuelve a bajar a la tierra. (/)

3 Preguntas Look at the drawings and answer each question you hear. Repeat the correct response after the speaker.

1. ¿Qué reciclan en la residencia estudiantil? (/)
Reciclan periódicos, latas y envases de plástico. (/)
2. ¿Qué descubrió el Dr. Muñoz? (/)
Descubrió el cráter de un volcán. (/)
3. ¿Qué animales están en peligro de extinción? (/)
Algunas aves están en peligro de extinción. (/)
4. ¿Qué debemos usar para conservar nuestros recursos naturales? (/)
Debemos usar energía solar. (/)

4 Completar Listen to this radio advertisement and write the missing words in your lab manual.

Para los que gustan del ecoturismo, la agencia Eco-Guías los invita a viajar a la selva amazónica. Estar en el Amazonas es convivir con la naturaleza. Venga y descubra los misterios del bosque tropical. Admire de cerca las diferentes plantas y pájaros mientras navega por un río que parece mar. Duerma bajo un cielo lleno de estrellas. Piérdase en un mundo de encanto. (/)

PRONUNCIACIÓN

l, ll, and y

In Spanish, the letter **l** is pronounced much like the *l* sound in the English word *lemon*.

cielo (/)   lago (/)   lata (/)   luna (/)

In Lesson 8, you learned that most Spanish speakers pronounce the letter **ll** like the *y* in the English word *yes*. The letter **y** is often pronounced in the same manner.

estrella (/)   valle (/)   mayo (/)   playa (/)

When the letter **y** occurs at the end of a syllable or by itself, it is pronounced like the Spanish letter **i**.

ley (/)   muy (/)   voy (/)   y (/)

1 Práctica Repeat each word after the speaker focusing on the **l, ll,** and **y** sounds.

1. lluvia (/)
2. desarrollar (/)
3. animal (/)
4. reciclar (/)
5. llegar (/)
6. pasillo (/)
7. limón (/)
8. raya (/)
9. resolver (/)
10. pantalla (/)
11. yogur (/)
12. estoy (/)
13. taller (/)
14. hay (/)
15. mayor (/)

2 Oraciones When you hear the number, read the corresponding sentence aloud. Then listen to the speaker and repeat the sentence.

1. (/) Ayer por la mañana Leonor se lavó el pelo y se maquilló. (/)
2. (/) Ella tomó café con leche y desayunó pan con mantequilla. (/)
3. (/) Después su yerno vino a su casa para ayudarla. (/)
4. (/) Pero él se cayó en las escaleras del altillo y se lastimó la rodilla. (/)
5. (/) Leonor lo llevó al hospital. (/)
6. (/) Allí le dieron unas pastillas para el dolor. (/)

3 Refranes Repeat each saying after the speaker to practice the **l, ll,** and **y** sounds.

1. Quien no oye consejo, no llega a viejo. (/)
2. A caballo regalado, no le mires el diente. (/)

4 Dictado You will hear five sentences. Each will be said twice. Listen carefully and write what you hear.

1. Sonia Valenzuela es de Barranquilla, Colombia. (/)

2. A ella le importa mucho la ecología. (/)

3. Todos los años ella viaja miles de millas (/) para pedirle a la gente que no destruya la selva. (/)

4. No importa que llueva o haya sol, Sonia lleva su mensaje. (/)

5. Le dice a la gente que la tierra es suya (/) y que todos deben protegerla para controlar la deforestación. (/)

ESTRUCTURA

13.1 The subjunctive with verbs of emotion

1 Escoger Listen to each statement and, in your lab manual, choose the most logical response.

1. El perro de Raúl está enfermo. (/)
2. Este río está contaminado. (/)
3. Mi novia no puede venir al cine. (/)
4. Ayer vi a un pez con tres ojos. (/)
5. La nueva ley no nos deja ducharnos todos los días. (/)
6. La contaminación del aire es un problema grave. (/)

2 Transformar Change each sentence you hear to the subjunctive mood using the expression in your lab manual. Repeat the correct answer after the speaker.

Modelo   *You hear:* Cada año hay menos árboles en el mundo.
          You see: Es una lástima
          You say: Es una lástima que cada año haya menos árboles en el mundo.

1. Muchos animales están en peligro de extinción. (/)
Es triste que muchos animales estén en peligro de extinción. (/)
2. Nicolás no va al lago hoy. (/)
Es extraño que Nicolás no vaya al lago hoy. (/)
3. Cada año usamos más recursos naturales. (/)
Es terrible que cada año usemos más recursos naturales. (/)
4. Nuestra ciudad no tiene un programa de reciclaje. (/)
Es ridículo que nuestra ciudad no tenga un programa de reciclaje. (/)
5. No llueve mucho en esa región. (/)
Es una lástima que no llueva mucho en esa región. (/)
6. El gobierno no resuelve el problema de la contaminación. (/)
Me molesta que el gobierno no resuelva el problema de la contaminación. (/)

3 Preguntas Answer each question you hear using the cues in your lab manual. Repeat the correct response after the speaker.

Modelo   *You hear:* ¿De qué tienes miedo?
          You see: nosotros / no resolver la crisis de energía
          You say: Tengo miedo de que nosotros no resolvamos la crisis de energía.

1. ¿De qué te alegras? (/)
Me alegro de que Ricardo estudie ecología. (/)
2. ¿Qué temes? (/)

Temo que muchas personas no se preocupen por el medio ambiente. (/)
3. ¿Qué esperas? (/)
Espero que tú hagas un viaje a la selva. (/)
4. ¿Qué te gusta? (/)
Me gusta que el gobierno controle el uso de la energía nuclear. (/)
5. ¿Qué te molesta? (/)
Me molesta que los turistas recojan las flores. (/)
6. ¿Qué te sorprende? (/)
Me sorprende que haya tantas plantas en el desierto. (/)

4 El Club de Ecología Listen to this conversation. Then read the statements in your lab manual and decide whether they are **cierto** or **falso**.

HÉCTOR ¡Hola, Carmen! ¿Qué tal?

CARMEN No muy bien, Héctor. Estoy muy enojada con la presidenta del Club de Ecología.

HÉCTOR ¿Por qué? ¿Qué pasó?

CARMEN Ella quiere empezar un programa de reciclaje pero yo pienso que es mejor que limpiemos las playas.

HÉCTOR ¿Qué piensan los otros chicos?

CARMEN Temo que también les interese más el programa de reciclaje. No entiendo por qué. Limpiar las playas es importante y también más divertido.

HÉCTOR Creo que debes hablar con ella.

CARMEN No. Es mejor que abandone el club.

HÉCTOR Carmen, ¡no lo puedo creer!

CARMEN Pues, así es. La presidenta no va a cambiar de idea y yo no quiero ayudar con el reciclaje.

HÉCTOR Es una lástima que te sientas así. (/)

13.2 The subjunctive with doubt, disbelief, and denial

1 Identificar Listen to each sentence and decide whether you hear a verb in the indicative or the subjunctive in the subordinate clause. Mark an **X** in the appropriate column.

Modelo   *You hear:* Creo que Nicolás va de excursión.
          You mark: an **X** under *indicative* because you heard **va**.

1. Dudo que Nicolás escale la montaña. (/)
2. No creo que lo pueda hacer. (/)
3. Es cierto que él lleva una vida sana. (/)
4. También es verdad que la montaña es muy alta. (/)
5. No estoy seguro de que le guste el frío. (/)
6. Es improbable que su novia quiera acompañarlo. (/)
7. No cabe duda de que él es un chico aventurero. (/)

2 Cambiar Change each sentence you hear to the negative. Repeat the correct answer after the speaker.

Modelo   Dudo que haga frío en Bogotá.
          No dudo que hace frío en Bogotá.

1. Es cierto que vienen a la fiesta. (/)
No es cierto que vengan a la fiesta. (/)
2. Es seguro que los perros son inteligentes. (/)

No es seguro que los perros sean inteligentes. (/)

3. Niegan que el lago esté contaminado. (/)

No niegan que el lago está contaminado. (/)

4. Creo que tenemos tiempo. (/)

No creo que tengamos tiempo. (/)

5. Es verdad que van a Colombia. (/)

No es verdad que vayan a Colombia. (/)

6. Dudo que encuentren una solución. (/)

No dudo que encuentran una solución. (/)

7. Es posible que los chicos estén en el jardín. (/)

No es posible que los chicos estén en el jardín. (/)

3 Te ruego Listen to this conversation between a father and daughter. Then choose the word or phrase in your lab manual that best completes each sentence.

JUANITA Papá, quiero ir a la selva amazónica para estudiar las aves tropicales.

PAPÁ ¿Estás segura, Juanita, que quieres ir? Hay muchos peligros en la selva.

JUANITA Sí, papá, estoy segura de que quiero ir.

PAPÁ Es posible que te enfermes con malaria.

JUANITA No te preocupes, papá. Ya fui al médico y me dio unas pastillas para evitar la malaria. Dudo que me enferme.

PAPÁ Creo que debes pensarlo bien, hija. En la selva no hay cuartos de baño ni teléfonos…

JUANITA No quieres que vaya, ¿verdad?

PAPÁ No, no es verdad. No cabe duda de que la selva amazónica es un lugar fantástico para estudiar las aves tropicales. Y si eso es lo que quieres hacer, bueno, espero que aprendas mucho, hijita.

JUANITA Me alegro de que pienses así porque ya hice mis maletas. ¡No hay duda de que eres el mejor papá del mundo! (/)

13.3 The subjunctive with conjunctions

1 ¿Lógico o ilógico? You will hear some sentences. Decide if they are **lógico** or **ilógico**.

1. Quiero pedirles algo antes de que salgan. (/)

2. Nos acostamos tarde para que nos podamos levantar temprano. (/)

3. Bárbara compra un mapa de la región en caso de que nos perdamos. (/)

4. José va a escalar el volcán con tal de que esté cansado. (/)

5. Voy a visitar el Museo de Oro a menos que esté abierto. (/)

6. Los Gómez van a la playa con tal de que haga sol. (/)

2 A la entrada del parque Listen to the park ranger's instructions. Then number the drawings in your lab manual in the correct order.

Antes de entrar al parque, pónganse las botas y los ponchos. En este bosque llueve todos los días. Caminen con cuidado y por favor, quédense en el sendero. No toquen las plantas o las flores sin pedir permiso. Después de que lleguemos al río, vamos a sentarnos un rato para que puedan ver algunos pájaros interesantes. (/)

3 Identificar Listen to each sentence and mark an **X** in the appropriate column to indicate whether the subordinate clause expresses a future action, a habitual action, or a past action.

Modelo   *You hear:* Voy a ir a caminar por el sendero tan pronto como llegues a casa.
          You mark: an **X** under *future action*.

1. Siempre destruyen los bosques cuando desarrollan las ciudades. (/)

2. Vamos a contaminar menos cuando empecemos a reciclar. (/)

3. No recogieron la basura después de que comieron en el bosque. (/)

4. Vamos a tener un mundo todo contaminado a menos que cuidemos la naturaleza. (/)

5. Cuando vamos al desierto siempre vemos las estrellas. (/)

6. Respiramos aire puro cuando caminamos por el bosque tropical. (/)

VOCABULARIO

You will now hear the vocabulary for **Lección 13** found on page 424 of your textbook. Listen and repeat each Spanish word or phrase after the speaker.

La naturaleza

el árbol (/)

el bosque (/)

el bosque tropical (/)

el césped (/)

la hierba (/)

el cielo (/)

el cráter (/)

el desierto (/)

la estrella (/)

la flor (/)

el lago (/)

la luna (/)

el mundo (/)

la naturaleza (/)

la nube (/)

la piedra (/)

la planta (/)

la región (/)

el río (/)

la selva (/)

la jungla (/)

el sendero (/)

el sol (/)

la tierra (/)

el valle (/)

el volcán (/)

Los animales

el animal (/)

el ave (/)

el pájaro (/)
el gato (/)
el perro (/)
el pez (/)
la vaca (/)

El medio ambiente
la conservación (/)
la contaminación (/)
la contaminación del aire (/)
la contaminación del agua (/)
la deforestación (/)
la ecología (/)
el ecoturismo (/)
la energía (/)
la energía nuclear (/)
la energía solar (/)
el envase (/)
la extinción (/)
el gobierno (/)
la lata (/)
la ley (/)
la lluvia (/)
la lluvia ácida (/)
el medio ambiente (/)
el peligro (/)
la población (/)
el reciclaje (/)
el recurso natural (/)
la solución (/)
cazar (/)
conservar (/)
contaminar (/)
controlar (/)
cuidar (/)
dejar de (/)

desarrollar (/)
descubrir (/)
destruir (/)
estar afectado por (/)
estar afectada por (/)
estar contaminado (/)
estar contaminada (/)
evitar (/)
mejorar (/)
proteger (/)
reciclar (/)
recoger (/)
reducir (/)
resolver (/)
respirar (/)
de aluminio (/)
de plástico (/)
de vidrio (/)
puro (/)
pura (/)

Las emociones
alegrarse de (/)
esperar (/)
sentir (/)
temer (/)
es extraño (/)
es una lástima (/)
es ridículo (/)
es terrible (/)
es triste (/)
ojalá que (/)

Las dudas y certezas
dudar (/)
no dudar (/)
negar (/)

no negar (/)
creer (/)
no creer (/)
es imposible (/)
es improbable (/)
es obvio (/)
No cabe duda de (/)
No hay duda de (/)
es posible (/)
no es posible (/)
es probable (/)
no es probable (/)
es cierto (/)
no es cierto (/)
es verdad (/)
no es verdad (/)
es seguro (/)
no es seguro (/)

Conjunciones
a menos que (/)
antes que (/)
antes de que (/)
con tal que (/)
con tal de que (/)
cuando (/)
después de que (/)
en caso que (/)
en caso de que (/)
en cuanto (/)
hasta que (/)
para que (/)
sin que (/)
tan pronto como (/)

End of **Lección 13**

CONTEXTOS

1 ¿Lógico o ilógico? You will hear some questions and the responses. Decide if they are **lógico** or **ilógico**.

1. **ANA** Voy a ir a la carnicería. ¿Quieres que te compre algo?
   JUAN Sí, por favor. Cómprame unas salchichas. (/)

2. **ANA** Disculpe, señor. ¿Me puede decir cómo llegar al supermercado?
   JUAN Con mucho gusto, señorita. Siga derecho y en la próxima esquina doble a la izquierda. (/)

3. **ANA** Juan, ¿me puedes mandar este paquete?
   JUAN Lo siento, Ana. No voy a ir al banco. (/)

4. **ANA** ¿Estás perdido?
   JUAN Sí. No sé dónde queda la pastelería Bolívar. (/)

5. **ANA** ¿Vas a la peluquería esta tarde?
   JUAN Sí, quiero pedir un préstamo. (/)

6. **ANA** ¿Deposito el cheque en la cuenta corriente?
   JUAN No. Es mejor que lo cobres para tener dinero en efectivo. (/)

7. **ANA** ¿Ya tiene sello el sobre?
   JUAN Sí, está listo para echarlo al buzón. (/)

8. **ANA** ¿Eres profesor?
   JUAN Sí, trabajo en la lavandería. (/)

2 Hacer diligencias Look at the drawing in your lab manual and listen to Sofía's description of her day. During each pause, write the name of the place she went. The first one has been done for you.

SOFÍA Ayer hice muchas diligencias. Primero fui a lavar mi ropa. (/) Después me corté el pelo. (/) Luego envié unas cartas. (/) A las once fui a cobrar un cheque. Tuve que hacer cola por mucho tiempo. (/) Finalmente, al mediodía, fui a conseguir un regalo para Arturo porque cumple años. Primero, fui a ver relojes pero no me gustó ninguno. (/) Entonces le compré un libro grande sobre Simón Bolívar. (/) Luego le compré un pastel de cumpleaños. (/) Por último, me compré unas sandalias que hacen juego con mi nuevo vestido. (/)

3 Preguntas Look once again at the drawing in activity 2 in your lab manual and answer each question you hear with the correct information. Repeat the correct response after the speaker.

Modelo   La joyería está al norte de la plaza, ¿verdad?
          No, la joyería está al este de la plaza.

1. El banco está al oeste de la plaza, ¿verdad? (/)
No, el banco está al este de la plaza. (/)
2. La peluquería está enfrente del correo, ¿verdad? (/)
No, la peluquería está al lado del correo. (/)
3. La joyería está a dos cuadras del banco, ¿verdad? (/)
No, la joyería está a una cuadra del banco. (/)

4. La zapatería está situada en la Calle Universidad, ¿verdad? (/)
No, la zapatería está situada en la Calle Flores. (/)
5. Al salir del banco, seguimos derecho para ir a la joyería, ¿verdad? (/)
No, al salir del banco, doblamos a la derecha para ir a la joyería. (/)

4 Perdidos en el centro Listen to Carlos and Victoria's conversation and answer the questions in your lab manual.

CARLOS Esto es ridículo, pero creo que estamos perdidos.

VICTORIA ¿Qué hacemos ahora, Carlos? ¿En qué calle estamos?

CARLOS No puedo leer el letrero, Victoria.

VICTORIA Tenemos que preguntarle a alguien... Mira, allí hay un cartero. Por favor, ¿podría decirnos cómo se llega al correo?

SEÑOR Sí, jóvenes. Al llegar al semáforo, doblen a la derecha. Sigan derecho por esa calle unas tres cuadras. El correo está enfrente del banco.

VICTORIA Muchas gracias, señor.

CARLOS Entonces, ¿doblamos a la derecha en el semáforo y seguimos derecho por tres cuadras?

VICTORIA Sí. No está lejos. (/)

PRONUNCIACIÓN

m and n

The letter **m** is pronounced like the *m* in the English word *made*.

mamá (/)   marzo (/)   mandar (/)   mesa (/)

The letter **n** is pronounced like the *n* in the English word *none*.

norte (/)   nadie (/)   nunca (/)   nieto (/)

When **n** is followed by the letter **v**, the **n** is pronounced like the Spanish **m**.

enviar (/)   invierno (/)   invitado (/)   con Víctor (/)

1 Práctica Repeat each word or phrase after the speaker to practice pronouncing **m** and **n**.

1. imposible (/)
2. mañana (/)
3. mano (/)
4. manejar (/)
5. número (/)
6. invitar (/)
7. moreno (/)
8. envase (/)
9. enamorado (/)
10. monumento (/)
11. empleado (/)

12. encima (/)
13. matrimonio (/)
14. confirmar (/)
15. con Víctor (/)
16. ningún (/)

2 Oraciones When you hear each number, read the corresponding sentence aloud. Then listen to the speaker and repeat the sentence.

1. (/) A mí no me gustan nada los mariscos. (/)
2. (/) En el mercado compro naranjas, melocotones y manzanas. (/)
3. (/) Mañana invito a Mario Martín a cenar conmigo. (/)
4. (/) Mario es el mejor mecánico de motocicletas del mundo. (/)
5. (/) También le importa mucho la conservación del medio ambiente. (/)
6. (/) Siempre envía los envases de aluminio al centro de reciclaje en Valencia. (/)

3 Refranes Repeat each saying after the speaker to practice pronouncing **m** and **n**.

1. Más vale poco y bueno que mucho y malo. (/)
2. Mala hierba nunca muere. (/)

4 Dictado You will hear a paragraph. Listen carefully and write what you hear during the pauses. The entire paragraph will then be repeated so that you can check your work.

Bienvenidos a Venezuela. (/) En un momento vamos a tomar el moderno metro (/) a un centro comercial en Sabana Grande. (/) Mañana, vamos a conocer muchos monumentos magníficos (/) y el lugar de nacimiento de Simón Bolívar. (/) El martes, viajamos a Mérida, (/) una ciudad muy hermosa en las montañas. (/) El miércoles, navegamos en el mar cuarenta millas (/) a la maravillosa isla Margarita. (/)

ESTRUCTURA

14.1 The subjunctive in adjective clauses

1 Identificar Listen to each statement or question. If it refers to a person, place, or thing that clearly exists or is known, mark an **X** in the **Sí** row. If it refers to a person, place, or thing that either does not exist or whose existence is uncertain, mark an **X** in the **No** row.

Modelo   *You hear:* Buscamos un hotel que tenga piscina.
          You mark: an **X** in the **No** row because the existence of the hotel is uncertain.

1. Buscamos un banco que tenga cajero automático. (/)
2. No hay fruterías en esta ciudad que vendan uvas. (/)
3. Tengo una amiga que trabaja en una joyería. (/)
4. Necesito una persona responsable que haga mis diligencias. (/)

2 Escoger You will hear some sentences with a beep in place of the verb. Decide which verb best completes each sentence and circle it.

Modelo   *You hear:* Tengo una cuenta corriente que (*beep*) gratis.
          You circle: **es** because the existence of the **cuenta corriente** is not in doubt.

1. No conozco ningún supermercado que (*beep*) esa dirección. (/)
2. ¿Hay una zapatería cerca que (*beep*) zapatos italianos? (/)
3. Hay una tienda a dos cuadras que (*beep*) zapatos italianos. (/)
4. Busco unos zapatos que (*beep*) juego con esta cartera. (/)

3 Cambiar Change each sentence you hear into the negative. Repeat the correct answer after the speaker.

Modelo   Hay un restaurante aquí que sirve comida venezolana.
          No hay ningún restaurante aquí que sirva comida venezolana.

1. Conozco un cine que muestra películas gratis. (/)
No conozco ningún cine que muestre películas gratis. (/)
2. Hay una pastelería que vende galletas alemanas. (/)
No hay ninguna pastelería que venda galletas alemanas. (/)
3. Tengo amigos que pagan a plazos. (/)
No tengo amigos que paguen a plazos. (/)
4. Conozco un salón de belleza que enseña a maquillarse. (/)
No conozco ningún salón de belleza que enseñe a maquillarse. (/)
5. Tenemos amigos que van a esa universidad. (/)
No tenemos amigos que vayan a esa universidad. (/)
6. Hay tiendas que quedan al sur del río. (/)
No hay tiendas que queden al sur del río. (/)

4 Buscando amistad Read the ads for pen pals found in your lab manual. Then listen to the four recorded personal ads. In your lab manual, write the name of the person whose written ad best suits each recorded personal ad.

1. **GUILLERMO** Hola. Me llamo Guillermo Sánchez y soy de Lima, Perú. Tengo diecinueve años y deseo tener amistad con alguien que le guste la música rock, el cine y las computadoras. (/)
2. **ANA** Hola. Mi nombre es Ana Navarro y tengo dieciocho años. Vivo en Maracaibo, Venezuela. Quiero hacer amistad con una persona que viva en España. Tengo muchas estampillas pero ninguna que sea de España. Me gusta bailar, ir a fiestas y conocer amigos que quieran divertirse. (/)
3. **JOSÉ LUIS** Hola. Soy José Luis Blanco, de Colombia, y tengo veinte años. Busco una amiga que quiera enviarme correo electrónico. Soy una persona seria… me gusta estudiar y dibujar. No me interesan las chicas que solamente piensan en matrimonio. (/)
4. **SUSANA** Hola. Me llamo Susana Ortiz. Tengo veinte años y vivo en Honduras. Quiero conocer a alguien que sepa hablar inglés o francés. Estudio lenguas extranjeras y me gustaría practicarlas con una persona que le interese la política. (/)

14.2 Nosotros/as commands

1 Identificar Listen to each statement. Mark an **X** in the **Sí** row if it is a command. Mark an **X** in the **No** row if it is not.

Modelo   *You hear:* Abramos la tienda.
          You mark: an **X** next to **Sí**.

1. Busquémosla aquí. (/)
2. Hacemos cola en la pescadería. (/)
3. No llenemos el formulario. (/)
4. Paguemos la propina. (/)
5. No vamos a cruzar la calle. (/)
6. Se la damos con mucho gusto. (/)

2 Cambiar Change each sentence you hear to a **nosotros/as** command. Repeat the correct answer after the speaker.

Modelo   Vamos a visitar la Plaza Bolívar.
          Visitemos la Plaza Bolívar.

1. Vamos a subir al segundo piso. (/) Subamos al segundo piso. (/)
2. Vamos a llenar el tanque de gasolina. (/) Llenemos el tanque de gasolina. (/)
3. Vamos a buscarlo en el mapa. (/) Busquémoslo en el mapa. (/)
4. Vamos a sacarnos una foto. (/) Saquémonos una foto. (/)
5. Vamos a enviarle una tarjeta postal. (/) Enviémosle una tarjeta postal. (/)
6. Vamos a pagarlo al contado. (/) Paguémoslo al contado. (/)
7. Vamos a ponernos botas. (/) Pongámonos botas. (/)
8. Vamos a pedir enchiladas. (/) Pidamos enchiladas. (/)

3 Preguntas Answer each question you hear negatively. Then make another suggestion using the cue in your lab manual and a **nosotros/as** command.

Modelo   *You hear:* ¿Cocinamos esta noche?
          You see: a drawing of Restaurante Cambur
          You say: No, no cocinemos esta noche. Comamos en el Restaurante Cambur.

1. ¿Escribimos tarjetas postales? (/)
No, no escribamos tarjetas postales. Juguemos a las cartas. (/)
2. ¿Escalamos la montaña? (/)
No, no escalemos la montaña. Esquiémosla. (/)
3. ¿Vamos al gimnasio? (/)
No, no vayamos al gimnasio. Vamos a la biblioteca. (/)
4. ¿Planchamos la ropa? (/)
No, no planchemos la ropa. Limpiemos el sótano. (/)

4 ¿Cierto o falso? Listen to Manuel and Elisa's conversation. Then read the statements in your lab manual and decide whether they are **cierto** or **falso**.
MANUEL Hola, Elisa. ¿Cómo estás?

ELISA Ay, Manuel. Estoy muy ocupada. Tengo que hacer mil y una diligencias. ¿Cómo estás tú?

MANUEL La verdad es que estoy un poco aburrido.

ELISA Entonces hagamos las diligencias juntos.

MANUEL Te acompaño con mucho gusto. ¿Qué tienes que hacer?

ELISA A ver, tengo que depositar un cheque, comprar sellos, cortarme el pelo y comprar un postre para esta noche.

MANUEL Vamos al correo primero. Está más cerca.

ELISA No vayamos allá primero. Tengo este cheque grande en mi cartera y ¿qué tal si lo pierdo?

MANUEL Entonces depositemos el cheque primero. Después podemos ir a la pastelería.

ELISA No compremos el postre hasta último para que no se dañe.

MANUEL Tienes razón. Entonces depositemos el cheque y luego compremos sellos.

ELISA Mi cita en la peluquería es a las once. Depositemos el cheque, vamos a la peluquería, compremos sellos y luego pasemos por la pastelería.
MANUEL Tú mandas. (/)

14.3 Past participles used as adjectives

1 Identificar Listen to each sentence and write the past participle that is being used as an adjective.

Modelo   *You hear:* Los programas musicales son divertidos.
          You write: divertidos

1. El postre ya estaba hecho. (/)
2. El piso estaba cubierto de azúcar. (/)
3. También había dos platos rotos en el piso. (/)
4. La puerta de atrás estaba abierta. (/)
5. El perro perdido entró por la cocina. (/)
6. Estaba acompañado por dos gatos. (/)
7. Se puso dolido cuando lo saqué afuera. (/)
8. Ojalá no lo encuentre muerto en la calle. (/)

2 Preguntas It has been a very bad day. Answer each question using the cue in your lab manual. Repeat the correct response after the speaker.

Modelo   *You hear:* ¿Dónde está el libro?
          You see: perder
          You say: El libro está perdido.

1. ¿Dónde está el espejo? (/) El espejo está roto. (/)
2. ¿Dónde están los peces? (/) Los peces están muertos. (/)
3. ¿Dónde están Julio y Flor? (/) Julio y Flor están divorciados. (/)
4. ¿Dónde está todo el dinero? (/) Todo el dinero está gastado. (/)
5. ¿Dónde están las cortinas? (/) Las cortinas están caídas. (/)
6. ¿Dóndes están las galletas? (/) Las galletas están comidas. (/)

7. ¿Dónde están los regalos? (/) Los regalos están abiertos. (/)
8. ¿Dónde está el coche? (/) El coche está dañado. (/)
9. ¿Dónde está la bicicleta? (/) La bicicleta está vendida. (/)

3 ¿Cierto o falso? Look at the drawing in your lab manual and listen to each statement. Indicate whether each statement is **cierto** or **falso**.
1. Las camas están hechas. (/)
2. La lámpara está rota. (/)
3. La chica tiene los zapatos puestos. (/)
4. La chica está vestida. (/)
5. Los chicos están acostados. (/)
6. El chico está dormido. (/)

VOCABULARIO

You will now hear the vocabulary for **Lección 14** found on page 452 of your textbook. Listen and repeat each Spanish word or phrase after the speaker.

En la ciudad
el banco (/)
la carnicería (/)
el correo (/)
el estacionamiento (/)
la frutería (/)
la heladería (/)
la joyería (/)
la lavandería (/)
la panadería (/)
la pastelería (/)
la peluquería (/)
el salón de belleza (/)
la pescadería (/)
el supermercado (/)
la zapatería (/)
hacer cola (/)
hacer diligencias (/)

En el correo
el cartero (/)
el correo (/)
el paquete (/)
la estampilla (/)
el sello (/)
el sobre (/)
echar una carta al buzón (/)

enviar (/)
mandar (/)

En el banco
el cajero automático (/)
la cuenta corriente (/)
la cuenta de ahorros (/)
el cheque (/)
el cheque de viajero (/)
ahorrar (/)
cobrar (/)
depositar (/)
firmar (/)
llenar (/)
llenar un formulario (/)
pagar a plazos (/)
pagar al contado (/)
pagar en efectivo (/)
pedir prestado (/)
pedir un préstamo (/)
ser gratis (/)

Las direcciones
la cuadra (/)
la dirección (/)
la esquina (/)
el letrero (/)
cruzar (/)
dar direcciones (/)
doblar (/)
estar perdido (/)
estar perdida (/)
quedar (/)
este (/)
al este (/)
norte (/)
al norte (/)
oeste (/)
al oeste (/)
sur (/)
al sur (/)
derecho (/)
enfrente de (/)
hacia (/)

End of **Lección 14**

CONTEXTOS

1 Identificar You will hear a series of words or phrases. Write the word or phrase that does not belong in each group.

1. la proteína, la vitamina, el mineral, la droga (/)
2. activo, flexible, descafeinado, fuerte (/)
3. engordar, hacer gimnasia, entrenarse, levantar pesas (/)
4. fumar, apurarse, consumir mucho alcohol, tomar drogas (/)
5. el estrés, la tensión, la grasa, la presión (/)
6. adelgazar, estar a dieta, mantenerse en forma, disfrutar (/)

2 Describir For each drawing, you will hear a brief description. Indicate whether it is **cierto** or **falso** according to what you see.

1. Julio está débil porque lleva una vida sedentaria. Él necesita hacer gimnasia para mantenerse en forma. (/)
2. Rosalía comenzó a entrenarse hace dos años. Desde entonces, ella va al gimnasio para aumentar de peso. (/)
3. Felipe debe tratar de hacer ejercicio más a menudo. También debe dejar de fumar. (/)
4. La señora Méndez desea aliviar el estrés de la vida diaria. Ella sabe cómo llevar una vida sana. (/)

3 A entrenarse Listen as Marisela describes her new fitness program. Then list the activities she plans to do each day in your lab manual.

¿Sabes? Engordé tanto durante las vacaciones que voy a comenzar a hacer ejercicio todos los días porque necesito adelgazar. Los lunes, los miércoles y los sábados a las seis voy a ir a la clase de ejercicios aeróbicos. Los viernes tengo cita con un entrenador a las siete para hacer gimnasia. Los martes, los jueves y los domingos pienso correr con Fernando y Sandra. Ellos corren todas las mañanas, pero no voy a ir con ellos los días que hago ejercicios aeróbicos. ¿Qué te parece mi programa de ejercicio? (/)

PRONUNCIACIÓN

ch and p

In Spanish, the letter **ch** is pronounced like the *ch* sound in *church* and *chair*.

Cochambamba (/)   noche (/)   mochila (/)   muchacho (/)   quechua (/)

In English, the letter *p* at the beginning of a word is pronounced with a puff of air. In contrast, the Spanish **p** is pronounced without the puff of air. It is somewhat like the *p* sound in *spin*. To check your pronunciation, hold the palm of your hand in front of your mouth as you say the following words. If you are making the **p** sound correctly, you should not feel a puff of air.

La Paz (/)   peso (/)   piscina (/)   apurarse (/)   proteína (/)

1 Práctica Repeat each word after the speaker, focusing on the **ch** and **p** sounds.

1. archivo (/)
2. derecha (/)
3. chau (/)
4. lechuga (/)
5. preocupado (/)
6. operación (/)
7. pie (/)
8. cuerpo (/)
9. computadora (/)
10. chuleta (/)
11. champiñón (/)
12. leche (/)

2 Oraciones When you hear the number, read the corresponding sentence aloud. Then listen to the speaker and repeat the sentence.

1. (/) A muchos chicos les gusta el chocolate. (/)
2. (/) Te prohibieron comer chuletas por el colesterol. (/)
3. (/) ¿Has comprado el champán para la fiesta? (/)
4. (/) Chela perdió el cheque antes de depositarlo. (/)
5. (/) Levanto pesas para perder peso. (/)
6. (/) ¿Me prestas el champú? (/)

3 Refranes Repeat each saying after the speaker to practice the **ch** and **p** sounds.

1. Del dicho al hecho, hay mucho trecho. (/)
2. A perro flaco todo son pulgas. (/)

4 Dictado You will hear eight sentences. Each will be said twice. Listen carefully and write what you hear.

1. Anoche, Pancho y yo fuimos a ver una película. (/)
2. Cuando volvíamos, chocamos con el coche de una señora de ochenta años. (/)
3. Enseguida llegó la policía al lugar. (/)
4. La señora estaba bien pero, por su edad, nos apuramos y llamamos a una ambulancia para ella. (/)
5. Pancho sólo se lastimó la pierna y a mí me dolía la cabeza. (/)
6. En la sala de emergencia en el hospital, nos dijeron que no teníamos ningún problema. (/)
7. Por suerte, todo salió bien. (/)
8. Bueno, Pancho se quedó sin coche por unos días, pero eso no es tan importante. (/)

ESTRUCTURA

15.1 The present perfect

1 Identificar Listen to each statement and mark an **X** in the column for the subject of the verb.

Modelo   *You hear:* Nunca han hecho ejercicios aeróbicos.

You mark: an **X** under **ellos**.

1. Nunca hemos estado en tan buena forma como ahora. (/)

2. Ha sufrido muchas presiones en su nuevo trabajo. (/)

3. Siempre he comido una dieta equilibrada. (/)

4. Has adelgazado tanto que no pareces la misma persona. (/)

5. Han tratado de estar a dieta, pero no lo han conseguido. (/)

6. Se ha entrenado mucho para mantenerse en forma. (/)

2 Transformar Change each sentence you hear from the present indicative to the present perfect indicative. Repeat the correct answer after the speaker.

Modelo   Pedro y Ernesto salen del gimnasio.
          Pedro y Ernesto han salido del gimnasio.

1. Nosotros no comemos en exceso. (/)
Nosotros no hemos comido en exceso. (/)
2. Tú llevas una vida sana, ¿no? (/)
Tú has llevado una vida sana, ¿no? (/)
3. María Pilar nunca toma vitaminas. (/)
María Pilar nunca ha tomado vitaminas. (/)
4. Yo no veo al entrenador. (/)
Yo no he visto al entrenador. (/)
5. Los niños se lavan las manos. (/)
Los niños se han lavado las manos. (/)
6. Usted no se siente bien, ¿verdad? (/)
Usted no se ha sentido bien, ¿verdad? (/)
7. Juan y yo no podemos resolver el problema. (/)
Juan y yo no hemos podido resolver el problema. (/)
8. Mis padres disfrutan de buena salud. (/)
Mis padres han disfrutado de buena salud. (/)

3 Preguntas Answer each question you hear using the cue in your lab manual. Repeat the correct response after the speaker.

Modelo   *You hear:* ¿Ha adelgazado Miguel?
          You see: sí / un poco
          You say: Sí, Miguel ha adelgazado un poco.

1. ¿Te has calentado los músculos? (/)
Sí, me he calentado los músculos. (/)
2. ¿Ha dejado de fumar Gregorio? (/)
Sí, Gregorio ha dejado de fumar. (/)
3. ¿Han hecho ustedes gimnasia hoy? (/)
No, no hemos hecho gimnasia hoy. (/)
4. ¿Han desayunado bien los chicos? (/)
Sí, los chicos han desayunado bien. (/)
5. ¿Has ido al médico recientemente? (/)
No, yo no he ido al médico recientemente. (/)
6. ¿Han vuelto Sara y Luisa del hospital? (/)
No, Sara y Luisa no han vuelto del hospital todavía. (/)

4 Consejos de una amiga Listen to this conversation between Eva and Manuel. Then choose the correct ending for each statement in your lab manual.

EVA Estoy preocupada por tu salud, Manuel. Parece que has estado sufriendo muchas presiones durante este semestre. ¿Has pensado lo que puedes hacer para aliviar la tensión?

MANUEL Tienes razón, Eva. Siempre sufro muchas presiones con los exámenes. Mira, he estado estudiando por las noches y también he fumado más que antes. Además, este mes no he dormido bien tampoco, probablemente porque he dejado de hacer gimnasia. De verdad, no sé qué hacer para mejorar las cosas.

EVA Tranquilo, el semestre ya está terminando. Tienes que estar fuerte para los exámenes finales. Yo también he estudiado mucho, pero durante el día, no como tú. He pensado que podemos estudiar juntos. Así puedes tratar de estudiar sin excesos. ¿Qué te parece? (/)

15.2 The past perfect

1 ¿Lógico o ilógico? You will hear some brief conversations. Indicate if they are **lógico** or **ilógico**.

1. —¿Sabías que David ha adelgazado mucho?
—Sí, Marta me dijo que había aumentado de peso. (/)
2. —¿Habían estudiado ustedes otro idioma antes de estudiar español?
—Sí, pensamos estudiar francés. (/)
3. —Fabián me va a dar el número de teléfono de su entrenador.
—Pero me dijiste que ya te lo había dado. (/)
4. —¿Por qué llegas tan tarde?
—Un policía me paró y me preguntó si había consumido alcohol. (/)
5. —No sé cuándo vuelven Teresa y Nicolás.
—Pensaba que ya habían ido. (/)
6. —¿Has hablado con Dolores?
—La llamé esta mañana, pero todavía no se había levantado. Le dejé un recado. (/)

2 Transformar Change each sentence you hear from the preterite to the past perfect indicative. Repeat the correct answer after the speaker.

Modelo   Marta nunca sufrió muchas presiones.
          Marta nunca había sufrido muchas presiones.

1. Yo no hice nada. (/)
Yo no había hecho nada. (/)
2. Los chicos disfrutaron de la merienda. (/)
Los chicos habían disfrutado de la merienda. (/)
3. Antes nosotros nos entrenamos mucho. (/)
Antes nosotros nos habíamos entrenado mucho. (/)
4. Ustedes dejaron de fumar. (/)
Ustedes habían dejado de fumar. (/)
5. Tú nunca seguiste un programa de ejercicio, ¿verdad? (/)
Tú nunca habías seguido un programa de ejercicio, ¿verdad? (/)
6. Gloria estuvo a dieta. (/)
Gloria había estado a dieta. (/)

3 Describir Using the cues in your lab manual, describe what you and your friends had already done before your parents arrived for a visit. Repeat the correct answer after the speaker.

Modelo   *You see:* preparar la cena
          You hear: mis amigas
          You say: Mis amigas ya habían preparado la cena.

1. nosotros (/)
Nosotros ya habíamos limpiado el baño y la sala. (/)
2. Sofía (/)
Sofía ya había sacado la basura. (/)
3. Eva y Victoria (/)
Eva y Victoria ya habían sacudido los muebles. (/)
4. Alberto (/)
Alberto ya había puesto la mesa. (/)
5. yo (/)
Yo ya había hecho las camas. (/)
6. Ramón (/)
Ramón ya le había dado de comer al gato. (/)

4 Completar Listen to this conversation and write the missing words in your lab manual. Then answer the questions.

JORGE ¡Hola, chico! Ayer vi a Carmen y no me lo podía creer, me dijo que te había visto en el gimnasio. ¡Tú, que siempre habías sido tan sedentario! ¿Es cierto?

RUBÉN Pues, sí. Había aumentado mucho de peso y me dolían las rodillas. Hacía dos años que el médico me había dicho que tenía que mantenerme en forma. Y finalmente, hace cuatro meses, decidí hacer gimnasia casi todos los días.

JORGE Te felicito, amigo. Yo también he empezado hace un año a hacer gimnasia. ¿Qué días vas? Quizás nos podemos encontrar allí.

RUBÉN He ido todos los días al salir del trabajo. ¿Y tú? ¿Vas con Carmen?

JORGE Siempre habíamos ido juntos hasta que compré mi propio carro. Ahora voy cuando quiero. Pero la semana que viene voy a tratar de ir después del trabajo para verte por allí. (/)

15.3 The present perfect subjunctive

1 Identificar Listen to each sentence and decide whether you hear a verb in the present perfect indicative, the past perfect indicative, or the present perfect subjunctive.

1. Luisa ha leído mucho sobre Bolivia. (/)
2. No creo que hayan visto el Museo Arqueológico. (/)
3. Susana me dijo que te había invitado a acompañarnos. (/)
4. Dudo que Andrés haya tomado drogas. (/)
5. Siempre he vivido en Bolivia con mis padres. (/)
6. Habías comprado la cámara de video antes del viaje, ¿no? (/)
7. Es bueno que hayamos ido al mercado antes de la fiesta. (/)
8. Armando ha disfrutado de la música andina. (/)

2 Completar Complete each sentence you hear using the cue in your lab manual and the present perfect subjunctive. Repeat the correct response after the speaker.

Modelo   *You see:* usted / llegar muy tarde
          You hear: Temo que...
          You say: Temo que usted haya llegado muy tarde.

1. Siento que... (/)
Siento que ella haya estado enferma. (/)
2. Es bueno que... (/)
Es bueno que tú hayas dejado de fumar. (/)
3. Esperamos que... (/)
Esperamos que ellos hayan salido de casa ya. (/)
4. No creo que... (/)
No creo que nosotros nos hayamos entrenado lo suficiente. (/)
5. Es posible que... (/)
Es posible que él haya ido al gimnasio. (/)
6. Se alegra de que... (/)
Se alegra de que yo me haya casado. (/)

3 En el Gimnasio Cosmos Listen to this conversation between Eduardo and a personal trainer, then complete the form in your lab manual.

ENTRENADOR Buenos días. ¡Bienvenido al Gimnasio Cosmos! Me alegro mucho de que haya decidido elegir nuestro programa. ¿Cómo se llama usted?

EDUARDO Yo soy Eduardo Sierra.

ENTRENADOR ¿Y cuántos años tiene?

EDUARDO Acabo de cumplir treinta y nueve años.

ENTRENADOR ¿Cuándo fue la última vez que hizo ejercicio?

EDUARDO Desde 1997. He trabajado tanto que no he tenido tiempo ni para las vacaciones. Finalmente he venido aquí porque mi hermano es cliente y me ha dicho que es un gimnasio excelente.

ENTRENADOR Mire, es una lástima que haya llevado una vida tan sedentaria, pero, ya va a ver cómo cambia su vida en sólo dos meses.

EDUARDO Gracias. Sé que es difícil cambiar de vida, pero quiero llevar una vida sana. También quiero adelgazar un poco. He dejado de fumar hace una semana y, bueno, hago un esfuerzo para consumir menos alcohol, comer menos grasa…Ya sabe, lo normal.

ENTRENADOR Es muy bueno que haya dejado de fumar, pero recuerde, tiene que empezar a hacer ejercicio sin excesos. Ah, necesitamos más información sobre usted.

EDUARDO ¿Y qué información necesita? Me he hecho un examen médico hace poco.

ENTRENADOR Es muy bueno que se haya hecho un examen médico antes de empezar a hacer gimnasia. Rellene esta hoja y cuando termine voy a enseñarle el gimnasio. (/)

VOCABULARIO

You will now hear the vocabulary for **Lección 15** found on page 480 of your textbook. Listen and repeat each Spanish word or phrase after the speaker.

El bienestar

el bienestar (/)

la droga (/)

el drogadicto (/)

la drogadicta (/)

el masaje (/)

el teleadicto (/)

la teleadicta (/)

adelgazar (/)

aliviar el estrés (/)

aliviar la tensión (/)

apurarse (/)

darse prisa (/)

aumentar de peso (/)

engordar (/)

disfrutar de (/)

estar a dieta (/)

fumar (/)

no fumar (/)

llevar una vida sana (/)

sufrir muchas presiones (/)

tratar de (/)

activo (/)

activa (/)

débil (/)

en exceso (/)

flexible (/)

fuerte (/)

sedentario (/)

sedentaria (/)

tranquilo (/)

tranquila (/)

En el gimnasio

la cinta caminadora (/)

la clase de ejercicios aeróbicos (/)

el entrenador (/)

la entrenadora (/)

el músculo (/)

calentarse (/)

entrenarse (/)

estar en buena forma (/)

hacer ejercicio (/)

hacer ejercicios aeróbicos (/)

hacer ejercicios de estiramiento (/)

hacer gimnasia (/)

levantar pesas (/)

mantenerse en forma (/)

sudar (/)

La nutrición

la bebida alcohólica (/)

la cafeína (/)

la caloría (/)

el colesterol (/)

la grasa (/)

la merienda (/)

el mineral (/)

la nutrición (/)

el nutricionista (/)

la nutricionista (/)

la proteína (/)

la vitamina (/)

comer una dieta equilibrada (/)

consumir alcohol (/)

descafeinado (/)

descafeinada (/)

End of **Lección 15**

CONTEXTOS

1 Identificar Listen to each description and then complete the sentence by identifying the person's occupation.

Modelo   *You hear:* La Sra. Ortiz enseña a los estudiantes. Ella es…
           You write: maestra.

1. El Sr. Méndez sabe mucho sobre las leyes y ayuda a personas con problemas legales. Él es… (/)
2. A la Srta. Ortega le gusta lavar y cortarle el pelo a los clientes. Ella es… (/)
3. El Sr. Alarcón trabaja en un restaurante y prepara comida para los clientes. Él es… (/)
4. A la Sra. Morales le gusta ayudar a la gente y les aconseja cuando tienen problemas. Ella es… (/)
5. El Sr. Calderón escribe para un periódico. Él es… (/)
6. La Sra. Figueroa estudia las artes y los monumentos de culturas antiguas. Ella es… (/)

2 Anuncios clasificados Look at the ads and and listen to each statement. Then decide if the statement is **cierto** or **falso**.

1. La Empresa López busca diseñador. (/)
2. El diseñador va a ganar un salario semanal de doscientos cincuenta mil córdobas. (/)
3. La Empresa López necesita una persona que hable español e inglés. (/)
4. El puesto de diseñador ofrece buenos beneficios. (/)
5. El puesto de contador ofrece una posibilidad de ascenso. (/)
6. Un aspirante para el puesto de contador debe enviar su currículum a la compañía. (/)

3 Publicidad Listen to this radio advertisement and answer the questions in your lab manual.

LOCUTOR ¿Busca empleo? ¿Desea tener un trabajo mejor? En Mano a Obra le ayudamos. Tenemos más de mil puestos para que usted elija. En una semana usted puede obtener las mejores ofertas de empleo. Un cliente, el Sr. Mendoza, comparte su experiencia con nosotros. Por favor, explique cómo Mano a Obra lo ayudó.

SR. MENDOZA La semana pasada llamé por teléfono a Mano a Obra para solicitar un puesto de trabajo como electricista. Me dijeron que tenían tres empresas que buscaban electricista. Yo les mandé mi currículum y al día siguiente ya tenía dos entrevistas de trabajo. Ahora estoy trabajando para una compañía que ofrece muy buenos beneficios a los empleados. La empresa me ha dicho que en un año me va a aumentar el sueldo. Todo gracias a Mano a Obra.

LOCUTOR Ya lo sabe, si busca un empleo mejor, contacte con Mano a Obra. Tenemos ofertas de empleo para todas las profesiones: secretarios, arquitectos, diseñadores, cocineros…Ya lo sabe. Llámenos por teléfono y envíe su currículum por fax al número 492-2397. Dentro de dos días va a conseguir una entrevista para el puesto que tanto espera. (/)

PRONUNCIACIÓN

Intonation

Intonation refers to the rise and fall in the pitch of a person's voice when speaking. Intonation patterns in Spanish are not the same as those in English, and they vary according to the type of sentence.

In normal statements, the pitch usually rises on the first stressed syllable.

A mí me ofrecieron un ascenso. (/)
Cada aspirante debe entregar una solicitud. (/)

In exclamations, the pitch goes up on the first stressed syllable.

¡Ojalá venga! (/)   ¡Claro que sí! (/)

In questions with *yes* or *no* answers, the pitch rises to the highest level on the last stressed syllable.

¿Trajiste el currículum? (/)   ¿Es usted arquitecto? (/)

In questions that request information, the pitch is highest on the stressed syllable of the interrogative word.

¿Cuándo renunciaste al trabajo? (/)
¿Cuál es su número de teléfono? (/)

1 Práctica Repeat each sentence after the speaker, imitating the intonation.

1. ¿Vas a venir a la reunión? (/)
2. ¿Dónde trabajaba anteriormente? (/)
3. ¡Qué difícil! (/)
4. Estoy buscando un nuevo trabajo. (/)
5. Quiero cambiar de profesión. (/)
6. ¿Te interesa el puesto? (/)

2 Oraciones When you hear the number, say the speaker's lines in this dialogue aloud. Then listen to the speaker and repeat the sentences.

1. **REPARTIDOR** (/) Trabajo para la Compañía de Transportes Alba. ¿Es usted el nuevo jefe? (/)
2. **JEFE** (/) Sí. ¿Qué desea? (/)
3. **REPARTIDOR** (/) Aquí le traigo los muebles de oficina. ¿Dónde quiere que ponga el escritorio? (/)
4. **JEFE** (/) Allí delante, debajo de la ventana. ¡Tenga cuidado! ¿Quiere romper la computadora? (/)
5. **REPARTIDOR** (/) ¡Perdón! Ya es tarde y estoy muy cansado. (/)
6. **JEFE** (/) Perdone usted, yo estoy muy nervioso. Hoy es mi primer día en el trabajo. (/)

3 Dictado You will hear a phone conversation. Listen carefully and write what you hear during the pauses. The entire conversation will then be repeated so that you can check your work.

PACO ¡Aló! Deseo hablar con la gerente. (/)

ISABEL Lo siento. En este momento la Sra. Morales está en una reunión. (/) ¿Puedo ayudarle en algo? (/)

PACO Creo que sí. (/) ¿Sabe cúando voy a poder hablar con ella? (/) ¡Es importante! (/)

ISABEL La verdad es que no lo sé. (/) Si quiere, puede llamar en una hora. (/) ¿Quiere que le deje una nota? (/)

PACO Mire, no se preocupe. (/) Vuelvo a llamar en una hora. Gracias. (/)

ESTRUCTURA

16.1 The future

1 Identificar Listen to each sentence and mark an **X** in the column for the subject of the verb.

Modelo   *You hear:* Iré a la reunión.
          You mark: an **X** under **yo.**

1. ¿Vendrán a la videoconferencia? (/)
2. Pondrá el anuncio en el periódico. (/)
3. Escribiré la carta. (/)
4. ¿A qué hora saldrás del trabajo? (/)
5. ¡Sabremos invertir su dinero! (/)
6. Conseguiré empleo con una empresa multinacional. (/)
7. Se ganará la vida como corredora de bolsa. (/)
8. Esta mañana entrevistarán a dos aspirantes. (/)

2 Cambiar Change each sentence you hear to the future tense. Repeat the correct answer after the speaker.

Modelo   Ellos van a salir pronto.
          Ellos saldrán pronto.

1. Yo voy a recibir un aumento de sueldo. (/)
Yo recibiré un aumento de sueldo. (/)
2. Tú vas a tener mucho éxito. (/)
Tú tendrás mucho éxito. (/)
3. Ellos van a venir cuando puedan. (/)
Ellos vendrán cuando puedan. (/)
4. Miguel va a solicitar el puesto. (/)
Miguel solicitará el puesto. (/)
5. Juan y yo vamos a estudiar toda la noche. (/)
Juan y yo estudiaremos toda la noche. (/)
6. El técnico va a volver el lunes. (/)
El técnico volverá el lunes. (/)
7. Yo voy a comprar un traje nuevo para la entrevista. (/)
Yo compraré un traje nuevo para la entrevista. (/)
8. Mis amigos me van a hacer una fiesta. (/)
Mis amigos me harán una fiesta. (/)

3 Preguntas Answer each question you hear using the cues in your lab manual. Repeat the correct response after the speaker.

Modelo   *You hear:* ¿Con quién saldrás esta noche?
          You see: Javier
          You say: Yo saldré con Javier.

1. ¿Qué harán ustedes mañana? (/)
Nosotros no haremos nada. (/)
2. ¿Cuándo renunciará Irene al puesto? (/)
Irene renunciará al puesto el lunes por la mañana. (/)
3. ¿Adónde irán tus padres este verano? (/)
Este verano mis padres irán a Santo Domingo. (/)
4. ¿Cuándo me dirás la verdad? (/)
Yo te diré la verdad esta noche. (/)
5. ¿Qué hora será? (/)
Serán las dos de la tarde. (/)
6. ¿Crees que te darán el aumento? (/)
Sí, yo creo que me darán el aumento. (/)
7. ¿Qué puesto solicitarás? (/)
Yo solicitaré el puesto de periodista. (/)
8. ¿Cuándo tendrán ustedes la reunión? (/)
La próxima semana tendremos la reunión. (/)

4 Nos mudamos Listen to this conversation between Fernando and Marisol. Then read the statements in your lab manual and decide whether they are **cierto** or **falso**.

MARISOL Emilio y yo vamos a ir a vivir en Nicaragua el año que viene. Su empresa le ha dado un ascenso y tenemos que mudarnos a Managua.

FERNANDO ¿Cuándo se van?

MARISOL Todavía no sabemos cuándo empezará a trabajar. Lo sabremos la semana que viene. Pero antes de que Emilio comience el nuevo trabajo, queremos recorrer el país. Lo primero que haremos será visitar las zonas de playa y la selva. Supongo que saldremos un mes antes. Iremos con unos compañeros de trabajo muy simpáticos, Julio y Mariana ¿Los conoces?

FERNANDO ¿Julio y Mariana? No los recuerdo.

MARISOL Somos muy buenos amigos. Ya los conocerás cuando vengas a vernos. ¿Cuándo podrás visitarnos?

FERNANDO Mira, no lo sé. Quiero pedir un aumento de sueldo en la empresa y por eso estoy trabajando mucho. Creo que no tomaré vacaciones en mucho tiempo. (/)

16.2 The future perfect

1 ¿Lógico o ilógico? You will hear some brief conversations. Indicate if they are **lógico** or **ilógico**.

1. —En dos años Amalia habrá tenido éxito con su nueva empresa.
—Sí, y yo habré terminado la entrevista. (/)
2. —¿Por qué no habrá venido Elena a trabajar?
—Yo creo que ella está enferma. (/)
3. —¿Cuándo se habrán casado ustedes?
—Nos habremos casado antes del verano. (/)
4. —No te preocupes. Pronto habrás conseguido el ascenso.
—¿Tú crees? No lo sé. No me llevo bien con mi jefe. (/)
5. —Estoy nerviosa. ¿Qué habrán decidido en la última reunión?
—No creo que haya sido una reunión importante. (/)
6. —No sé dónde habré puesto su solicitud. Espere un momento.
—Está aquí, en el anuncio. (/)

7. —Para el año 2002 la empresa habrá invertido dos millones de dólares.
—He leído que también habrá contratado cien empleados más. (/)
8. —Espero que me den un ascenso.
—Seguro que ya habrán recibido tu currículum. Pronto te van a llamar para la entrevista. (/)

2 Cambiar Change each sentence from the future to the future perfect. Repeat the correct response after the speaker.

Modelo   Yo ganaré un millón de dólares.
          Yo habré ganado un millón de dólares.

1. Ustedes obtendrán un aumento de sueldo. (/)
Ustedes habrán obtenido un aumento de sueldo. (/)
2. La reunión empezará a las diez. (/)
La reunión habrá empezado a las diez. (/)
3. Tú solicitarás un ascenso. (/)
Tú habrás solicitado un ascenso. (/)
4. Nosotros tendremos éxito en los negocios. (/)
Nosotros habremos tenido éxito en los negocios. (/)
5. Yo iré a Santo Domingo. (/)
Yo habré ido a Santo Domingo. (/)
6. Nosotros trataremos de aumentar los beneficios. (/)
Nosotros habremos tratado de aumentar los beneficios. (/)
7. Usted pondrá un anuncio en el periódico. (/)
Usted habrá puesto un anuncio en el periódico. (/)
8. Mis amigos verán tu apartamento. (/)
Mis amigos habrán visto tu apartamento. (/)

3 Preguntas Look at the time line which shows future events in Sofía's life and answer each question you hear. Then repeat the correct response after the speaker.

Modelo   *You hear:* ¿Qué habrá hecho Sofía en el año 2005?
          You see: 2005 / graduarse
          You say: En el año 2005 Sofía se habrá graduado.

1. ¿Cuándo habrá encontrado trabajo? (/)
Habrá encontrado trabajo en 2006. (/)
2. ¿Qué habrá pasado en 2010? (/)
Sofía se habrá casado. (/)
3. ¿En qué año habrán comprado una casa Sofía y su esposo? (/)
Sofía y su esposo habrán comprado una casa en 2011. (/)
4. ¿Para cuándo habrán tenido ellos un hijo? (/)
Ellos habrán tenido un hijo para el año 2014. (/)
5. ¿Cuándo se habrá jubilado Sofía? (/)
Sofía se habrá jubilado en 2040. (/)

4 Planes futuros Listen to this conversation between Germán and Vivian. Then choose the correct answer for each question in your lab manual.

GERMÁN Oh, Vivian, no sabes lo nervioso que estoy. No me gustan los exámenes. Sólo me alivia pensar que dentro de un mes se habrá acabado este semestre.
VIVIAN Sí, y por fin podré irme de vacaciones. Estoy segura de que mi novio ya habrá hecho las reservaciones.
GERMÁN ¿Adónde vas a ir?
VIVIAN No lo sé. Creo que vamos a Santo Domingo. Y tú, ¿que harás durante las vacaciones?
GERMÁN Normalmente tengo que trabajar en la empresa de mi familia. En unas semanas ya habré pagado el préstamo del banco.
VIVIAN ¿Nunca tomas vacaciones?
GERMÁN Sólo algunas veces. Mira, dentro de dos años ya habré empezado a trabajar como jefe de arquitectos y entonces me iré de viaje todos los meses.
VIVIAN No pienses tanto en el futuro. Debes disfrutar más del momento, porque cuando tengas ese puesto, no tendrás tiempo para viajar. (/)

16.3 The past subjunctive

1 Identificar Listen to the following verbs. Mark **sí** if the verb is in the past subjunctive and **no** if it is in another tense.

1. hicieran (/)
2. estuvimos (/)
3. durmió (/)
4. creyeras (/)
5. fuéramos (/)
6. obtendrán (/)
7. dijera (/)
8. supieron (/)
9. invertirán (/)
10. despidieras (/)
11. buscará (/)
12. llegáramos (/)

2 Cambiar Form a new sentence using the cue you hear. Repeat the correct answer after the speaker.

Modelo   Marisa quería que yo dejara el trabajo. (mi hermana)
          Marisa quería que mi hermana dejara el trabajo.

1. No esperaba que quisieras venir. (ustedes) (/)
No esperaba que ustedes quisieran venir. (/)
2. Nosotros queríamos que nos dijeras la verdad. (usted) (/)
Nosotros queríamos que usted nos dijera la verdad. (/)
3. Nunca pensé que ellos tuvieran problemas en el trabajo. (Víctor) (/)
Nunca pensé que Víctor tuviera problemas en el trabajo. (/)
4. Me pidió que oyera su nuevo disco compacto. (tú) (/)
Me pidió que tú oyeras su nuevo disco compacto. (/)
5. Ellos no creían que fueras tanto al cine. (nosotros) (/)
Ellos no creían que fuéramos tanto al cine. (/)
6. Es increíble que durmieras tantas horas. (los niños) (/)
Es increíble que los niños durmieran tantas horas. (/)

7. Juan Luis quería que ustedes llegaran antes. (yo) (/)
Juan Luis quería que yo llegara antes. (/)
8. Ana sugirió que contrataran a su primo. (Roberto y yo) (/)
Ana sugirió que Roberto y yo contratáramos a su primo. (/)

3 Completar Complete each phrase you hear using the cue in your lab manual and the past subjunctive. Repeat the correct response after the speaker.

Modelo *You hear:* Esperábamos que tú…
You see: seguir otra carrera
You say: Esperábamos que tú siguieras otra carrera.

1. No creían que yo… (/)
No creían que yo fuera a renunciar al puesto. (/)
2. Ella se alegró de que tu jefe… (/)
Ella se alegró de que tu jefe te diera el aumento. (/)
3. Carlos no quería que nosotros… (/)
Carlos no quería que nosotros invirtiéramos en su empresa. (/)
4. Era importante que ellos… (/)
Era importante que ellos supieran la verdad. (/)
5. Esperaban que yo… (/)
Esperaban que yo pusiera un anuncio en los periódicos. (/)
6. Le sorprendió que nosotros… (/)
Le sorprendió que nosotros llegáramos temprano al trabajo. (/)
7. Los empleados pidieron que la empresa… (/)
Los empleados pidieron que la empresa les ofreciera mejores beneficios. (/)
8. Insistieron en que tú… (/)
Insistieron en que tú gastaras menos dinero. (/)

4 El mundo de los negocios Listen to this conversation between two coworkers and answer the questions in your lab manual.

CARLOTA Hola, Elisa. ¿Qué pasa?
ELISA Acabo de renunciar a mi puesto.
CARLOTA Pero, ¿cómo puede ser eso?
ELISA El jefe me llamó por teléfono y me pidió que fuera a su oficina. Cuando llegué, vi que estaba muy serio. Le pregunté qué era lo que pasaba y me dijo que era importante que habláramos. Después, me pidió que cerrara la puerta y que me sentara.
CARLOTA Chica, ¡qué nervios! Y después, ¿qué pasó?
ELISA Entonces empezó a explicarme que la empresa ha tenido problemas económicos recientemente y que necesitan despedir a algunos empleados. Me preguntó si yo quería renunciar a mi puesto.
CARLOTA ¿Y qué le dijiste?
ELISA Pues, le dije que no se preocupara, que yo de todas formas quería cambiar de trabajo y que tenía una oferta muy buena. Así que hoy es mi último día en esta empresa. (/)

VOCABULARIO

You will now hear the vocabulary for **Lección 16** found on page 510 of your textbook. Listen and repeat each Spanish word or phrase after the speaker.

Las ocupaciones
el abogado (/)
la abogada (/)
el actor (/)
la actriz (/)
el arqueólogo (/)
la arqueóloga (/)
el arquitecto (/)
la arquitecta (/)
el bombero (/)
la bombera (/)
el carpintero (/)
la carpintera (/)
el científico (/)
la científica (/)
el cocinero (/)
la cocinera (/)
el consejero (/)
la consejera (/)
el contador (/)
la contadora (/)
el corredor de bolsa (/)
la corredora de bolsa (/)
el diseñador (/)
la diseñadora (/)
el electricista (/)
la electricista (/)
el hombre de negocios (/)
la mujer de negocios (/)
el maestro (/)
la maestra (/)
el peluquero (/)
la peluquera (/)
el pintor (/)
la pintora (/)
el político (/)
la política (/)
el psicólogo (/)
la psicóloga (/)
el reportero (/)
la reportera (/)
el secretario (/)
la secretaria (/)
el técnico (/)
la técnica (/)

La entrevista
el anuncio (/)
el aspirante (/)
la aspirante (/)

los beneficios (/)
el currículum (/)
la entrevista (/)
el entrevistador (/)
la entrevistadora (/)
el puesto (/)
el salario (/)
el sueldo (/)
la solicitud (/)
la solicitud de trabajo (/)
contratar (/)
entrevistar (/)
ganar (/)
obtener (/)
solicitar (/)

El mundo del trabajo

el ascenso (/)
el aumento de sueldo (/)
la carrera (/)
la compañía (/)
la empresa (/)
el empleo (/)
el gerente (/)
la gerente (/)
el jefe (/)

la jefa (/)
los negocios (/)
la ocupación (/)
el oficio (/)
la profesión (/)
la reunión (/)
el teletrabajo (/)
el trabajo (/)
la videoconferencia (/)
dejar (/)
despedir (/)
invertir (/)
renunciar (/)
tener éxito (/)
comercial (/)

Palabras adicionales

dentro de (/)
dentro de diez años (/)
en el futuro (/)
el porvenir (/)
próximo (/)
próxima (/)

End of **Lección 16**

CONTEXTOS

1 **Describir** For each drawing, you will hear a description. Decide whether it is **cierto** or **falso**.

1. Luis es poeta. Le gusta leer su poesía en público. (/)

2. Marisol es una actriz. Ella trabaja en muchos dramas. (/)

3. Ramón está haciendo una escultura. Él cree que va a ser una obra maestra. (/)

4. Esteban es un joven dramaturgo. Ahora está pensando en presentar una obra moderna. (/)

5. Berta y Julio son bailarines. Ellos normalmente presentan su espectáculo con música clásica. (/)

6. Gerardo es un gran cantante. A él le gusta cantar todo tipo de música. (/)

2 **Identificar** You will hear four brief conversations. Choose the word from the list that identifies what they are talking about or where they are.

1. **FEMALE** A ver, Sr. Álvarez, dígame: ¿Qué famoso dramaturgo es el autor de *La vida es sueño*? Tiene cinco minutos para contestar.

   MALE No sé, no sé, estoy muy nervioso. ¿Puedo preguntarle a mi compañera? (/)

2. **FEMALE** Me encantan estos platos. ¿Crees que están hechos a mano?

   MALE Creo que sí. A mí también me gustan muchísimo. (/)

3. **FEMALE** Siéntate. Todos los músicos están preparados para empezar a tocar.

   MALE Ya te he dicho mil veces que no me gusta la música clásica. (/)

4. **FEMALE** Esta alfombra tiene unos colores maravillosos.

   MALE ¿Tú crees? A mí me parecen feos.

   FEMALE Mira, la voy a comprar. Pienso que la voy a poner en el salón. (/)

3 **La programación** Listen to this announcement about this afternoon's TV programs. Then answer the questions in your lab manual.

Les deseamos buenas tardes desde el Canal 3. A partir de ahora les vamos a ofrecer los siguientes programas. A las dos, podrán ver el programa de entrevistas *De tú a tú*. Los invitados esta tarde serán el famoso escritor Juan Muñoz, la famosa cantante Ángela y el talentoso poeta Pedro Ruiz, que nos hablará de su último libro. A las cuatro empezarán los dibujos animados para los más pequeños. Una hora más tarde, a las cinco, podrán ver la película *Corazón roto*, con el actor Guillermo Fuentes y la actriz Rosa Fernández. Esta película cuenta la historia de un amor imposible. Eso es todo de momento, muchas gracias por ver nuestro canal. Que pasen buena tarde. (/)

PRONUNCIACIÓN

Syllabification

In Spanish, every syllable has only one vowel or diphthong. If a single consonant (including **ch**, **ll**, and **rr**) occurs between two vowels, the consonant begins a new syllable.

co-che (/)	dra-ma (/)	mu-si-cal (/)
ma-qui-lla-je (/)	pe-rro (/)	to-car (/)

When two strong vowels (**a**, **e**, **o**) occur together, they are separated into two syllables. Diphthongs are never divided into separate syllables unless there is a written accent mark on the **i** or **u**, which breaks the diphthong.

ar-te-sa-ní-a (/)   ma-es-tro (/)   his-to-ria (/)
tra-ge-dia (/)

If two consonants occur between vowels, they are divided into two syllables, except when the second consonant is **l** or **r**.

al-fom-bra (/)   or-ques-ta (/)   pu-bli-car (/)
ro-mán-ti-co (/)

If three or four consonants occur between vowels, they are separated into syllables between the second and third consonants unless one of the letters is followed by **l** or **r**.

e-jem-plo (/)   ins-pec-tor (/)   trans-por-te (/)

1 **Práctica** Listen to the following words and divide each into syllables using slashes.

1. esculpir (/)
2. concierto (/)
3. instrumento (/)
4. concurso (/)
5. estrella (/)
6. acampar (/)
7. premio (/)
8. aplaudir (/)
9. bailarín (/)
10. extranjera (/)
11. poesía (/)
12. ópera (/)
13. aburrirse (/)
14. cantante (/)
15. entrada (/)

2 **Refranes** Repeat each saying after the speaker.
1. De músico, poeta y loco, todos tenemos un poco. (/)
2. Tener más hambre que un maestro. (/)

3 **Dictado** You will hear a conversation. Listen carefully and write what you hear during the pauses. The entire conversation will then be repeated so that you can check your work.

RAMÓN ¡Celia! Date prisa que llegamos tarde. (/)
Siempre igual…Oye, ¿se puede saber qué estás haciendo ahora? (/)

CELIA Tranquilo, Ramón, tranquilo... ¿Por qué estás tan nervioso? (/) Todo va a ir bien. (/)

RAMÓN Supongo que sí. Pero, venga, rápido. (/) Quiero llegar antes que los otros músicos. (/)

CELIA ¿Y para qué? ¿Para ponerte peor? (/) Eres tan talentoso, pero siempre haces lo mismo el primer día de cada espectáculo. (/) Mira, o vas al psicólogo para superar esos nervios o cambias de profesión. (/)

RAMÓN Ah, sí, tienes razón. (/) Mejor me relajo un poco antes de salir. (/)

ESTRUCTURA

17.1 The conditional

1 Identificar Listen to each sentence and decide whether you hear a verb in the future, the conditional, or the imperfect tense.

1. A Fernando le gustaría el festival. (/)
2. Compraré el boleto esta noche. (/)
3. ¿Verás la película de ciencia ficción? (/)
4. Nos divertíamos mucho en la fiesta. (/)
5. Ellos publicarían tus libros. (/)
6. La orquesta dará el concierto a las siete. (/)
7. Siempre salían juntos al teatro. (/)
8. Sara y yo nos aburriríamos en la ópera. (/)
9. Yo quería ir al espectáculo. (/)
10. Raquel y Elsa nos acompañarían al baile. (/)

2 Cambiar Form a new sentence replacing the **iba a** + *infinitive* construction with the corresponding verb in the conditional. Repeat the correct answer after the speaker.

Modelo   Andrea dijo que iba a tocar el piano.
          Andrea dijo que tocaría el piano.

1. Pensamos que tú ibas a venir pronto. (/)
Pensamos que tú vendrías pronto. (/)
2. Usted dijo que el director iba a llamar. (/)
Usted dijo que el director llamaría. (/)
3. Creía que ustedes iban a salir hoy. (/)
Creía que ustedes saldrían hoy. (/)
4. Dijeron que nosotros íbamos a tener éxito. (/)
Dijeron que nosotros tendríamos éxito. (/)
5. Creían que yo iba a hacer una fiesta. (/)
Creían que yo haría una fiesta. (/)
6. Pensé que iban a presentar una comedia. (/)
Pensé que presentarían una comedia. (/)

3 Entrevista You are considering taking a job as the director of a new soap opera, and a reporter wants to know what the new show would be like. Answer his questions using the cues in your lab manual. Then repeat the correct response after the speaker.

Modelo   *You hear:* ¿Cómo se llamaría la telenovela?
          You see: Amor eterno
          You say: Se llamaría *Amor eterno*.

1. ¿Cuántos actores habría en la telenovela? (/)
Habría veintitrés actores. (/)
2. ¿Dónde tendría lugar la acción? (/)
La acción tendría lugar en San Salvador. (/)
3. ¿Qué tipo de historia sería? (/)
Sería una historia romántica. (/)
4. ¿Qué canales de televisión la pondrían? (/)
Hispania y Univisión la pondrían. (/)
5. ¿Le gustaría al público? (/)
Sí, al público le gustaría muchísimo. (/)
6. ¿Cuánto dinero le pagarían a usted? (/)
Me pagarían quinientos mil dólares. (/)

4 Una exposición Cristina is planning an exhibition for her art work. Listen to her ideas and then indicate whether the statements in your lab manual are **cierto** or **falso**.

Y el fin de semana que viene, ¿qué podemos hacer? No sé... Yo puedo organizar una pequeña fiesta en casa y al mismo tiempo podría presentar mis últimas esculturas a mis amigos... Pero no invitaría a mis compañeros de trabajo. A ellos no les gusta el arte. Claro que podría invitar a los compañeros de clase y también a mi primo. Pondríamos sus pinturas en las paredes, así las vería Enrique, el director de la revista *Tiempo*. Seguro que a mi primo le encanta la idea. Los amigos que vinieran traerían algo de comer y beber. Tengo que empezar a hacer las llamadas telefónicas... (/)

17.2 The conditional perfect

1 Identificar Listen to each statement and mark an **X** in the column for the subject of the verb.

Modelo   *You hear:* Habrían preferido ir al concierto.
          You mark: an **X** under **ellos**.

1. ¿Qué habrías hecho en la fiesta? (/)
2. Sancho habría puesto las esculturas en la mesa. (/)
3. Lo habríamos pasado tan bien. (/)
4. ¿Me habrían llamado para invitarme? (/)
5. Habrías apreciado su música. (/)
6. No le habríamos dicho nada. (/)

2 ¿Lógico o ilógico? You will hear six brief conversations. Indicate if they are **lógico** or **ilógico**.

1. **MALE** Imagina que eres una artista ¿Qué te habría gustado estudiar?
FEMALE Me habría gustado ver una película de vaqueros. (/)
2. **MALE** Llevé a mi sobrino al ballet.
FEMALE Yo lo habría llevado al partido de fútbol. (/)
3. **MALE** ¡Es una lástima que no vinieras al festival! Te habrías divertido mucho.
FEMALE Ya lo sé, pero tenía muchas cosas que hacer. (/)
4. **MALE** ¡Qué escultura tan bonita! Me encanta haberla comprado.
FEMALE Sí, es verdad, la habríamos comprado. (/)

5. **MALE** ¿Has visto el programa de entrevistas? Te habría interesado.
   FEMALE Ya no estoy buscando trabajo. (/)
6. **MALE** ¿Crees que Rosa y su novio van a venir a la fiesta?
   FEMALE No creo. Ellos ya habrían llegado si iban a venir. (/)

3 ¿Qué habría pasado? Look at the program for an art conference that was canceled at the last minute and answer the questions you hear. Repeat the correct response after the speaker.

1. ¿A qué hora habría empezado la conferencia? (/)
La conferencia habría empezado a las diez. (/)
2. ¿Qué habrían servido de beber y de comer? (/)
Habrían servido café y pasteles. (/)
3. ¿Quién habría hablado del cuento hispanoamericano? (/)
Mercedes Román habría hablado del cuento hispanoamericano. (/)
4. ¿Quién habría leído poesía hondureña? (/)
Renato Lafuente habría leído poesía hondureña. (/)
5. ¿A qué hora habría dado un concierto la Orquesta Tegucigalpa? (/)
La Orquesta Tegucigalpa habría dado un concierto a las cuatro. (/)

17.3 The past perfect subjunctive

1 Identificar Listen to each sentence and decide whether you hear a verb in the conditional, the conditional perfect, or the past perfect subjunctive tense in the subordinate clause.

1. Yo pienso que en San Salvador habrían tenido más éxito. (/)
2. No conocía a nadie que hubiera ido al festival. (/)
3. Creí que ya lo habrías terminado. (/)
4. Esperaba que hubieran salido de viaje. (/)
5. Estaba segura de que ella apreciaría tu regalo. (/)
6. Me ha dicho que vendría temprano. (/)

2 Escoger You will hear some sentences with a beep in place of the verb. Decide which verb should complete each sentence and circle it.

Modelo   *You hear:* Yo dudaba que él (*beep*) un buen actor.
         You circle: **hubiera sido** because the sentence is **Yo dudaba que él hubiera sido un buen actor.**

1. La empresa buscaba un gerente que (*beep*) en el extranjero. (/)
2. No creían que nosotros (*beep*) toda la noche. (/)
3. Manuel dijo que (*beep*) en Hollywood. (/)
4. Guillermo esperaba que tú (*beep*) cuándo ibas a ir. (/)

5. Cuando llegué a casa, el documental ya (*beep*). (/)
6. Yo dudaba que tú (*beep*) enfermo. (/)
7. No podían creer que yo (*beep*) a Claribel Alegría. (/)
8. Hacía dos días que yo no (*beep*) café. (/)

3 Cambiar Say that you didn't believe what these people had done using the past perfect subjunctive and the cues you hear. Repeat the correct answer after the speaker.

Modelo   Martín / ver el documental
         No creía que Martín hubiera visto el documental.

1. Ustedes / leer el cuento (/)
No creía que ustedes hubieran leído el cuento. (/)
2. tú / pasar la prueba (/)
No creía que tú hubieras pasado la prueba. (/)
3. Sara / escribir el poema (/)
No creía que Sara hubiera escrito el poema. (/)
4. nosotros / perder los boletos (/)
No creía que nosotros hubiéramos perdido los boletos. (/)
5. esas mujeres / hacer los tejidos (/)
No creía que esas mujeres hubieran hecho los tejidos. (/)
6. tú / dormirse en el teatro (/)
No creía que tú te hubieras dormido en el teatro. (/)
7. Rita y yo / ganar el premio (/)
No creía que Rita y yo hubiéramos ganado el premio. (/)

4 Hoy en el cine Listen to this talk show and answer the questions in your lab manual.

PRESENTADORA Queridos amigos, esta tarde vamos a hablar de las últimas películas que han llegado a nuestros cines. Con nosotros está el famoso crítico de cine, Óscar Fuentes. Óscar, ¿cómo estás?

ÓSCAR Muy bien, Olivia, muy bien y también preparado para hablar de las películas de esta semana.

PRESENTADORA Ah, pero antes quiero preguntarte algo. Alguien me había dicho que te había visto en la fiesta de la actriz Rosa Guerra. ¿Es cierto?

ÓSCAR No, no era cierto que hubiera ido. No podía. No me había invitado.

PRESENTADORA Ah, es lo que pensaba yo. No me lo creí. No te podía haber invitado, con lo mal que hablas de su trabajo. Pero bueno, hablemos de cine. Puedes empezar cuando quieras.

ÓSCAR Gracias, Olivia. Primero, deseo hablar de la película *Acción final*. Es, como su nombre indica, una película de acción. Los actores principales son José Santiago y Marina López. Creo que el director, Francisco Reyes, ha hecho un trabajo serio. Lamentablemente, creo que el actor José Santiago no hace bien el papel de malo de la película. No creo que ningún otro actor lo hubiera hecho peor. Otra película es *El profesor*. Es una película extranjera muy buena. Habría tenido más éxito si la hubieran puesto en más cines. (/)

VOCABULARIO

You will now hear the vocabulary for **Lección 17** found on page 540 of your textbook. Listen and repeat each Spanish word or phrase after the speaker.

Las bellas artes
el baile (/)
la danza (/)
la banda (/)
las bellas artes (/)
el boleto (/)
la canción (/)
la comedia (/)
el concierto (/)
el cuento (/)
la cultura (/)
el drama (/)
la escultura (/)
el espectáculo (/)
la estatua (/)
el festival (/)
la historia (/)
la música (/)
la obra (/)
la obra maestra (/)
la ópera (/)
la orquesta (/)
el personaje (/)
el personaje principal (/)
la pintura (/)
el poema (/)
la poesía (/)
el público (/)
el teatro (/)
la tragedia (/)
aburrirse (/)
aplaudir (/)
apreciar (/)
dirigir (/)
esculpir (/)
hacer el papel de (/)
pintar (/)
presentar (/)
publicar (/)
tocar (/)
tocar un instrumento musical (/)
artístico (/)
artística (/)
clásico (/)
clásica (/)
dramático (/)
dramática (/)

extranjero (/)
extranjera (/)
folklórico (/)
folklórica (/)
moderno (/)
moderna (/)
musical (/)
romántico (/)
romántica (/)
talentoso (/)
talentosa (/)

Los artistas
el bailarín (/)
la bailarina (/)
el cantante (/)
la cantante (/)
el compostor (/)
la compositora (/)
el director (/)
la directora (/)
el dramaturgo (/)
la dramaturga (/)
el escritor (/)
la escritora (/)
el escultor (/)
la escultora (/)
la estrella de cine (/)
el músico (/)
la música (/)
el poeta (/)
la poeta (/)

El cine y la televisión
el canal (/)
el concurso (/)
los dibujos animados (/)
el documental (/)
el premio (/)
el programa de entrevistas (/)
la telenovela (/)
de acción (/)
de aventuras (/)
de ciencia ficción (/)
de horror (/)
de vaqueros (/)

La artesanía
la artesanía (/)
la cerámica (/)
el tejido (/)

End of **Lección 17**

CONTEXTOS

1 Definiciones You will hear some definitions. Write the letter of the word being defined.

1. Fenómeno de la naturaleza en el que un viento muy fuerte se mueve en círculos, destruyendo todo lo que se encuentra en su camino. (/)

2. Fenómeno de la naturaleza en el que llueve con más fuerza de lo normal. (/)

3. Cuando dos o más países luchan. (/)

4. Una lista de preguntas que se hacen a un grupo de personas para saber qué piensa sobre ciertos temas. (/)

5. El dinero que la gente tiene que pagar para los gastos públicos. (/)

6. Un desastre natural en el que hay temblores o movimientos violentos de la tierra. (/)

7. Una comunicación hecha en general de ciertos acontecimientos recientes. (/)

8. Cuando un país no está en guerra con ningún otro país. (/)

2 ¿Lógico o ilógico? Listen to each news item and indicate if it is **lógico** or **ilógico**.

1. Esta noche, a las dos más o menos, hemos sufrido un tremendo reportaje en San Francisco. No ha sido muy fuerte, pero algunas ventanas del Correo Central se han roto. (/)

2. Ayer, el político Javier Pérez del nuevo Partido de la Reforma dio un discurso ante la prensa y anunció que era el nuevo candidato para la presidencia del gobierno. Afirmó que estaba preparado para ser el nuevo presidente. (/)

3. El noticiero de la noche informó del próximo aumento de los impuestos. Algunos obreros han declarado que están preparados a hacer una huelga para evitar que eso ocurra. (/)

4. Una encuesta informa de que los problemas que más preocupan a la población son, por orden de importancia, el crimen, el racismo y el SIDA. (/)

5. Un diario ha informado de que el desempleo ha aumentado en un veinte por ciento este mes. Los ciudadanos están muy contentos con esta noticia. (/)

6. En su discurso, el candidato político ha anunciado que va a luchar contra la libertad de todos los ciudadanos. En ese momento todos los que estaban allí empezaron a aplaudir. (/)

7. Anoche hubo un incendio en la avenida Colón. Diez familias se quedaron sin casa. (/)

3 Describir Look at the drawing and write the answer to each question you hear.

1. ¿Cómo se llama el candidato? (/)

2. ¿Quién está informando sobre el acontecimiento? (/)

3. ¿Qué está haciendo el candidato? (/)

4. ¿Qué quiere el candidato que hagan los ciudadanos? (/)

PRONUNCIACIÓN

Review of word stress and accentuation

In Lesson 4, you learned that an accent mark is required when a word ends in a vowel, **n** or **s**, and the stress does not fall on the next to last syllable.

pren-sa (/)   ar-tí-cu-lo (/)   ca-fé (/)   hu-ra-cán (/)
pú-bli-co (/)

If a word ends in any consonant other than **n** or **s**, and the stress does not fall on the last syllable, it requires an accent mark.

de-ber (/)   a-zú-car (/)   cés-ped (/)   fá-cil (/)
mó-dem (/)

Accent marks are also used in Spanish to distinguish the meaning of one word from another. This is especially important for verbs where the stress often determines the tense and person.

el (*the*)   él (*he*) (/)
mi (*my*)   mí (*me*) (/)
tu (*your*)   tú (*you*) (/)
compro (*I buy*)   compró (*he bought*) (/)
pague (Ud. *command*)   pagué (*I paid*) (/)

1 Práctica Repeat each word after the speaker and add an accent mark where necessary.

1. contaminación (/)
2. policía (/)
3. voto (/)
4. ejército (/)
5. declaró (/)
6. difícil (/)
7. rápido (/)
8. sofá (/)
9. todavía (/)
10. ópera (/)
11. árbol (/)
12. luché (/)

2 Oraciones When you hear the number, read the corresponding sentence aloud, focusing on the word stress. Then listen to the speaker and repeat the sentence.

1. (/) Ramón Gómez informó ayer desde radio Bolívar que había peligro de inundación cerca del río Paraná. (/)

2. (/) Él explicó que toda la población necesitaba prepararse para cualquier cosa que pudiera ocurrir. (/)

3. (/) El ejército, ayudado de la policía, recorrió la región e informó a todos del peligro. (/)

3 Refranes Repeat each saying after the speaker to practice word stress.

1. Quien perseveró, alcanzó. (/)
2. A fácil perdón, frecuente ladrón. (/)

4 Dictado You will hear a conversation. Listen carefully and write what you hear during the pauses. The entire conversation will be repeated so that you can check your work.

MERCEDES Buenos días, Enrique. (/)

ENRIQUE ¿Buenos días? ¿Es que no has leído el periódico? (/)

MERCEDES ¿Qué ha pasado? (/)

ENRIQUE Léelo tú misma. (/) Abre la sección de actualidades: racismo, discriminación, violencia. (/) No sé qué va a pasar con el mundo. (/) Los medios de comunicación siempre traen malas noticias. (/)

MERCEDES Enrique, últimamente estás preocupándote demasiado. (/) Toda esa tensión que muestras es síntoma del estrés. (/) Tienes que hacer más deporte. (/)

ESTRUCTURA

18.1 Si clauses

1 Escoger You will hear some incomplete sentences. Choose the correct ending for each sentence.

1. Nunca salía si… (/)
2. Habrías votado en las elecciones si… (/)
3. Si tus amigos quieren,… (/)
4. El accidente nunca habría ocurrido si… (/)
5. Si fuera posible,… (/)
6. Habría menos problemas en el mundo si… (/)
7. Nos informarán si… (/)
8. Yo te daría dinero si… (/)
9. Carlos estará feliz si… (/)
10. Habría sido mejor si… (/)

2 Cambiar Change each sentence from the future to the conditional. Repeat the correct answer after the speaker.

Modelo   Carlos se informará si escucha la radio.
Carlos se informaría si escuchara la radio.

1. Leeremos el diario si tenemos tiempo. (/)
Leeríamos el diario si tuviéramos tiempo. (/)
2. Votaré si me gusta algún candidato. (/)
Votaría si me gustara algún candidato. (/)
3. Habrá menos crimen si más gente tiene empleo. (/)
Habría menos crimen si más gente tuviera empleo. (/)
4. ¿Lucharás si es necesario? (/)
¿Lucharías si fuera necesario? (/)
5. Ellos pedirán ayuda si la necesitan. (/)
Ellos pedirían ayuda si la necesitaran. (/)
6. No habrá ningún problema si obedecen la ley. (/)
No habría ningún problema si obedecieran la ley. (/)

3 Preguntas Answer each question you hear using the cue in your lab manual. Repeat the correct response after the speaker.

Modelo   *You hear:* ¿Qué harías si vieras un crimen?
You see: llamar a la policía
You say: Si yo viera un crimen, llamaría a la policía.

1. ¿Qué harías si no pudieras pagar las cuentas? (/)
Si yo no pudiera pagar las cuentas, pediría un préstamo. (/)
2. ¿Qué harían ellos si ganaran estas elecciones? (/)
Si ellos ganaran estas elecciones, ayudarían a los pobres. (/)
3. ¿Qué haría Julio si perdiera el empleo? (/)
Si Julio perdiera el empleo, buscaría un trabajo nuevo. (/)
4. ¿Qué harían ustedes si hubiera un huracán? (/)
Si hubiera un huracán, nos quedaríamos en casa. (/)
5. ¿Adónde habrías ido si hubieras tenido más tiempo? (/)
Si yo hubiera tenido más tiempo, habría ido a Montevideo. (/)
6. ¿Qué habría hecho Mirta si hubiera tenido más dinero? (/)
Si Mirta hubiera tenido más dinero, habría hecho un viaje. (/)

4 Un robo Alicia and Fermín's house was burglarized. Listen to their conversation and answer the questions in your lab manual.

ALICIA Ya llamé a la policía. Me han dicho que van a venir tan pronto como puedan y que no toquemos nada.

FERMÍN ¡Qué podríamos tocar! Está todo roto… ¡Qué desastre! Si hubiéramos cerrado la puerta con llave, no habrían entrado tan fácilmente.

ALICIA Claro, y si hubiéramos cerrado la puerta, habrían entrado por la ventana. Fermín, nunca se sabe qué es lo que va a pasar.

FERMÍN Pero hay que tomar precauciones… ¿Qué te parece si ponemos una alarma antirrobo?

ALICIA Yo creo que lo mejor sería mudarnos. Si tuviéramos suficiente dinero, podríamos comprar una casa en un barrio menos peligroso.

FERMÍN Ya sabes que de momento no podemos, pero si empezamos a ahorrar ahora, quizás podamos dentro de un año.

ALICIA ¡Ojalá! Oye, me estoy poniendo nerviosa. ¿Cuándo llegará la policía? Si no vienen antes de las diez, voy a llegar tarde al trabajo. (/)

18.2 Summary of the uses of the subjunctive

1 Escoger You will hear some incomplete sentences. Choose the correct ending for each sentence.

1. Les dijo que… (/)
2. ¿Buscas a la reportera que… ? (/)
2. Era posible que… (/)
4. Te visitaremos en cuanto… (/)
5. Yo creo que… (/)
6. Queremos… (/)
7. Si hubieras estado allí,… (/)
8. A nadie le gusta vivir en un lugar… (/)

2 Transformar Change each sentence you hear to the negative. Repeat the correct answer after the speaker.

Modelo   Creía que era muy peligroso.
No creía que fuera muy peligroso.

1. Aquí hay alguien que quiere hablar contigo. (/)
Aquí no hay nadie que quiera hablar contigo. (/)
2. Era cierto que pagaban muchos impuestos. (/)
No era cierto que pagaran muchos impuestos. (/)
3. ¿Crees que es importante votar en las elecciones? (/)
¿No crees que sea importante votar en las elecciones? (/)
4. Es verdad que he llegado tarde hoy. (/)
No es verdad que haya llegado tarde hoy. (/)
5. Dudo que él sea el mejor candidato. (/)
No dudo que él es el mejor candidato. (/)
6. Niegan que el sexismo sea un problema. (/)
No niegan que el sexismo es un problema. (/)

3 Preguntas Answer each question you hear using the cue in your lab manual. Repeat the correct response after the speaker.

Modelo   *You hear:* ¿Qué te pidió el jefe?
           You see: escribir los informes
           You say: El jefe me pidió que escribiera los informes.

1. ¿Qué querías que hiciéramos? (/)
Yo quería que ustedes hicieran una encuesta de los votantes. (/)
2. ¿Cuándo querían que tú empezaras? (/)
Querían que yo empezara mañana. (/)
3. ¿Qué tipo de locutor están buscando? (/)
Están buscando un locutor que tenga experiencia. (/)
4. ¿Crees que la guerra va a terminar pronto? (/)
No, yo no creo que la guerra vaya a terminar pronto. (/)
5. ¿Qué temían ustedes? (/)
Nosotros temíamos que algunas personas no pudieran votar. (/)
6. ¿Qué esperaba la empresa? (/)
La empresa esperaba que los trabajadores no se declararan en huelga. (/)

4 El noticiero Listen to this newscast. Then read the statements in your lab manual and indicate whether they are **cierto** or **falso**.

LUIS Buenas noches y gracias por estar con nosotros. Empezamos ahora mismo a transmitir y comentar las noticias del día. Inés…
INÉS Bueno, Luis, la noticia más importante sigue siendo el discurso que ha dado el candidato del Partido Liberal, Roberto Carmona, a tan sólo dos días de las elecciones. Todos esperábamos que el candidato hablara de los impuestos. Sin embargo, hoy ha anunciado que no se presenta a las elecciones. Nos ha sorprendido a todos que el candidato cambiara de planes tan tarde.
LUIS Sin duda es toda una sorpresa. La pregunta es: ¿por qué? ¿Por qué ahora cuando sólo faltan dos días?
INÉS Hay muchos rumores. Lo único que puedo decir es que parece que el señor Carmona está enfermo.
LUIS Si ésa es la causa, le deseo que descanse y que esté bien pronto. Y, ¿qué puede ocurrir ahora con su partido?
INÉS Luis, todavía no sabemos. Sólo podemos esperar

que encuentren pronto otro candidato. No sé si va a ser posible encontrarlo en tan poco tiempo
LUIS Inés, ahora hacemos una pausa y cuando regresemos, seguimos hablando de la actualidad política. (/)

VOCABULARIO

You will now hear the vocabulary for **Lección 18** found on page 568 of your textbook. Listen and repeat each Spanish word or phrase after the speaker.

Los medios de comunicación
el acontecimiento (/)
las actualidades (/)
el artículo (/)
el diario (/)
el informe (/)
el locutor (/)
la locutora (/)
los medios de comunicación (/)
las noticias (/)
el noticiero (/)
la prensa (/)
el reportaje (/)
anunciar (/)
comunicarse con (/)
durar (/)
informar (/)
ocurrir (/)
transmitir (/)
emitir (/)
nacional (/)
internacional (/)
peligroso (/)
peligrosa (/)

Las noticias
el choque (/)
el crimen (/)
el desastre (/)
el desastre natural (/)
el desempleo (/)
la igualdad (/)
la desigualdad (/)
la discriminación (/)
el ejército (/)
la experiencia (/)
la guerra (/)
la huelga (/)
el huracán (/)
el incendio (/)
la inundación (/)
la libertad (/)
la paz (/)
el racismo (/)
el sexismo (/)

el SIDA (/)
el soldado (/)
la soldado (/)
el terremoto (/)
la tormenta (/)
el tornado (/)
la violencia (/)

La política
el candidato (/)
la candidata (/)
el ciudadano (/)
la ciudadana (/)
el deber (/)
los derechos (/)
la dictadura (/)
el discurso (/)

las elecciones (/)
la encuesta (/)
el impuesto (/)
la política (/)
el representante (/)
la representante (/)
declarar (/)
elegir (/)
luchar (/)
luchar por (/)
luchar contra (/)
obedecer (/)
votar (/)
político (/)
política (/)

End of **Lección 18**

CONTEXTOS

Práctica

1 Escuchar Listen to each question or statement, then choose the correct response.

1. ¿Cómo te llamas? (/)
2. Te presento a Juan Pablo. (/)
3. ¿De dónde es usted? (/)
4. Muchas gracias. (/)
5. Nos vemos. (/)
6. ¿Qué pasa? (/)
7. ¿Cómo está usted? (/)
8. Buenas tardes, Sr. Fernández. (/)
9. Susana, éste es el Sr. Ramírez. (/)
10. ¿Qué tal? (/)

PRONUNCIACIÓN

The Spanish alphabet

El alfabeto Repeat the Spanish alphabet and example words after the speaker.

a (/) adiós (/)
be (/) bien (/) problema (/)
ce (/) cosa (/) cero (/)
de (/) diario (/) nada (/)
e (/) estudiante (/)
efe (/) foto (/)
ge (/) gracias (/) Gerardo (/) regular (/)
hache (/) hola (/)
i (/) igualmente (/)
jota (/) Javier (/)
ka (/) kilómetro (/)
ele (/) lápiz (/)
eme (/) mapa (/)
ene (/) nacionalidad (/)
eñe (/) mañana (/)
o (/) once (/)
pe (/) profesor (/)
cu (/) qué (/)
ere (/) regular (/) señora (/)
erre (/) carro (/)
ese (/) señor (/)
te (/) tú (/)
u (/) usted (/)
ve (/) vista (/) nuevo (/)
doble ve (/) walkman (/)
equis (/) existir (/) México (/)
i griega (/) ye (/) yo (/)
zeta (/) ceta (/) zona (/)

Práctica Spell these words aloud in Spanish after the speaker.

1. nada (/) ene, a, de, a (/)
2. maleta (/) eme, a, ele, e, te, a (/)
3. quince (/) cu, u, i, ene, ce, e (/)

4. muy (/) eme, u, i griega (/)
5. hombre (/) hache, o, eme, be, ere, e (/)
6. por favor (/) pe, o, ere (/) efe, a, ve, o, ere (/)
7. San Fernando (/) ese, a, ene (/) efe, e, ere, ene, a, ene, de, o (/)
8. Estados Unidos (/) e, ese, te, a, de, o, ese (/) u, ene, i, de, o, ese (/)
9. Puerto Rico (/) pe, u, e, ere, te, o (/) ere, i, ce, o (/)
10. España (/) e, ese, pe, a, eñe, a (/)
11. Javier (/) jota, a, ve, i, e, ere (/)
12. Ecuador (/) e, ce, u, a, de, o, ere (/)
13. Maite (/) eme, a, i, te, e (/)
14. gracias (/) ge, ere, a, ce, i, a, ese (/)
15. Nueva York (/) ene, u, e, ve, a (/) i griega, o, ere, ka (/)

Refranes Read these sayings aloud.
1. Ver es creer. (/)
2. En boca cerrada no entran moscas. (/)

ESCUCHAR

Estrategia: *Listening for words you know* To help you practice this strategy, listen to the following sentence and make a list of the words you have already learned.

Creo que hay... este... treinta pasajeros en el autobús que va a Guayaquil. (/)

Ahora escucha Now you are going to hear Dr. Cavazos' conversation with Srta. Martínez. List the familiar words and phrases each person says.

DR. CAVAZOS Buenos días, señorita.

SRTA. MARTÍNEZ Buenos días, señor. ¿En qué le puedo servir?

DR. CAVAZOS Yo soy el doctor Alejandro Cavazos. Voy a Quito. Aquí tiene mi boleto. Deseo facturar mis maletas.

SRTA. MARTÍNEZ (*typing on her computer*) ¿Alejandro Cavazos? (*spelling name aloud*) ¿C-A-V-A-Z-O-S?

DR. CAVAZOS Sí, señorita.

SRTA. MARTÍNEZ ¿Un viaje de ida y vuelta a Quito?

DR. CAVAZOS Sí.

SRTA. MARTÍNEZ ¿Cuántas maletas tiene usted? ¿Tres?

DR. CAVAZOS Dos.

SRTA. MARTÍNEZ (*typing on her computer a moment*) Bueno, aquí tiene usted su boleto.

DR. CAVAZOS Muchas gracias, señorita.

SRTA. MARTÍNEZ No hay de qué, doctor Cavazos. ¡Buen viaje!

DR. CAVAZOS Gracias. ¡Adiós! (/)

End of Textbook Activities CD for **Lección 1**

CONTEXTOS

Práctica

1 Escuchar Listen to Professor Morales talk about her Spanish classroom, then check the items she mentions.

¿Qué hay en mi clase de español? ¡Muchas cosas! Hay una puerta y cinco ventanas. Hay una pizarra con tiza. Hay muchos escritorios para los estudiantes. En los escritorios de los estudiantes hay libros y plumas. En la mesa de la profesora hay papel. Hay un mapa y un reloj en la clase también. (/)

PRONUNCIACIÓN

Spanish vowels

Práctica Practice the vowels by saying the names of these places in Spain after the speaker.

1. Madrid (/)
2. Alicante (/)
3. Tenerife (/)
4. Toledo (/)
5. Barcelona (/)
6. Granada (/)
7. Burgos (/)
8. La Coruña (/)

Oraciones Read the sentences aloud after the speaker, focusing on the vowels.

1. Hola. Me llamo Ramiro Morgado. (/)
2. Estudio arte en la Universidad de Salamanca. (/)
3. Tomo también literatura y contabilidad. (/)
4. Ay, tengo clase en cinco minutos. ¡Nos vemos! (/)

Refranes Practice the vowels by reading these sayings aloud after the speaker.

Del dicho al hecho hay un gran trecho. (/)
Cada loco con su tema. (/)

ESCUCHAR

Estrategia: *Listening for cognates* To help you practice this strategy, you will now listen to two sentences. Make a list of all the cognates you hear.

1. La democracia es una forma de gobierno. (/)
2. A mí me gustan los conciertos, las obras de teatro y la danza. (/)

Ahora escucha Now you are going to hear Armando and Julia's conversation. Make a list of the cognates they use. Then complete the Spanish sentence with the topic of their conversation.

ARMANDO ¡Hola, Julia! ¿Cómo estás?

JULIA Bien. ¿Y tú, Armando?

ARMANDO Bien, gracias. ¿Qué tal tus clases?

JULIA Van bien.

ARMANDO ¿Tomas biología?

JULIA Este semestre no. Pero sí tomo astronomía y geología… los lunes, miércoles y viernes.

ARMANDO ¿Sólo dos? ¿Qué otras clases tomas?

JULIA Italiano y cálculo, los martes y jueves. ¿Y tú?

ARMANDO Los lunes, miércoles y viernes tomo antropología, filosofía y japonés. Los martes y jueves tomo italiano y cálculo.

JULIA ¿A qué hora es tu clase de italiano?

ARMANDO A las nueve, con la profesora Menotti.

JULIA Yo también tomo italiano los martes y jueves con la profesora Menotti, pero a las once. (/)

Armando y Julia hablan de sus... (/)
Armando y Julia hablan de sus clases.

End of Textbook Activities CD for **Lección 2**

CONTEXTOS
Práctica

1 Escuchar Listen to each statement made by José Miguel Pérez Santoro, then indicate whether it is **cierto** or **falso**, based on his family tree.

1. Beatriz Alicia es mi hermana. (/)
2. Rubén es el abuelo de Victor Miguel. (/)
3. Silvia es mi sobrina. (/)
4. Mirta y Rubén son los tíos de Héctor Manuel. (/)
5. Anita es mi prima. (/)
6. Ernesto es el hermano de mi madre. (/)
7. Soy el tío de Anita. (/)
8. Víctor Miguel es mi nieto. (/)
9. Carmen, Beatriz Alicia y Marina son los nietos de Juan y Socorro. (/)
10. El hijo de Juan y Socorro es el tío de Beatriz Alicia. (/)

PRONUNCIACIÓN
Diphthongs and linking

Práctica Repeat these words after the speaker, focusing on the diphthongs.

1. historia (/)
2. nieto (/)
3. parientes (/)
4. novia (/)
5. residencia (/)
6. prueba (/)
7. puerta (/)
8. ciencias (/)
9. lenguas (/)
10. estudiar (/)
11. izquierda (/)
12. ecuatoriano (/)

Oraciones Repeat these sentences after the speaker to practice diphthongs and linking words.

1. Hola. Me llamo Anita Amaral. Soy del Ecuador. (/)
2. Somos seis en mi familia. (/)
3. Tengo dos hermanos y una hermana. (/)
4. Mi papá es del Ecuador y mi mamá es de España. (/)

Refranes Repeat these sayings after the speaker to practice diphthongs and linking words.

Cuando una puerta se cierra, otra se abre. (/)
Hablando del rey de Roma, por la puerta se asoma. (/)

ESCUCHAR

Estrategia: *Asking for repetition or Replaying the recording* To help you practice this strategy, you will listen to a short paragraph. Ask your professor to repeat it or replay the recording, and then summarize what you heard.

La familia de María Dolores es muy grande. Tiene dos hermanos y tres hermanas. Su familia vive en España. Pero la familia de Alberto es muy pequeña. No tiene hermanos ni hermanas. Alberto y sus padres viven en el Ecuador. (/)

Ahora escucha Now you are going to hear Laura and Cristina's conversation. Use **R** to indicate which adjectives describe Cristina's boyfriend, Rafael. Use **E** for adjectives that describe Laura's boyfriend, Esteban. Some adjectives will not be used.

(*Sounds of a noisy cafeteria are heard in the background.*)

LAURA ¿Qué hay de nuevo, Cristina?

CRISTINA No mucho… sólo problemas con mi novio.

LAURA ¿Perdón?

CRISTINA No hay mucho de nuevo… sólo problemas con mi novio, Rafael.

LAURA ¿Qué les pasa?

CRISTINA Bueno, Rafael es alto y moreno… es muy guapo. Y es buena gente. Es inteligente también… pero es que no lo encuentro muy interesante.

LAURA ¿Cómo?

CRISTINA No es muy interesante. Sólo habla del fútbol y del béisbol. No me gusta hablar del fútbol veinticuatro horas al día. No comprendo a los muchachos. ¿Cómo es tu novio, Laura?

LAURA Esteban es muy simpático. Es un poco gordo pero creo que es muy guapo. También es muy trabajador.

CRISTINA ¿Es interesante?

LAURA Sí. Hablamos dos o tres horas cada día. Hablamos de muchas cosas… las clases, los amigos… de todo.

CRISTINA ¡Qué bien! (*sighing*) Siempre tengo mala suerte con los novios. (/)

End of Textbook Activities CD for **Lección 3**

CONTEXTOS

Práctica

1 Escuchar Indicate the letter of the activity in Column B that best corresponds to each statement you hear. Two items in Column B will not be used.

1. No me gusta nadar pero paso mucho tiempo al lado de la piscina. (/)
2. Alicia y yo vamos al estadio a las cuatro. Creemos que nuestro equipo va a ganar. (/)
3. Me gusta patinar en línea, esquiar y practicar el tenis. (/)
4. El ciclismo es mi deporte favorito. (/)
5. Me gusta mucho la natación. Paso mucho tiempo en la piscina. (/)
6. Mi hermana es una gran excursionista. (/)

PRONUNCIACIÓN

Word stress and accent marks

Práctica Pronounce each word after the speaker, stressing the correct syllable.

1. profesor (/)
2. Puebla (/)
3. ¿Cuántos? (/)
4. Mazatlán (/)
5. examen (/)
6. ¿Cómo? (/)
7. niños (/)
8. Guadalajara (/)
9. programador (/)
10. México (/)
11. están (/)
12. geografía (/)

Oraciones Read the conversation after the speaker to practice word stress.

MARINA Hola, Carlos. ¿Qué tal? (/)

CARLOS Bien. Oye, ¿a qué hora es el partido de fútbol? (/)

MARINA Creo que es a las siete. (/)

CARLOS ¿Quieres ir? (/)

MARINA Lo siento, pero no puedo. Tengo que estudiar biología. (/)

Refranes Read these sayings aloud after the speaker to practice word stress.

Quien ríe de último, ríe mejor. (/)
En la unión está la fuerza. (/)

ESCUCHAR

Estrategia: *Listening for the gist* To help you practice this strategy, you will listen to a paragraph made up of three sentences. Jot down a brief summary of what you hear.

Buenas tardes y bienvenidos a la clase de español. En esta clase van a escuchar, escribir y conversar en cada clase, y ustedes también deben estudiar y practicar todos los días. Ahora encuentran el español difícil, pero cuando termine el curso van a comprender y comunicarse bien en español. (/)

Ahora escucha You will first hear José talking, then Anabela. As you listen, check off each person's favorite activities.

JOSÉ No me gusta practicar deportes, pero sí tengo muchos pasatiempos. Me gusta mucho escribir y recibir correo electrónico. Me gusta también ir con mis amigos a mi café favorito. Siempre duermo una siesta por la tarde. A veces voy a ver un partido de béisbol. Me gusta mucho ver películas de acción pero mi novia prefiere las de romance… (*sighing with amused resignation*) y por lo tanto veo muchas películas de romance. (/)

ANABELA Todos mis parientes dicen que soy demasiado activa. Soy aficionada a los deportes, pero también estudio mucho y necesito diversión. Aunque prefiero practicar el ciclismo, me gustan mucho la natación, el tenis, el golf... bueno, en realidad todos los deportes. No, eso no es cierto—no juego al baloncesto porque no soy alta. Para mis vacaciones quiero esquiar o escalar la montaña—depende si nieva. Suena divertido, ¿no? (/)

End of Textbook Activities CD for **Lección 4**

CONTEXTOS

Práctica

1 Escuchar Indicate who would probably make each statement you hear. Each answer is used twice.

1. ¡Deben ir a Puerto Rico! Allí hay unas playas muy hermosas y pueden acampar. (/)
2. Deben llamarme el lunes para confirmar la reservación. (/)
3. Muy bien, señor… aquí tiene la llave de su habitación. (/)
4. Lo siento, pero tengo que abrir sus maletas. (/)
5. Su habitación está en el piso once, señora. (/)
6. Necesito ver su pasaporte y sus maletas, por favor. (/)

PRONUNCIACIÓN

Spanish **b** and **v**

Práctica Read these words aloud after the speaker to practice the **b** and the **v**.

1. hablamos (/)
2. trabajar (/)
3. botones (/)
4. van (/)
5. contabilidad (/)
6. bien (/)
7. doble (/)
8. novia (/)
9. béisbol (/)
10. cabaña (/)
11. llave (/)
12. invierno (/)

Oraciones Read these sentences aloud after the speaker to practice the **b** and the **v**.

1. Vamos a Guaynabo en autobús. (/)
2. Voy de vacaciones a la Isla Culebra. (/)
3. Tengo una habitación individual en el octavo piso. (/)
4. Víctor y Eva van por avión al Caribe. (/)
5. La planta baja es bonita también. (/)
6. ¿Qué vamos a ver en Bayamón? (/)
7. Beatriz, la novia de Víctor, es de Arecibo, Puerto Rico. (/)

Refranes Read these sayings aloud after the speaker to practice the **b** and the **v**.

No hay mal que por bien no venga. (/)
Hombre prevenido vale por dos. (/)

ESCUCHAR

Estrategia: *Listening for key words* To practice this strategy, you will now listen to a short paragraph. As you listen, jot down the key words that help you identify the subject of the paragraph and its main ideas.

Aquí está la foto de mis vacaciones en la playa. Ya lo sé; no debo pasar el tiempo tomando el sol. Es que vivo en una ciudad donde llueve casi todo el año y mis actividades favoritas son bucear, pescar en el mar y nadar. (/)

Ahora escucha Now you are going to listen to a weather report by Hernán Jiménez. Note which phrases are correct according to the key words and phrases you hear.

Buenos días, queridos televidentes, les saluda el meteorólogo Hernán Jiménez, con el pronóstico del tiempo para nuestra bella isla. Hoy, 17 de octubre, a las diez de la mañana, la temperatura en Santo Domingo es de 26 grados. Hace sol con viento del este a 10 kilómetros por hora. En la tarde, va a estar un poco nublado con la posibilidad de lluvia. La temperatura máxima del día va a ser de 30 grados. Es una buena mañana para ir a la playa.
En las montañas hace bastante frío ahora y hay niebla, especialmente en el área de San Francisco de Macorís. La temperatura mínima de estas 24 horas va a ser de 18 grados. Va a llover casi todo el día. ¡No es buen día para excursiones a las montañas!
Hasta el noticiero del mediodía, me despido de ustedes. ¡Que les vaya bien! (/)

End of Textbook Activities CD for **Lección 5**

Textbook Activities CD Tapescript

CONTEXTOS

Práctica

1 Escuchar Listen to Juanita and Vicente talk about what they're packing for their vacations. Indicate who is packing each item. If both are packing an item, write both names. If neither is packing an item, write an **X**.

JUANITA Hola. Me llamo Juanita. Mi familia y yo salimos de vacaciones mañana y estoy haciendo mis maletas. Para nuestra excursión al campo ya tengo bluejeans, camisetas y zapatos de tenis. También vamos a la playa… ¡no puedo esperar! Para ir a la playa necesito un traje de baño, pantalones cortos y sandalias. ¿Qué más necesito? Creo que es todo. (/)

VICENTE Buenos días. Soy Vicente. Estoy haciendo mis maletas porque mi familia y yo vamos a las montañas a esquiar. Los primeros dos días vamos a hacer una excursión por las montañas. Necesito zapatos de tenis, camisetas, una chaqueta y bluejeans. El tercer día vamos a esquiar. Necesito un abrigo, un suéter y botas… y gafas de sol. (/)

PRONUNCIACIÓN

The consonants **d** and **t**

Práctica Read these phrases aloud after the speaker to practice the **d** and the **t**.

1. Hasta pronto. (/)
2. De nada. (/)
3. Mucho gusto. (/)
4. Lo siento. (/)
5. No hay de qué. (/)
6. ¿De dónde es usted? (/)
7. ¡Todos a bordo! (/)
8. No puedo. (/)
9. Es estupendo. (/)
10. No tengo computadora. (/)
11. ¿Cuándo vienen? (/)
12. Son las tres y media. (/)

Oraciones Read these sentences aloud after the speaker to practice the **d** and the **t**.

1. Don Teodoro tiene una tienda en un almacén en La Habana. (/)
2. Don Teodoro vende muchos trajes, vestidos y zapatos todos los días. (/)
3. Un día un turista, Federico Machado, entra en la tienda para comprar un par de botas. (/)
4. Federico regatea con don Teodoro y compra las botas y también un par de sandalias. (/)

Refranes Read these sayings aloud after the speaker to practice the **d** and the **t**.

En la variedad está el gusto. (/)
Aunque la mona se vista de seda, mona se queda. (/)

ESCUCHAR

Estrategia: *Listening for linguistic cues* To practice listening for linguistic cues, you will now listen to four sentences. As you listen, note whether each sentence refers to a past, present, or future action. Also jot down the subject of each sentence.

1. Acabamos de pasear por la ciudad y encontramos unos monumentos fenomenales. (/)
2. Estoy haciendo las maletas. (/)
3. Carmen y Alejandro decidieron ir a un restaurante. (/)
4. Mi familia y yo vamos a ir a la playa. (/)

Ahora escucha Now you are going to hear Marisol and Alicia's conversation. Make a list of the clothing items that each person mentions. Then put a check mark after the item if the person actually purchased it.

MARISOL Oye, Alicia, ¿qué estás haciendo?

ALICIA Estudiando no más. ¿Qué hay de nuevo?

MARISOL Acabo de comprarme esos pantalones que andaba buscando.

ALICIA ¿Los encontraste en el centro comercial? ¿Y cuánto te costaron?

MARISOL Míralos. ¿Te gustan? En el almacén Melo tienen tremenda rebaja. Como estaban baratos me compré una blusa también. Es de cuadros pero creo que hace juego con los pantalones por el color rojo. ¿Qué piensas?

ALICIA Es de los mismos colores que la falda y la blusa que llevaste cuando fuimos al cine anoche. La verdad es que te quedan muy bien esos colores. ¿No encontraste unos zapatos y un cinturón para completar el juego?

MARISOL No lo digas ni de chiste. Mi tarjeta de crédito está que no aguanta más. Y trabajé poco la semana pasada. ¡Acabo de gastar todo el dinero para la semana!

ALICIA ¡Ay, chica! Fui al centro comercial el mes pasado y encontré unos zapatos muy, pero muy de moda. Muy caros… pero buenos. No me los compré porque no los tenían en mi número. Voy a comprarlos cuando lleguen más…. el vendedor me va a llamar.

MARISOL (*with a humorously suspicious tone*) Ajá… ¿Y va a invitarte a salir con él?

ALICIA (*laughing*) ¡Ay! ¡No seas así! Ven, vamos al café. Te ves muy bien y no hay que gastar eso aquí.

MARISOL De acuerdo. Vamos. (/)

End of Textbook Activities CD for **Lección 6**

CONTEXTOS
Práctica

1 Escuchar Escucha las frases e indica si cada frase es **cierta** o **falsa**, según el dibujo.

1. Hay dos despertadores en la habitación de las chicas. (/)
2. Un chico se pone crema de afeitar en la cara. (/)
3. Una de las chicas se ducha. (/)
4. Uno de los chicos se afeita. (/)
5. Hay una toalla en la habitación de las chicas. (/)
6. Una de las chicas se maquilla. (/)
7. Las chicas están en el baño. (/)
8. Uno de los chicos se cepilla los dientes en el baño. (/)
9. Uno de los chicos se viste. (/)
10. Una de las chicas se despierta. (/)

PRONUNCIACIÓN
The consonants r and rr

Práctica Escucha y repite las palabras en voz alta durante las pausas, prestando atención a la pronunciación de la **r** y de la **rr**.

1. Perú (/)
2. Rosa (/)
3. borrador (/)
4. madre (/)
5. comprar (/)
6. favor (/)
7. rubio (/)
8. reloj (/)
9. Arequipa (/)
10. tarde (/)
11. cerrar (/)
12. despertador (/)

Oraciones Escucha y repite las oraciones en voz alta durante las pausas, prestando atención a la pronunciación de la **r** y la **rr**.

1. Ramón Robles Ruiz es programador. Su esposa Rosaura es artista. (/)
2. A Rosaura Robles le encanta regatear en el mercado. (/)
3. Ramón nunca regatea... le aburre regatear. (/)
4. Rosaura siempre compra cosas baratas. (/)
5. Ramón no es rico pero prefiere comprar cosas muy caras. (/)
6. ¡El martes Ramón compró un carro nuevo! (/)

Refranes Escucha y repite los refranes en voz alta durante las pausas, prestando atención a la **r** y a la **rr**.

Perro que ladra no muerde. (/)
No se ganó Zamora en una hora. (/)

ESCUCHAR

Estrategia: *Using background information* To help you practice this strategy, you will now listen to a short paragraph. Jot down the subject of the paragraph, and then use your knowledge of the subject to listen for and write down the paragraph's main points.

¿Te puedes creer los precios de la ropa que venden en el mercado al aire libre? Tienen unos bluejeans muy buenos que cuestan 52 soles. Y claro, puedes regatear y los consigues todavía más baratos. Vi unos iguales en el centro comercial y son muchos más caros. ¡Cuestan 97 soles! (/)

Ahora escucha Ahora escucha la entrevista entre Carolina y Julián, teniendo en cuenta lo que sabes sobre este tipo de situación. Elige los datos que completan correctamente cada oración en tu libro de texto.

CAROLINA Buenas tardes, queridos televidentes, y bienvenidos a *Carolina al mediodía*. Tenemos el gran placer de conversar hoy con Julián Larrea, un joven actor de extraordinario talento. Bienvenido, Julián. Ya sabes que tienes muchas admiradoras entre nuestro público y más que todo quieren saber los detalles de tu vida.

JULIÁN Buenas, Carolina, y saludos a todos. No sé qué decirles; en realidad en mi vida hay rutina, como en la vida de todos.

CAROLINA No puede ser. Me imagino que tu vida es mucho más exótica que la mía. Bueno, para comenzar, ¿a qué hora te levantas?

JULIÁN Normalmente me levanto todos los días a la misma hora, también cuando estoy de viaje filmando una película. Siempre me despierto a las 5:30. Antes de ducharme y vestirme, siempre me gusta tomar un café mientras escucho un poco de música clásica. Así medito, escribo un poco y pienso sobre el día.

CAROLINA Cuando no estás filmando, ¿te quedas en casa durante el día?

JULIÁN Pues, en esos momentos uso el tiempo libre para sentarme en casa a escribir. Pero sí tengo una rutina diaria de ejercicio. Corro unas 5 millas diarias y si hace mal tiempo voy al gimnasio.

CAROLINA Veo que eres una persona activa. Te mantienes en muy buena forma. ¿Qué más nos puedes decir de tu vida?

JULIÁN Bueno, no puedo negar que me encanta viajar. ¡Y la elegancia de algunos hoteles es increíble! Estuve en un hotel en Londres que tiene una ducha del tamaño de un cuarto normal.

CAROLINA Ya vemos que tu vida no es nada aburrida. Qué gusto hablar contigo hoy, Julián.

JULIÁN El placer es mío. Gracias por la invitación, Carolina. (/)

End of Textbook Activities CD for **Lección 7**

CONTEXTOS

Práctica

1 Escuchar Indica si las frases que vas a escuchar son **ciertas** o **falsas**, según el dibujo. Después, corrige las frases falsas.

1. La langosta está cerca de los camarones. (/)
2. El hombre compra una pera. (/)
3. La lechuga es una verdura. (/)
4. El pollo y la zanahoria son carnes. (/)
5. La cebolla está cerca del maíz. (/)
6. El hombre y la mujer compran vinagre. (/)
7. La naranja es una verdura. (/)
8. La chuleta de cerdo es pescado. (/)
9. El limón y el jamón son frutas. (/)
10. El pavo está cerca del pollo. (/)

PRONUNCIACIÓN

ll, ñ, c, and z

Práctica Escucha y repite las palabras en voz alta durante las pausas.

1. mantequilla (/)
2. cuñada (/)
3. aceite (/)
4. manzana (/)
5. español (/)
6. cepillo (/)
7. zapato (/)
8. azúcar (/)
9. quince (/)
10. compañera (/)
11. almorzar (/)
12. calle (/)

Oraciones Escucha y repite las frases en voz alta durante las pausas.

1. Mi compañero de cuarto se llama Toño Núñez. (/) Su familia es de la ciudad de Guatemala y de Quetzaltenango. (/)
2. Dice que la comida de su mamá es deliciosa, (/) especialmente su pollo al champiñón y sus tortillas de maíz. (/)
3. Creo que Toño tiene razón (/) porque hoy cené en su casa (/) y quiero volver mañana para cenar allí otra vez. (/)

Refranes Escucha y repite los refranes en voz alta durante las pausas.

Las apariencias engañan. (/)
Panza llena, corazón contento. (/)

ESCUCHAR

Estrategia: *Jotting down notes as you listen* To practice this strategy, you will now listen to a paragraph. Jot down the main points you hear.

Sandra está avergonzada. Ayer fue a sus clases sin peinarse ni maquillarse. ¡Y la ropa que llevaba! ¡Una camiseta vieja con unos pantalones morados y unas sandalias rosadas! Hablé con ella y me contó que tiene muchos problemas. Salió muy mal en el examen, su abuela está enferma y también su novio se enojó con ella anteayer. (/)

Ahora escucha Ahora escucha a Ramón Acevedo. Toma apuntes de las instrucciones que él da en los espacios en blanco en tu libro de texto.

Bienvenidos a *La hora de la cocina*. Hoy vamos a preparar un menú de Guatemala: pavo relleno, verduras en escabeche y un rico dulce de leche.

Bueno, vamos a comenzar con el pavo relleno. Necesitan los siguientes ingredientes para servir de diez a doce personas; 1 pavo de 6 kilos, 500 gramos de carne de cerdo, 250 gramos de papas, 250 gramos de zanahorias, pimienta, sal, ajo, consomé, aceite y margarina.

Vamos a comenzar con el relleno. Hay que picar la carne de cerdo y las verduras en pedazos de un centímetro o menos. Ponemos a freír la carne con el ajo. Ponemos las papas a cocinar en un poco de agua. En otra sartén, vamos a freír las zanahorias en aceite, y añadimos las papas cocinadas, pimienta y consomé.

Bueno, ya están las verduras. Las revolvemos con la carne. Ahora, vamos a preparar el pavo. Tenemos que lavarlo bien. Le ponemos sal y pimienta por dentro y le ponemos el relleno. Hay que ponerle sal y pimienta por fuera, untarlo con margarina, y cubrirlo con papel de aluminio. Ya estamos listos para ponerlo en el horno a 325 grados por unas 4 horas, más o menos.

Les recomiendo un vino blanco para acompañar este plato. ¡Delicioso!

Regresaremos en unos minutos después de los siguientes anuncios importantes. ¡No se vayan! Vamos a preparar unas sabrosas verduras en escabeche. (/)

End of Textbook Activities CD for **Lección 8**

CONTEXTOS

Práctica

1 Escuchar Escucha la conversación e indica si las oraciones son **ciertas** o **falsas**.

MALE 1 ¿Estamos listos, amigos?

MALE 2 Creo que sí. Aquí tenemos el pastel y el helado.

FEMALE 1 De chocolate, espero. Ustedes saben cómo le encanta a Silvia el chocolate…

MALE 2 Por supuesto, el chocolate para Silvia. Bueno, un pastel de chocolate, el helado…

FEMALE 1 ¿El helado es de la cafetería o lo compraste cerca de la residencia estudiantil?

MALE 2 Lo compré en la tienda que está al lado de nuestra residencia. Es mejor que el helado de la cafetería.

MALE 1 (*in stage whisper*) Psstt… aquí viene Silvia…

MALE 1, MALE 2, FEMALE 1 ¡Sorpresa! ¡Sorpesa, Silvia! ¡Felicidades!

SILVIA ¡Qué sorpresa!

FEMALE 1 ¿Y cuántos años cumples?

SILVIA Dieciocho. ¡Gracias, amigos, muchas gracias!

MALE 1 Y ahora, ¡brindamos por nuestra amiga!

FEMALE 1 ¿Con qué brindamos? ¿Con el champán?

MALE 1 ¡Cómo no! ¡Por nuestra amiga Silvia, la más joven de todos nosotros!

(*sound of glasses clinking together*) (/)

PRONUNCIACIÓN

The letters **h**, **j**, and **g**

Práctica Escucha y repite las palabras en voz alta durante las pausas, prestando atención a la **h**, la **j** y la **g**.

1. hamburguesa (/)
2. jugar (/)
3. oreja (/)
4. guapa (/)
5. geografía (/)
6. magnífico (/)
7. espejo (/)
8. hago (/)
9. seguir (/)
10. gracias (/)
11. hijo (/)
12. galleta (/)
13. Jorge (/)
14. tengo (/)
15. ahora (/)
16. guantes (/)

Oraciones Escucha y repite las oraciones en voz alta durante las pausas, prestando atención a la **h**, la **j** y la **g**.

1. Hola. Me llamo Gustavo Hinojosa Lugones y vivo en Santiago de Chile. (/)
2. Tengo una familia grande; somos tres hermanos y tres hermanas. (/)
3. Voy a graduarme en mayo. (/)
4. Para celebrar mi graduación mis padres van a regalarme un viaje a Egipto. (/)
5. ¡Qué generosos son! (/)

Refranes Escucha y repite los refranes en voz alta durante las pausas, prestando atención a la **h**, la **j** y la **g**.

A la larga, lo más dulce amarga. (/)
El hábito no hace al monje. (/)

ESCUCHAR

Estrategia: *Guessing the meaning of words through context* To practice this strategy, you will now listen to a paragraph. Jot down the unfamiliar words that you hear. Then listen to the paragraph again and jot down the word or words that are the most useful clues to the meaning of each unfamiliar word.

Hoy mi sobrino Gabriel cumplió seis años. Antes de la fiesta, ayudé a mi hermana a decorar la sala con globos de todos los colores, pero ¡qué bulla después!, cuando los niños se pusieron a estallarlos todos. El pastel de cumpleaños estaba riquísimo y cuando Gabriel sopló las velas, apagó las seis. Los otros niños le regalaron un montón de juguetes, y nos divertimos mucho. (/)

Ahora escucha Ahora escucha la conversación entre Josefina y Rosa. Cuando oigas una de las palabras de la columna A, usa el contexto para identificar el sinónimo o la definición en la columna B.

JOSEFINA Rosa, ¿te divertiste anoche en la fiesta?

ROSA Sí, me divertí más en el aniversario que en la boda. ¡La fiesta estuvo fenomenal! Fue buena idea festejar el aniversario en un restaurante. Así todos pudieron relajarse.

JOSEFINA En parte, yo lo disfruté porque son una pareja tan linda; qué dicha que estén tan enamorados después de diez años de matrimonio. Me gustaría tener una relación como la de ellos. Y también saberlo celebrar con tanta alegría. ¡Pero qué cantidad de comida y bebida!

ROSA Es verdad que Margarita y Roberto exageran un poco con sus fiestas, pero son de la clase de gente que le gusta celebrar los eventos de la vida. Y como tienen tantas amistades y dos familias tan grandes…

JOSEFINA Oye, Rosa, hablando de familia, ¿llegaste a conocer al cuñado de Magali? Es soltero, ¿no? Quise bailar con él pero no me sacó a bailar.

ROSA Hablas de Rafael. Es muy bien parecido; ¡ese pelo…! Estuve hablando con él después del brindis. Me dijo que no le gustan ni el champán ni el vino; él finge tomar cuando brindan porque no lo soporta. No te sacó a bailar porque él y Susana estaban juntos en la fiesta.

JOSEFINA De todos modos, aun sin Rafael, bailé toda la noche. Lo pasé muy, pero muy bien. (/)

End of Textbook Activities CD for **Lección 9**

End of Textbook Activities CD 1

CONTEXTOS

Práctica

1 Escuchar Escucha las frases y selecciona la respuesta más adecuada en tu libro de texto.

1. ¿Cuándo te caíste? (/)
2. ¿Por qué vas al médico? (/)
3. ¿Adónde llevaron a Juan después del accidente? (/)
4. ¿Adónde debo ir para conseguir estas pastillas? (/)
5. ¿Tienes mucha tos? (/)
6. ¿Tienes fiebre? (/)
7. ¿Cuáles son sus síntomas, señor? (/)
8. Ayer no te vi en la clase de biología. ¿Por qué? (/)

ESCUCHAR

Estrategia: *Listening for specific information* To practice this strategy, you will listen to a paragraph from a letter Marta wrote to a friend about her fifteenth birthday celebration. Before you listen to the paragraph, use what you know about this type of party to predict the content of the letter. What kinds of details might Marta include in her description of the celebration? Now listen to the paragraph and jot down the specific information Marta relates. Then compare these details to the predictions you made about the letter.

… Ya sé que no pudiste venir a mi quinceañera. ¡Cuánto lo siento, Juanita! Vinieron muchos invitados, ¡creo que eran más de cien! Todos se divirtieron y yo lo pasé fenomenal. Llevé un traje largo y rosado con mucho encaje, y guantes y zapatos del mismo color. Mi tía Rosa, la madrina de la fiesta, me preparó el pastel. Me imagino que sabes que el pastel era de chocolate porque me fascina el chocolate. Me dieron muchos regalos. ¡Imagínate!, mis abuelos me regalaron un viaje para ir a visitarte. (/)

Ahora escucha Ahora escucha la conversación de la señorita Méndez y Carlos Peña. En tu libro de texto, marca las frases donde se mencionan los síntomas de Carlos.

(sound of telephone ringing)

SRTA. MÉNDEZ Consultorio del Dr. Aguilar. Buenos días.

CARLOS PEÑA Buenos días, señorita. Habla Carlos Peña. Mire, no me siento nada bien.

SRTA. MÉNDEZ ¿Qué tiene?

CARLOS PEÑA Tengo mucha tos. Apenas me deja dormir. Estoy muy congestionado y tengo un tremendo dolor de cabeza.

SRTA. MÉNDEZ ¿Cuánto tiempo hace que se siente así?

CARLOS PEÑA Bueno, hace cinco días que me empezó a doler la garganta. Fue de mal en peor.

SRTA. MÉNDEZ ¿Tiene fiebre?

CARLOS PEÑA Pues, en realidad, no lo sé. No me tomé la temperatura, pero creo que sí tengo fiebre porque tengo mucho frío y me duelen los huesos.

SRTA. MÉNDEZ Pienso que usted tiene la gripe. Primero hay que verificar que no tiene una infección, pero creo que el doctor le va a recetar algo que va a ayudarlo. Le puedo dar una cita con el médico hoy a las tres de la tarde.

CARLOS PEÑA Excelente.

SRTA. MÉNDEZ ¿Cómo me dijo que se llama?

CARLOS PEÑA Carlos Peña, señorita.

SRTA. MÉNDEZ ¿Y su fecha de nacimiento y su teléfono, por favor?

CARLOS PEÑA Cuatro de octubre de 1983, y mi teléfono... seis cuarenta y tres, veinticinco, cincuenta y dos.

SRTA. MÉNDEZ Muy bien. Hasta las tres.

CARLOS PEÑA Sí. Muchas gracias, señorita, y hasta luego. (/)

End of Textbook Activities CD for **Lección 10**

CONTEXTOS
Práctica

1 Escuchar Escucha esta conversación entre dos amigas. Después completa las oraciones.

ANA ¿María? ¿Qué haces aquí en el cibercafé? ¿No tienes Internet en casa?

MARÍA Pues, sí, pero la computadora está descompuesta. Tengo que esperar unos días más.

ANA Te entiendo. Me pasó lo mismo con la computadora portátil hace poco. Todavía no funciona bien por eso vine aquí.

MARÍA ¿Recibiste algún mensaje interesante?

ANA Sí. Mi hijo está de vacaciones con unos amigos en Argentina. Tiene una cámara digital y me mandó unas fotos digitales.

MARÍA ¡Qué bien! Me encantan las cámaras digitales. Normalmente imprimimos las fotos con nuestra impresora y no tenemos que ir a ninguna tienda. Es muy conveniente.

ANA Claro que sí. También imprimo fotos, pero no voy a imprimirlas ahora. Prefiero guardarlas en un cederrón.

MARÍA Buena idea. Ahí está mi café. Voy a navegar en Internet mientras tomo mi cafecito.

ANA Bueno. Tengo que irme. Voy a pagar por el café y el uso de Internet. ¿No es muy caro, verdad?

MARÍA Para nada, es muy barato. Hasta luego.

ANA Chau. Nos vemos.

ESCUCHAR
Estrategia: *Recognizing the genre of spoken discourse*
To practice this strategy, you will now listen to two short selections. Identify the genre of each one.

Buenos días. Hoy tenemos la gran oportunidad de conversar con el futbolista Carlos Roa del equipo argentino. Carlos, ¿qué opinas del partido que ganaron contra Chile? (/)

Buenos días. Ésta es la residencia del arquitecto Rivera. No hay nadie en casa en estos momentos. Por favor, deje un mensaje y lo llamaré lo más pronto posible. (/)

Ahora escucha Mientras escuchas a Ricardo Moreno, responde a las preguntas.

¿Necesita navegar en Internet o imprimir documentos? ¿Descargar fotos o quemar un cederrón? Si usted está buscando una computadora y no está seguro del tipo de computadora que necesita, hable con nosotros. Le ayudamos a escoger la computadora más adecuada para usted. ¡Es facilísimo! Los dependientes de nuestra tienda de computación conocen los últimos avances en programas de computación, conexiones a Internet, computadoras portátiles, impresoras y más. También tenemos los mejores precios. Venga inmediatamente a Mundo de Computación en Paseo Las Américas para ver qué fácil es comprar la computadora perfecta. O visite nuestro sitio Web en la dirección www.mundodecom.ar.

End of Textbook Activities CD for **Lección 11**

CONTEXTOS

Práctica

1 Escuchar Escucha la conversación y completa las frases en tu libro de texto.

PEDRO Paula, tenemos que limpiar toda la casa esta mañana. ¿Por dónde podemos empezar?

PAULA Pienso empezar por la cocina. Voy a lavar los platos, sacar la basura y barrer el suelo.

PEDRO Pues, primero voy a limpiar la sala. Necesito pasar la aspiradora y sacudir los muebles.

PAULA Despúes de la sala, ¿qué cuarto quieres limpiar?

PEDRO Después quiero limpiar la oficina.

PAULA Entonces yo voy a limpiar la alcoba de huéspedes.

PEDRO Bueno. Debes hacer la cama en esa alcoba también.

PAULA Ya lo sé. Ah, ¿puedes planchar la ropa en el sótano, Pedro?

PEDRO Sí. Espero que todo vaya bien durante la visita de mi madre.

PAULA Sí. Pues yo espero que ella no venga hasta que todo esté limpio. ¡No nos queda mucho tiempo para terminar! (/)

ESCUCHAR

Estrategia: *Using visual cues* To practice this strategy, you will listen to a passage related to the following photo. Jot down the clues the photo gives you as you listen.

En mi niñez lo pasé muy bien. Vivíamos en una pequeña casa en la isla Colón con vistas al mar. Pasaba las horas buceando alrededor de los arrecifes de coral. A veces me iba a pasear por las plantaciones de bananos o a visitar el pueblo de los indios guayamí. Otros días iba con mi hermano al mar en una pequeña lancha para pescar. Era una vida feliz y tranquila. Ahora vivo en la ciudad de Panamá. ¡Qué diferencia! (/)

Ahora escucha Mira los anuncios en esta página y escucha la conversación entre el Sr. Núñez, Adriana y Felipe. Luego indica si cada descripción se refiere a la casa ideal de Adriana y Felipe, a la casa del anuncio o al apartamento del anuncio.

ADRIANA Mira, papá, tienen una sección especial de bienes raíces en el periódico. Felipe, mira esta casa... tiene un jardín enorme.

FELIPE ¡Qué linda! ¡Uy, qué cara! ¿Qué piensa usted? ¿Debemos buscar una casa o un apartamento?

SR. NÚÑEZ Bueno, hijos, hay muchas cosas que deben considerar. Primero, ¿les gustaría vivir en las afueras o en el centro de la ciudad?

FELIPE Pues, Sr. Núñez, yo prefiero vivir en la ciudad. Así tenemos el teatro, los parques, los centros comerciales... todo cerca de casa. Sé que Adriana quiere vivir en las afueras porque es más tranquilo.

SR. NÚÑEZ De todos modos van a necesitar un mínimo de dos alcobas, un baño, una sala grande... ¿Qué más?

ADRIANA Es importante que tengamos una oficina para mí y un patio para las plantas.

SR. NÚÑEZ Como no tienen mucho dinero ahorrado, es mejor que alquilen un apartamento pequeño por un tiempo. Así pueden ahorrar su dinero para comprar la casa ideal. Miren este apartamento. Tiene un balcón precioso y está en un barrio muy seguro y bonito. Y el alquiler es muy razonable.

FELIPE Adriana, me parece que tu padre tiene razón. Con un alquiler tan barato, podemos comprar muebles y también ahorrar dinero cada mes.

ADRIANA ¡Ay!, quiero mi casa. Pero, bueno, ¡todo a su debido tiempo! (/)

End of Textbook Activities CD for **Lección 12**

CONTEXTOS
Práctica

1 Escuchar Mientras escuchas estas frases, anota los sustantivos que se refieren a las plantas, los animales, la tierra y el cielo.

1. Mi novio siempre me compra flores para nuestro aniversario. (/)
2. Cuando era pequeño jugaba con mi perro todo el tiempo. (/)
3. Javier prefiere jugar al fútbol norteamericano sobre hierba natural. (/)
4. Antes de las vacaciones, los estudiantes tomaban el sol en el parque. (/)
5. No puedo visitarte porque soy alérgico a los gatos. (/)
6. Durante la tormenta, las nubes grises cubrían toda la ciudad. (/)
7. Cerca de la casa de mi hermana hay un valle donde siempre hay muchas vacas. (/)
8. Algunas noches vamos al campo para ver las estrellas. (/)
9. El Puracé es un volcán activo en los Andes colombianos. (/)
10. Los árboles de los bosques tropicales contienen las curas para muchas enfermedades. (/)

ESCUCHAR

Estrategia: *Using background knowledge and Guessing meaning from context* To practice these strategies, you will listen to a paragraph written by Jaime Urbinas, an urban planner. Before listening to the paragraph, write down what you think it will be about, based on Jaime Urbinas' profession. As you listen to the paragraph, jot down any words or expressions you don't know and use context clues to guess their meanings.

Es necesario que las casas del futuro sean construidas en barrios que tengan todos los recursos esenciales para la vida cotidiana: tiendas, centros comerciales, cines, restaurantes y parques, por ejemplo. El medio ambiente ya no soporta tantas autopistas llenas de coches y, por lo tanto, es importante que la gente pueda caminar para ir de compras o para ir a divertirse. Recomiendo que vivamos en casas con jardines compartidos para usar menos espacio y, más importante, para que los vecinos se conozcan. (/)

Ahora escucha Vas a escuchar un discurso de Soledad Morales, una activista preocupada por el medio ambiente. Antes de escuchar, marca las palabras y frases que tú crees que ella va a usar en su discurso. Después marca las palabras y frases que escuchaste.

Les vengo a hablar hoy porque aunque espero que el futuro sea color de rosa, temo que no sea así. Vivimos en esta tierra de preciosos recursos naturales—nuestros ríos de los cuales dependemos para el agua que nos da vida, el aire que respiramos, los árboles que nos protegen, los animales, cuyas vidas están entrelazadas con nuestras vidas. Es una lástima que no apreciemos lo mucho que tenemos.

Es terrible que haya días con tanta contaminación del aire que nuestros ancianos se enferman y nuestros hijos no pueden respirar. La tala de árboles es un problema grave… hoy día, cuando llueve, el río Cauca se llena de tierra porque no hay árboles que aguanten la tierra. La contaminación del río está afectando gravemente la ecología de las playas de Barranquilla, una de nuestras joyas.

Ojalá que me oigan y piensen bien en el futuro de nuestra comunidad. Espero que aprendamos a conservar la naturaleza y que podamos cuidar el patrimonio de nuestros hijos. (/)

End of Textbook Activities CD for **Lección 13**

CONTEXTOS
Práctica

1 Escuchar Mira el dibujo de las páginas 426 y 427. Luego escucha las frases e indica si lo que dice cada una es **cierto** or **falso**.

1. El supermercado queda al este de la plaza, al lado de la joyería. (/)
2. La zapatería está al lado de la carnicería. (/)
3. El banco queda al sur de la plaza. (/)
4. Cuando sales de la zapatería, la lavandería está a su lado. (/)
5. La carnicería está al lado del banco. (/)
6. Cuando sales de la joyería, el cajero automático está a su lado. (/)
7. No hay ninguna heladería cerca de la plaza. (/)
8. La joyería está al oeste de la peluquería. (/)
9. Hay una frutería al norte de la plaza. (/)
10. No hay ninguna pastelería cerca de la plaza. (/)

ESCUCHAR

Estrategia: *Listening for specific information and Listening for linguistic cues* To practice these strategies, you will listen to a short paragraph about an environmental issue. What environmental problem is being discussed? What is the cause of the problem? Has the problem been solved, or is the solution under development?

Hace muchos años que los residentes de nuestra ciudad están preocupados por la contaminación del aire. El año pasado se mudaron más de cinco mil personas a nuestra ciudad. Hay cada año más carros en las calles y el problema de la contaminación va de mal en peor. Los estudiantes de la universidad de Puerto Ordaz piensan que este problema es importante; quieren desarrollar carros que usen menos gasolina para evitar más contaminación ambiental. (/)

Ahora escucha Lee estas frases y luego escucha la conversación entre Alberto y Eduardo. Indica si cada verbo se refiere a algo en el pasado, en el presente o en el futuro.

ALBERTO Demetrio me dijo que fue de compras con Carlos y Roberto a Macro. Y tú, Eduardo, ¿has ido?

EDUARDO ¡Claro que sí, Alberto! Tienen las últimas modas. Me compré estos zapatos allí. ¡Carísimos!, pero me fascinan y de ñapa, son cómodos.

ALBERTO Pues, ya acabé de estudiar para el examen de psicología. Creo que voy a ir esta tarde porque me siento muy fuera de la onda. ¡Soy el único que no ha ido a Macro! ¿Dónde queda?

EDUARDO Es por Sabana Grande. ¿Vas a ir por metro o en carro?

ALBERTO Es mejor ir por metro. Es muy difícil estacionar el carro en Sabana Grande. No me gusta manejarlo tampoco porque los frenos están malos.

EDUARDO Bueno, súbete al metro en la línea amarilla hasta Plaza Venezuela. Cuando salgas de la estación de metro dobla a la izquierda hacia Chacaíto. Sigue derecho por dos cuadras.

ALBERTO Ah, sí, enfrente de la joyería donde le compraste el anillo a Rebeca.

EDUARDO No, la joyería queda una cuadra hacia el sur. Pasa el Banco Mercantil y dobla a la derecha. Tan pronto como pases la pizzería Papagallo, vas a ver un letrero rojo grandísimo a mano izquierda que dice Macro.

ALBERTO Gracias, Eduardo. ¿No quieres ir? Así no me pierdo.

EDUARDO No, hoy no puedo. Tengo que estudiar y a las cuatro tengo una cita con Rebeca. Pero estoy seguro que vas llegar lo más bien. (/)

End of Textbook Activities CD for **Lección 14**

CONTEXTOS
Práctica

1 Escuchar Mira el dibujo en las páginas 454 y 455. Luego escucha las frases e indica si lo que se dice en cada frase es **cierto** or **falso**.

1. Se puede fumar dentro del gimnasio. (/)
2. El teleadicto está en buena forma. (/)
3. Los músculos del entrenador son grandes. (/)
4. La mujer que está corriendo también está sudando. (/)
5. Se puede recibir un masaje en el Gimnasio Sucre. (/)
6. Hay cuatro hombres en la clase de ejercicios aeróbicos. (/)
7. El hombre que levanta pesas lleva una vida muy sedentaria. (/)
8. La instructora de la clase de ejercicios aeróbicos lleva una vida muy activa. (/)
9. El hombre que mira televisión está a dieta. (/)
10. No hay nadie en el gimnasio que haga ejercicios de estiramiento. (/)

ESCUCHAR

Estrategia: *Listening for the gist and Listening for cognates* To practice these strategies, you will listen to a short paragraph. Write down the gist of what you hear and jot down a few cognates. Based on the gist and the cognates, what conclusions can you draw about what you heard?

Cuando nos casamos le prometí a Magdalena que no íbamos a residir con su familia por más de un año. Y si Dios quiere, ¡así va a ser! Magdalena y yo encontramos un condominio absolutamente perfecto. Hoy pasamos por el banco para pedir el préstamo hipotecario. ¡Espero que no haya problema con el chequeo del crédito! (/)

Ahora escucha Escucha lo que dice Ofelia Cortez de Bauer. Anota algunos de los cognados que escuchas y también la idea general del discurso.

Buenos días, radioyentes, y bienvenidos a *Tu bienestar*. Les habla Ofelia Cortez de Bauer. Hoy vamos a hablar de la importancia de estar en buena forma. Primero quiero que entiendan que estar en buena forma no es sólo cosa de estar delgado o ser fuerte. Para mantenerse en forma deben tener tres objetivos: condicionar el sistema cardiopulmonar, aumentar la fuerza muscular y mejorar la flexibilidad. Cada persona tiene sus propios objetivos, y también sus propias limitaciones físicas, y debe diseñar su programa con un monitor de acuerdo con éstos.

Pero óiganme bien, ¡lo más importante es tener una rutina variada, con ejercicios que les gusten, porque de otro modo no lo van a hacer!

Mi rutina personal es la siguiente. Dos días por semana voy a la clase de ejercicios aeróbicos, claro con un buen calentamiento al comienzo. Tres días por semana corro en el parque, o si hace mal tiempo, uso una caminadora en el gimnasio. Luego levanto pesas y termino haciendo estiramientos de los músculos. Los fines de semana me mantengo activa pero hago una variedad de cosas de acuerdo a lo que quiere hacer la familia. A veces practico la natación; otras, vamos de excursión al campo, por ejemplo.

Como les había dicho la semana pasada, como unas 1.600 calorías al día, mayormente alimentos con poca grasa y sin sal. Disfruto mucho del bienestar que estos hábitos me producen.

Ahora iremos a unos anuncios de nuestros patrocinadores. Cuando regresemos, voy a contestar sus preguntas acerca del ejercicio, la dieta o el bienestar en general. El teléfono es el 43-89-76. No se vayan, ya regresamos con mucha más información. (/)

End of Textbook Activities CD for **Lección 15**

CONTEXTOS
Práctica

1 Escuchar Escucha la descripción que hace Juan Figueres de su profesión y luego completa las frases en tu libro de texto con las palabras adecuadas.

Yo soy de una familia de artistas. Mi madre es diseñadora gráfica, mi padre es pintor y mi hermano es actor. Pero yo me gradué con una especialización en negocios internacionales porque quería trabajar en otros países. Ahora soy el gerente de una compañía multinacional y viajo todos los meses. Sé que a muchos hombres de negocios no les gusta viajar y prefieren utilizar el correo electrónico, el teletrabajo y la videoconferencia para hacer negocios con empresas extranjeras. Yo, sin embargo, prefiero conocer a la gente personalmente; por eso yo viajo a sus países cuando tenemos reuniones importantes. (/)

ESCUCHAR

Estrategia: *Using background knowledge and Listening for specific information* To practice these strategies, you will listen to a radio advertisement for the **Hotel El Retiro**. Before you listen, write down a list of the things you expect the advertisement to contain. Then make another list of important information you would listen for if you were a tourist considering staying at the hotel. After listening to the advertisement, look at your lists again. Did they help you anticipate the content of the advertisement and focus on key information? Explain your answer.

¿Sufre usted de muchas tensiones? Con sólo una semana en el Hotel El Retiro usted podrá aliviar su estrés. Venga y disfrute de los espectaculares bosques que lo rodean, las habitaciones modernas y elegantes y las comidas sabrosas preparadas según su dieta. Además de los maravillosos baños térmicos volcánicos, se ofrecen masajes y sauna. El Retiro queda a 100 km de San José en un lugar que le traerá el descanso y la paz que usted necesita. Llame al 451-2356 para recibir más información. (/)

Ahora escucha Ahora vas a oír una entrevista entre la Sra. Sánchez y Rafael Ventura Romero. Antes de escuchar la entrevista, haz una lista de la información que esperas oír según tu conocimiento previo del tema. Mientras escuchas la entrevista, llena el formulario en tu libro de texto con la información necesaria. Si no oyes un dato que necesitas, escribe *Buscar en el currículum*. ¿Oíste toda la información que habías anotado en tu lista?

SRA. SÁNCHEZ Buenos días. Usted es Rafael Ventura Romero, ¿no? Soy la Sra. Sánchez, la jefa de esta compañía. Siéntese, por favor.

RAFAEL VENTURA Buenos días, señora. Estoy muy agradecido de tener esta oportunidad de hablar con usted hoy.

SRA. SÁNCHEZ Veo aquí que está solicitando el puesto de contador general. ¿Qué preparación tiene usted?

RAFAEL VENTURA En diciembre me gradúo de contador en la Universidad Politécnica de Nicaragua. Durante los últimos tres años he trabajado en Dulces González, aquí en Managua, como contador durante las vacaciones. Es la carrera que siempre he querido y sé que voy a tener éxito si usted me da la oportunidad.

SRA. SÁNCHEZ ¿Tiene usted algunas referencias?

RAFAEL VENTURA Sí, señora. El gerente de la empresa donde he trabajado, el señor Héctor Cruz, y también el Profesor Armando Carreño de la Facultad de Contaduría Pública y Finanzas. Los teléfonos y direcciones están apuntados en el currículum.

SRA. SÁNCHEZ Muy bien. Este puesto comienza con un salario mensual de 25.812 córdobas. Después de seis meses tiene la posibilidad de un aumento de sueldo. Ofrecemos beneficios excelentes. El horario es de 8:30 a 12:00 y de 2 a 6. ¿Está interesado?

RAFAEL VENTURA Estoy sumamente interesado.

SRA. SÁNCHEZ Pues, necesito unos días para comunicarme con las personas que usted ha dado de referencia. Si todo sale bien, lo llamaré antes del viernes. ¿Cuando está dispuesto a comenzar a trabajar? Necesito a alguien lo más pronto posible.

RAFAEL VENTURA No me gradúo hasta el 15 de diciembre. Pero puedo trabajar media jornada por las siguientes tres semanas hasta la graduación.

SRA. SÁNCHEZ Creo que no va a haber ningún problema con eso. Entonces hablamos en unos días.

RAFAEL VENTURA Muchas gracias por la entrevista, Sra. Sánchez. Estoy muy emocionado por la posibilidad de trabajar en esta gran empresa. Que tenga muy buen día. (/)

End of Textbook Activities CD for **Lección 16**

CONTEXTOS
Práctica

1 Escuchar Escucha la conversación y contesta las preguntas en tu libro de texto.

JUANITA Me encantó el festival de arte. Fue maravilloso, ¿verdad, Ricardo?

RICARDO Sí. Me divertí mucho.

JUANITA ¿Qué espectáculo te gustó más?

RICARDO Pues, pienso que me gustó más la tragedia de *Romeo y Julieta*. El actor que hizo el papel principal fue excelente.

JUANITA Y guapo.

RICARDO (*chuckling*) Supongo que sí. (*pause*) Y tú, Juanita, ¿cuál fue tu favorito?

JUANITA Sin duda alguna la banda. La cantante era magnífica.

RICARDO Sí. Y los músicos tocaron con mucha pasión. Después, vendieron discos compactos. ¿Compraste uno?

JUANITA Sí. Y tú, ¿compraste algo?

RICARDO Sí, compré dos libros de poesía. Uno es de Claribel Alegría y el otro es de Roque Dalton.

JUANITA Bueno, espero que el festival regrese el próximo año.

RICARDO ¡Ojalá! (/)

ESCUCHAR

Estrategia: *Listening for key words and Using the context* To practice these strategies, you will now listen to a paragraph from a letter sent to a job applicant. Jot down key words, as well as any other words you figured out from the context.

Estimada Srta. Negrón:
Es un gran placer ofrecerle un puesto en el bufete de abogados Chirinos y Alemán. Como se mencionó durante su entrevista la semana pasada, el sueldo comenzará en $52.500 anuales. Los beneficios incluirán un seguro de salud, tres semanas de vacaciones pagadas y un seguro de vida. Quisiéramos que comenzara a trabajar el lunes, 17 de mayo. Favor de presentarse a las ocho en punto ese día. Si no le es posible comenzar ese día, favor de comunicarse conmigo lo más pronto posible. (/)

Ahora escucha Ahora vas a escuchar la reseña de la película. Mientras escuches al crítico, recuerda que las críticas de cine son principalmente descriptivas. La primera vez que escuchas, identifica las palabras clave y escríbelas en la columna A en tu libro de texto. Luego escucha otra vez la reseña e identifica el significado de las palabras en la columna B en tu libro de texto mediante el contexto.

Hoy viernes, como siempre, les vamos a ayudar a hacer sus planes para el fin de semana. Les traemos una reseña de la película que estrenó esta semana, *El fantasma del lago Enriquillo*. Esta película, en la cual regresa a la pantalla el famoso artista Jorge Verdoso, se anuncia como una película de ciencia-ficción.

Es una lástima ver al talentoso Verdoso en esta película. Generalmente lo hemos visto en comedias románticas y su arte tanto como su apariencia se prestan más a ese tipo de obra que a *El fantasma del lago Enriquillo*. La trama es tan exagerada que acaba siendo una sátira.

La película tiene sus momentos especiales a pesar de sus limitaciones. Las escenas que Jorge Verdoso comparte con la estrella Lourdes del Río son destacadas y fascinantes. Hay una energía fabulosa entre estos artistas.

Los efectos especiales no son los que hoy día esperamos ver; parecen ser algo de una película de hace quince años. Pero la música del gran compositor Jaime Rebelde es espectacular.

Recomiendo la película pero con reservas. Los aficionados de las películas de Verdoso y del Río no se la van a querer perder. Pero vayan con el conocimiento de que algunos momentos supuestamente dramáticos son cómicos. (/)

End of Textbook Activities CD for **Lección 17**

CONTEXTOS
Práctica

1 Escuchar Escucha las noticias y selecciona la frase que mejor completa las oraciones en tu libro de texto.

Las noticias de hoy de Montevideo y de todo el mundo… En noticias políticas… Ahora que se acercan las elecciones, una encuesta nacional muestra que los ciudadanos creen que hay discriminación en la imposición de los impuestos. Se cree que los candidatos tienen el deber de asegurar la igualdad de los impuestos para todos o, por lo menos, explicar claramente por qué la desigualdad en ciertos impuestos ayuda a mejorar el bienestar nacional. En noticias internacionales… Esta noche una tormenta peligrosa que ha durado muchos días se acerca a las islas del Caribe… con vientos de más de 120 kilómetros por hora, esta tormenta es casi un huracán… Los servicios de Puerto Rico y de la República Dominicana predijeron anoche que las inundaciones pueden destruir edificios, playas y productos agrícolas. (/)

ESCUCHAR

Estrategia: *Recognizing genre and Taking notes as you listen* To practice these strategies, you will now listen to a short toothpaste commercial. Before listening to the commercial, write down the information you expect it to contain. Then update your notes as you listen.

Con la nueva pasta de dientes BrillaBoca, usted gozará de dientes blancos y una boca fresca. Este producto le cambiará la vida. Nunca más estará en casa solo un sábado por la noche. ¡Disfrute de su vida! ¡Use pasta de dientes BrillaBoca! (/)

Ahora escucha Revisa la lista que hiciste para **Preparación**. Luego escucha el noticiero presentado por Sonia Hernández. Mientras escuchas, apunta los tipos de información que anticipaste y los que no anticipaste.

Buenas tardes. Les habla Sonia Hernández, dándole la bienvenida al *Noticiero del Mediodía*. Y ahora las actualidades del miércoles, 21 de abril. El candidato presidencial Jaime Pantufla del Partido Colorado, anunció en su discurso ante los ciudadanos de Salto su plan para mejorar la recaudación de impuestos, en vista de la necesidad de mejorar la situación económica del país.

Ahora la noticias internacionales. La tormenta que ha dejado más de 17 centímetros de lluvia sobre las Filipinas ha causado desastrosas inundaciones. Reportan que aproximadamente 12.000 personas han perdido sus casas y sus bienes. Las inundaciones también han traído gran peligro de enfermedades.

Seguimos con los más importantes acontecimientos de arte y cultura. Pasado mañana, el conocido grupo de rock, Maná, presentará un concierto en el estacionamiento del Centro Comercial Portones en Montevideo. Hoy comienza la nueva exposición de las obras del pintor Ugo Nespolo en el Museo Nacional de Artes Visuales de Montevideo.

Regresamos después de unas breves noticias con el pronóstico del tiempo de Montevideo y sus alrededores. (/)

End of Textbook Activities CD for **Lección 18**

¡Todos a bordo!

ACCIÓN (00:02:18)

On a sidewalk on the campus of the Universidad de San Francisco de Quito, Quito, Ecuador

SRA. RAMOS Hola, don Francisco. ¿Cómo está usted?

DON FRANCISCO Bien, gracias. ¿Y usted?

SRA. RAMOS Bien. Oiga, ¿qué hora es?

DON FRANCISCO Son las diez.

SRA. RAMOS ¿Ya son las diez? ¡Ay!

SRA. RAMOS (*addressing the four students standing on the sidewalk in front of the bus*) Buenos días, chicos. Yo soy Isabel Ramos de la agencia Ecuatur. Tengo unos documentos para ustedes.

DON FRANCISCO Y yo soy don Francisco, el conductor.

SRA. RAMOS Bueno, ¿quién es María Teresa Fuentes de Alba?

MAITE ¡Soy yo!

SRA. RAMOS Ah, bien. Aquí tienes los documentos de viaje.

SRA. RAMOS ¿Javier Gómez Lozano?

JAVIER Aquí. Soy yo.

SRA. RAMOS Y tú eres Inés Ayala Loor, ¿verdad?

INÉS Sí, yo soy Inés.

SRA. RAMOS Y tú eres Alejandro Morales Paredes, ¿no?

ÁLEX Sí, señora.

Inés introduces herself to Maite.

INÉS Hola. Soy Inés.

MAITE Encantada. Yo me llamo Maite. ¿De dónde eres?

INÉS Soy del Ecuador, de Portoviejo. ¿Y tú?

MAITE De España. Soy de Madrid, la capital. Eh, oye, ¿qué hora es?

INÉS Son las diez y tres minutos.

Javier introduces himself to Álex.

JAVIER ¿Qué tal? Me llamo Javier.

ÁLEX Mucho gusto, Javier. Yo soy Álex. ¿De dónde eres?

JAVIER De Puerto Rico. ¿Y tú?

ÁLEX Yo soy de México.

DON FRANCISCO Bueno, chicos, ¡todos a bordo!

INÉS (*stepping in front of Javier to board the bus*) Con permiso.

ÁLEX (*apologizing to Maite when they bump into each while boarding the bus*) Perdón.

DON FRANCISCO ¿Y los otros?

SRA. RAMOS Son todos.

DON FRANCISCO Está bien.

SRA. RAMOS Bueno chicos, en nombre de Ecuatur, ¡adiós a todos! ¡Buen viaje!

RESUMEN (00:04:55)

On the bus

DON FRANCISCO (*to himself while sitting in the driver's seat*) Tengo unos pasajeros interesantes.

Dissolve to remembered events

INÉS Hola. Soy Inés.

MAITE Encantada. Yo me llamo Maite. ¿De dónde eres?

INÉS Soy del Ecuador, de Portoviejo. ¿Y tú?

MAITE De España. Soy de Madrid, la capital. Eh, oye, ¿qué hora es?

INÉS Son las diez y tres minutos.

JAVIER ¿Qué tal? Me llamo Javier.

ÁLEX Mucho gusto, Javier. Yo soy Álex. ¿De dónde eres?

JAVIER De Puerto Rico. ¿Y tú?

ÁLEX Yo soy de México.

Dissolve back to the interior of the bus

DON FRANCISCO (*to himself while sitting in the driver's seat*) Cuatro pasajeros, dos chicas y dos chicos.

¿Qué clases tomas?

ACCIÓN (00:06:10)
At **La Mitad del Mundo,** *Ecuador*

MAITE Adiós, Mitad del Mundo.

On the bus on the way to Otavalo, Ecuador

ÁLEX (*typing on his laptop computer*) Hola, Ricardo. Aquí estamos en la Mitad del Mundo. ¡Qué aventura! Oye, ¿qué tal las clases en la UNAM?

Dissolve to images of the the Universidad Nacional Autónoma de México

Dissolve back to the interior of the bus

MAITE Es exactamente como las fotos en los libros de geografía.

INÉS ¡Sí! ¿También tomas tú geografía? Yo tomo una clase de geografía ahora.

MAITE Yo no, yo tomo inglés y literatura. También tomo una clase de periodismo.

MAITE (*pretending to be a radio interviewer*) Muy buenos días. María Teresa Fuentes, de Radio Andina F.M. 93 y la entrevista del día. Hoy estoy con estudiantes de la Universidad San Francisco de Quito. ¡A ver! La señorita que está cerca de la ventana, ¿cómo te llamas y de dónde eres?

INÉS Hola. Me llamo Inés Ayala Loor y soy del Ecuador, de Portoviejo.

MAITE Encantada, Inés. ¿Qué clases tomas en la universidad?

INÉS Tomo geografía, inglés, historia, sociología y arte.

MAITE Uf, tomas muchas clases, ¿no?

INÉS Pues sí, me gusta estudiar mucho.

MAITE ¿En qué clase hay más chicos?

INÉS Bueno, en la clase de historia.

MAITE ¿Y más chicas?

INÉS En la de sociología hay más chicas, casi un ochenta y cinco por ciento.

MAITE Muchas gracias, señorita. (*to Javier*) Y tú, joven, ¿cómo te llamas y de dónde eres?

JAVIER Me llamo Javier Gómez y soy de San Juan, Puerto Rico.

MAITE Mucho gusto, Javier. ¿Tomas muchas clases este semestre?

JAVIER Sí, tomo tres: historia y arte los lunes, miércoles y viernes, y computación los martes y jueves.

MAITE Ahh… historia, arte y computación ¡buena combinación! ¿Te gustan las computadoras, Javier?

JAVIER Pues la verdad es que las computadoras no me gustan nada. Me gusta mucho más el arte y, sobre todo, me gusta dibujar.

ÁLEX ¿Cómo que no? ¿No te gustan las computadoras? (*walking up the aisle of the bus carrying his laptop*) Pero si son muy interesantes, hombre.

MAITE (*As Álex trips and falls into a seat*) ¡Ay!

JAVIER Sí, ¡muy interesantes!

DON FRANCISCO (*to himself*) ¡Ay, señor! Cuatro estudiantes de la universidad… ¡Qué aventura!

RESUMEN (00:10:15)
On the bus

ÁLEX (*to himself as he types on his laptop*) Somos cuatro en el grupo. Hay dos chicas y dos chicos. Y todos estudiamos mucho en la universidad…

Dissolve to remembered events

INÉS ¿También tomas tú geografía? Yo tomo una clase de geografía ahora.

MAITE Yo no, yo tomo inglés y literatura. También tomo una clase de periodismo. (*pretending to be a radio interviewer*) Muy buenos días. María Teresa Fuentes, con Radio Andina F.M. 93 y la entrevista del día. Hoy estoy con estudiantes de la Universidad San Francisco de Quito.

MAITE ¿Qué clases tomas en la universidad?

INÉS Tomo geografía, inglés, historia, sociología y arte.

MAITE (to *Javier*) ¿Tomas muchas clases este semestre?

JAVIER Sí, tomo tres: historia y arte los lunes, miércoles y viernes y computación los martes y jueves.

Dissolve back to the interior of the bus

ÁLEX (*to himself as he types on his laptop*) Pero para Javier, ¡las computadoras no son interesantes! Increíble, ¿no?

¿Es grande tu familia?

ACCIÓN (00:12:14)
On the bus

MAITE Inés, ¿tienes una familia grande?

Dissolve to images of Inés' family

INÉS Pues, sí... mis papás, mis abuelos, cuatro hermanas y muchos tíos y primos. ¡Ah! Y Vicente, mi sobrino. Es el hijo de mi hermana, Graciela. Sólo tiene diez años. Come mucho... siempre tiene hambre... ¡pero es muy delgado! No comprendo por qué. Graciela y Vicente viven en Guayaquil. Sólo tengo un hermano mayor, Pablo. Su esposa Francesca es médica. Es una chica muy simpática. No es ecuatoriana, es italiana. Sus papás viven en Roma, creo. Vienen de visita cada año. Ah... y Pablo es periodista.

Dissolve back to the interior of the bus

MAITE ¡Qué interesante!

INÉS ¿Y tú, Javier? ¿Tienes hermanos?

JAVIER No, pero aquí tengo unas fotos de mi familia.

INÉS ¡Ah! ¡Qué bien! ¡A ver!

JAVIER ¡Aquí están!

INÉS Éstos deben ser tus papás. ¡Qué alto es tu papá! Y tu mamá, ¡qué bonita! ¿Cómo se llama?

JAVIER Margarita.

MAITE ¡Como mi tía!

JAVIER Mira, aquí estoy yo. Muy pequeño, ¿verdad? Y éste es mi abuelo. Es el padre de mi mamá.

INÉS ¿Cuántos años tiene tu abuelo?

JAVIER Noventa y dos.

INÉS ¿Y cómo es él?

JAVIER Es muy simpático. Él es viejo pero es un hombre muy trabajador.

INÉS ¿Tienes frío, Maite?

MAITE Sí, un poco. Oye, Javier, ¿qué dibujas?

JAVIER ¿Quién? ¿Yo? ¡Nada!

MAITE ¡Venga! ¡No seas tonto! ¡Que no pasa nada! Jaaavieeer... Oye, pero ¡qué bien dibujas! ¡Eres un gran artista!

JAVIER Este... pues... ¡Sí! ¡Gracias!

MAITE Álex, mira, ¿te gusta?

ÁLEX Sí, mucho. ¡Es muy bonito!

DON FRANCISCO Epa, ¿qué pasa con Inés y Javier? Ah, los jóvenes...

RESUMEN (00:15:24)
On the bus

MAITE (*to herself as she writes in her journal*) Inés vive aquí en el Ecuador con su familia. Y ¡qué familia más grande tiene! Pero la familia de Javier es pequeña como mi familia.

Dissolve to remembered events

INÉS ¿Y tú, Javier? ¿Tienes hermanos?

JAVIER No, pero aquí tengo unas fotos de mi familia.

INÉS ¡Ah! ¡Qué bien! ¡A ver!

JAVIER ¡Aquí están!

INÉS Éstos deben ser tus papás. ¡Qué alto es tu papá! Y tu mamá, ¡qué bonita!

JAVIER Mira, aquí estoy yo. Muy pequeño, ¿verdad? Y éste es mi abuelo. Es el padre de mi mamá.

INÉS ¿Cuántos años tiene tu abuelo?

JAVIER Noventa y dos.

Dissolve back to the interior of the bus

MAITE (*to herself as she writes in her journal*) Noventa y dos años. ¡Impresionante!

¡Vamos al parque!

ACCIÓN (00:17:00)
On the bus in Otavalo, Ecuador

DON FRANCISCO Bueno, chicos, estamos en Otavalo.

MAITE ¡Por fin!

DON FRANCISCO Tienen una hora libre. Pueden explorar la ciudad, si quieren. Tenemos que ir a las cabañas a las cuatro.

JAVIER Inés, ¿quieres ir a pasear por la ciudad?

INÉS Sí, vamos.

ÁLEX ¿Por qué no vamos al parque, Maite? Podemos hablar y tomar el sol.

MAITE Buena idea. Hace mucho sol hoy. También quiero escribir unas postales.

In a park in Otavalo, Ecuador

MAITE Me gustan mucho los parques. En Madrid cuando hace buen tiempo, salgo mucho a pasear por el Parque del Retiro.

*Dissolve to images of people engaged in diverse leisure time activities in the **Parque del Retiro** in Madrid*

Dissolve back to the park

MAITE ¿Eres aficionado a los deportes, Álex?

ÁLEX Sí, me gusta mucho el fútbol. Me gusta también nadar, correr e ir de excursión a las montañas.

MAITE Yo también corro mucho. Es uno de mis pasatiempos favoritos.

ÁLEX Oye, Maite, ¿por qué no jugamos al fútbol con él?

MAITE Mmm... no quiero. Voy a terminar de escribir unas postales.

ÁLEX Hola.

JOVEN *(to Álex)* Hola. ¿Quieres jugar?

ÁLEX ¡Sí!

JOVEN Emil.

ÁLEX Álex.

Álex and Emil play soccer.

ÁLEX ¡Maite!

MAITE *(startled when the soccer ball hits her)* ¡Ay! ¡Dios mío!

JOVEN Mil perdones. Lo siento muchísimo.

MAITE No es nada. Estoy bien.

ÁLEX Eh, ya son las dos [y] treinta. Debemos regresar al autobús, ¿no?

MAITE Tienes razón.

Outside the bus

ÁLEX Oye, Maite, ¿qué vas a hacer esta noche?

MAITE No tengo planes. ¿Por qué?

ÁLEX Ehh, este, a veces salgo a correr por la noche. ¿Quieres venir a correr conmigo?

MAITE Sí, vamos. ¿A qué hora?

ÁLEX A las seis.

MAITE Perfecto.

DON FRANCISCO *(to himself as he reads the paper and drinks coffee)* Esta noche van a correr. ¡Y yo no tengo energía para pasear!

RESUMEN (00:21:03)
On the bus

DON FRANCISCO *(to himself while sitting in the bus)* Ah, los jóvenes... tienen mucha energía. Por eso pueden hacer tantas cosas.

Dissolve to remembered events

JAVIER Inés, ¿quieres ir a pasear por la ciudad?

INÉS Sí, vamos.

ÁLEX ¿Por qué no vamos al parque, Maite? Podemos hablar y tomar el sol.

MAITE ¡Buena idea! Hace mucho sol hoy. También quiero escribir unas postales.

ÁLEX Oye, Maite, ¿qué vas a hacer esta noche?

MAITE No tengo planes. ¿Por qué?

ÁLEX Ehh...este...a veces salgo a correr por la noche. ¿Quieres venir a correr conmigo?

MAITE Sí, vamos.

Dissolve back to the interior of the bus

DON FRANCISCO *(to himself as he reads the paper and drinks coffee)* No practico deportes, nunca hago ejercicio. ¡Pero sí tengo mucha energía para leer el periódico y tomar un café!

Tenemos una reservación.

ACCIÓN (00:22:28)

At the check-in desk of a hotel in Otavalo, Ecuador

DON FRANCISCO Buenas tardes, señorita. ¿Es usted nueva aquí?

EMPLEADA Sí, señor. ¿En qué puedo servirles?

DON FRANCISCO Mire, yo soy Francisco Castillo Moreno y tenemos una reservación a mi nombre.

EMPLEADA Mmm... no veo su nombre aquí. No está.

DON FRANCISCO ¿Está segura, señorita? Quizás la reservación está a nombre de la agencia de viajes Ecuatur.

EMPLEADA Pues sí, aquí está. Dos habitaciones dobles y una individual, de la ciento uno a la ciento tres. Todas en las primeras cabañas.

MAITE ¡Uf! ¡Menos mal!

EMPLEADA Aquí tiene las llaves.

DON FRANCISCO Gracias, señorita. Muy amable.

Maite and Inés enter their room, followed by the bellhop.

BOTONES Bueno, la habitación ciento dos. Por favor...

DON FRANCISCO (*to himself*) ¡Qué bonitas son las cabañas! ¡Hay muchos hoteles bonitos en el Ecuador!

Dissolve to images of various hotels in Ecuador

Dissolve back to Inés' and Maite's hotel room

MAITE Muchas gracias. (*handing the bellhop a tip*) Esto es para usted.

BOTONES Gracias.

The bellhop leaves. Javier and Álex walk into the girls' room.

ÁLEX Hola, chicas. ¿Qué están haciendo?

MAITE Estamos descansando.

JAVIER Oigan, no están nada mal las cabañas, ¿verdad?

INÉS Y todo está muy limpio y ordenado.

ÁLEX Sí, es excelente.

MAITE Y las camas son tan cómodas.

INÉS Oigan, yo estoy aburrida. ¿Quieren hacer algo?

JAVIER Yo también estoy aburrido. Hay muchos lugares interesantes por aquí. ¿Quieres ir a verlos? ¿Por qué no vamos a explorar la ciudad un poco más?

INÉS ¡Excelente idea! ¡Vamos!

MAITE No, yo no voy. Estoy cansada y quiero descansar un poco porque a las seis voy a correr con Álex.

ÁLEX Y yo quiero escribir un mensaje electrónico antes de ir a correr.

JAVIER Pues... nosotros estamos listos, ¿verdad, Inés?

INÉS Sí, ¿vamos?

MAITE Adiós.

INÉS ¡Chau!

ÁLEX Adiós.

JAVIER ¡Chau!

ÁLEX Bueno nos vemos a las seis.

MAITE Sí. Hasta luego.

ÁLEX Adiós.

MAITE (*to herself*) ¿Inés y Javier? Juntos otra vez...

Dissolve to images of Inés and Javier

RESUMEN (00:25:41)

In Álex and Javier's hotel room

ÁLEX (*to himself as he types on his laptop*) ¡Hola, Luis! Javier, Maite, Inés y yo estamos en nuestro hotel en Otavalo. Estoy escribiendo esta carta en mi habitación, la ciento uno. Me gusta mucho el hotel...

Dissolve to remembered events

JAVIER Oigan, no están nada mal las cabañas, ¿verdad?

INÉS Y todo está muy limpio y ordenado.

ÁLEX Sí, es excelente.

MAITE Y las camas son tan cómodas.

INÉS Oigan, yo estoy aburrida. ¿Quieren hacer algo?

JAVIER Yo también estoy aburrido. Hay muchos lugares interesantes por aquí. ¿Quieres ir a verlos? ¿Por qué no vamos a explorar la ciudad un poco más?

INÉS ¡Excelente idea! ¡Vamos!

MAITE No, yo no voy. Estoy cansada y quiero descansar un poco porque a las seis voy a correr con Álex.

Dissolve back to Álex's and Javier's hotel room

ÁLEX (*to himself as he types on his laptop*) Pues, ahora tengo que descansar porque esta noche voy a correr con Maite. Es muy inteligente y simpática y también muy bonita. ¡Ah, las vacaciones! Muchos saludos, Álex.

¡Qué ropa más bonita!

ACCIÓN (00:28:03)

At the open-air market in Otavalo, Ecuador

JAVIER Estos mercados son maravillosos. Me gusta regatear con los vendedores. Me gusta ir de compras. Voy mucho cuando estoy en San Juan…

Dissolve to images of places to shop in Puerto Rico

Dissolve back to the open-air market

INÉS Javier, ¡qué ropa más bonita! A mí me gusta esa camisa blanca y azul. Debe ser de algodón… ¿Te gusta?

JAVIER Yo prefiero la camisa de la izquierda, la gris con rayas rojas. Hace juego con mis botas marrones, ¿eh?

INÉS ¿Estás loco, Javier? ¡Qué mal gusto tienes!

JAVIER ¿Mal gusto? ¿Yo? Imposible. Esa camisa es perfecta.

INÉS Está bien, Javier. Mira, necesito comprarle un regalo a mi hermana Graciela. Acaba de empezar un nuevo trabajo.

JAVIER ¿Tal vez una bolsa?

Inés and Javier browse at one of the vendor's stalls.

VENDEDOR Esas bolsas son típicas de las montañas. ¿Le gustan?

INÉS Sí. Quiero comprarle una a mi hermana. Me gusta aquélla. ¿Cuánto cuesta?

VENDEDOR Ésa cuesta ciento sesenta mil sucres. ¡Es de muy buena calidad!

INÉS Uy, demasiado cara. Quizás otro día.

Inés leaves the stall, and the vendor approaches Javier.

VENDEDOR Buenas tardes, joven. ¿Le puedo servir en algo?

JAVIER Sí. Voy a ir de excursión a las montañas y necesito un buen suéter.

VENDEDOR ¿Qué talla usa usted?

JAVIER Uso talla grande.

VENDEDOR Éstos son de talla grande.

JAVIER ¿Qué precio tiene ése?

VENDEDOR ¿Le gusta este suéter? Le cuesta ciento cincuenta mil sucres.

JAVIER Mmm… quiero comprarlo. Pero, señor, no soy rico. ¿Ciento veinte mil sucres?

VENDEDOR Bueno, para usted…. sólo ciento treinta mil sucres.

JAVIER Está bien, señor.

Javier buys the sweater, paying the vendor in cash.

JAVIER (*to the vendor*) Gracias.

Inés and Javier meet up with each other outside the vendor's stall.

JAVIER Acabo de comprarme un suéter. Y tú, ¿qué compraste?

INÉS Compré esta bolsa para mi hermana. También compré una camisa y un sombrero. (*putting on the hat*) ¿Qué tal me veo?

JAVIER ¡Guapa, muy guapa!

INÉS La vendedora me lo vendió a muy buen precio.

JAVIER (*looking at his watch*) Ay, ya son las tres. Debemos volver pronto al hotel. Pero quiero comprar unas postales primero. ¿Tú también necesitas comprar postales?

INÉS Yo no. ¡Ya les escribí a todos mis amigos! Oye, puedes comprar postales mañana. Tengo frío y estoy cansada. Mejor vamos a tomar un café. ¡Yo invito!

JAVIER ¡Vamos!

RESUMEN (00:33:07)

At the hotel in Otavalo, Ecuador

INÉS (*to herself as she talks into her tape recorder*) Hoy Javier y yo visitamos un mercado al aire libre.

Dissolve to remembered events

VENDEDOR Buenas tardes, joven. ¿Le puedo servir en algo?

JAVIER Sí. Voy a ir de excursión a las montañas y necesito un buen suéter.

JAVIER ¿Qué precio tiene ése?

VENDEDOR ¿Le gusta este suéter? Le cuesta ciento cincuenta mil sucres.

JAVIER Mmm… quiero comprarlo. Pero, señor, no soy rico. ¿Ciento veinte mil sucres?

VENDEDOR Mmm, bueno, para usted… ciento treinta mil.

JAVIER Está bien, señor.

JAVIER Acabo de comprarme un suéter.

Dissolve back to the hotel

INÉS (*to herself as she talks into her tape recorder*) Sí, ¡ese Javier es muy simpático y regatea muy bien!

¡Jamás me levanto temprano!

ACCIÓN (00:34:37)
Outside Inés and Maite's hotel room in Otavalo, Ecuador

INÉS (*to Javier*) Chau.

Outside Álex and Javier's hotel room

JAVIER Hola, Álex. ¿Qué estás haciendo?

ÁLEX Nada. Sólo estoy leyendo mi correo electrónico. ¿Adónde fueron?

JAVIER Inés y yo fuimos a un mercado. Fue muy divertido. Mira, compré este suéter. Me encanta. No fue barato pero es chévere, ¿no?

ÁLEX Sí, es ideal para las montañas.

JAVIER ¡Qué interesantes son los mercados al aire libre! Me gustaría volver pero ya es tarde. Oye, Álex, sabes que mañana tenemos que levantarnos temprano.

ÁLEX Ningún problema.

JAVIER ¿Seguro? Pues yo jamás me levanto temprano. Nunca oigo el despertador cuando estoy en casa y mi mamá se enoja mucho.

ÁLEX Tranquilo, Javier. Yo tengo una solución.

Dissolve to Álex performing his daily morning routine at home in Mexico City.

ÁLEX Me gusta levantarme temprano. Cuando estoy en casa, en la Ciudad de México, siempre me despierto a las seis en punto. Me ducho en cinco minutos y luego me cepillo los dientes. Después me afeito, me visto y ¡listo! ¡Me voy!

Dissolve back to outside Álex and Javier's hotel room

JAVIER ¡Increíble! ¡Álex, el superhombre!

ÁLEX Oye, Javier ¿por qué no puedes levantarte temprano?

JAVIER Es que por la noche no quiero dormir, sino dibujar y escuchar música. Me siento más creativo por la noche. Por eso es difícil despertarme por la mañana… El autobús no sale hasta las ocho y media. ¿Vas a levantarte mañana a las seis también?

ÁLEX No, pero tengo que levantarme a las siete menos cuarto porque voy a correr.

JAVIER Ah, ya… ¿Puedes despertarme después de correr?

ÁLEX Éste es el plan para mañana. Me levanto a las siete menos cuarto y corro por treinta minutos. Vuelvo, me ducho, me visto y a las siete y media te despierto. ¿De acuerdo?

JAVIER ¡Absolutamente ninguna objeción! Una sola pregunta más: ¿tienes crema de afeitar?

ÁLEX Sí, claro, está en el baño.

Don Francisco approaches Álex and Javier.

DON FRANCISCO Hola, chicos. Mañana salimos temprano, a las ocho y media, ni un minuto antes ni un minuto después.

ÁLEX No se preocupe, don Francisco. Todo está bajo control.

DON FRANCISCO Bueno, pues, hasta mañana.

ÁLEX Nos vemos en el autobús, don Francisco. Buenas noches.

DON FRANCISCO Buenas noches. (*to himself*) ¡Ay, los estudiantes! Siempre se acuestan tarde. ¡Qué vida!

RESUMEN (00:37:53)
In Álex and Javier's hotel room in Otavalo, Ecuador

JAVIER (*to himself as he draws on his sketch pad*) Hoy fui a un mercado al aire libre con Inés. Fue muy divertido. Al regresar, conversé un rato con Álex… Con un compañero de cuarto como Álex, todo está bajo control. No necesito despertador ni nada.

Dissolve to remembered events

ÁLEX Tranquilo, Javier. Yo tengo una solución.

ÁLEX Me gusta levantarme temprano. Cuando estoy en casa, en la Ciudad de México, siempre me despierto a las seis en punto. Me ducho en cinco minutos y luego me cepillo los dientes. Después me afeito, me visto y ¡listo! ¡Me voy!

ÁLEX Éste es el plan para mañana. Me levanto a las siete menos cuarto y corro por treinta minutos. Vuelvo, me ducho, me visto y a las siete y media te despierto. ¿De acuerdo?

Dissolve back to Álex and Javier's hotel room

JAVIER (*to himself as he draws on his sketch pad*) ¡Ya ves! Álex no sólo es mi amigo sino mi despertador. ¡Álex, el superhombre!

¿Qué tal la comida?

ACCIÓN (00:39:36)

On the bus on the way to Cotacachi, Ecuador

JAVIER ¿Sabes dónde estamos?

INÉS No sé. Oiga, don Francisco, ¿sabe usted dónde estamos?

DON FRANCISCO Pués, estamos cerca de... de Cotacachi.

ÁLEX ¿Dónde vamos a almorzar, don Francisco? ¿Conoce un buen restaurante en Cotacachi?

DON FRANCISCO Pues, conozco a doña Rita Perales, la dueña del mejor restaurante de la ciudad, el Restaurante El Cráter.

JAVIER ¡Tengo más hambre que un elefante!

DON FRANCISCO Paciencia, ya llegamos.

Don Francisco and the students arrive at the restaurant.

SRA. PERALES Hombre, don Paco, ¿usted por aquí?

DON FRANCISCO Sí, doña Rita y hoy le traigo clientes. Le presento a Maite, Inés, Álex y Javier. Los llevo a las montañas para ir de excursión.

SRA. PERALES ¡Bienvenidos al restaurante El Cráter! Están en muy buenas manos. Don Francisco es el mejor conductor del país. Y no hay nada más bonito que nuestras montañas. Pero, si van a ir de excursión, deben comer bien. Vengan, chicos, por aquí.

Don Francisco and the students take seats at a table.

JAVIER ¿Qué nos recomienda usted?

SRA. PERALES Bueno, las tortillas de maíz son riquísimas. La especialidad de la casa es el caldo de patas. ¡Tienen que probarlo! El lomo a la plancha es un poquito más caro que el caldo de patas pero es sabrosísimo. También les recomiendo el ceviche de camarón y la fuente de fritada.

MAITE ¡Rico, rico! A ver... yo voy a tomar un caldo de patas y un lomo a la plancha.

JAVIER Para mí las tortillas de maíz y el ceviche de camarón.

ÁLEX Yo también quisiera las tortillas de maíz y el ceviche de camarón, por favor.

INÉS Voy a pedir caldo de patas y lomo a la plancha.

DON FRANCISCO Yo quiero tortillas de maíz y una fuente de fritada, por favor.

SRA. PERALES Y de tomar, les recomiendo el jugo de piña, frutilla y mora. ¿Se lo traigo a todos?

TODOS Sí.

SRA. PERALES Perfecto, gracias.

The food arrives at the table.

CAMARERO Perdón, ¿quiénes pidieron las tortillas de maíz? ¿Y qué plato pidió usted?

MAITE Un caldo de patas y lomo a la plancha.

CAMARERO Y usted, señorita, ¿qué pidió?

INÉS Un caldo de patas y lomo a la plancha.

MAITE ¡Qué bonito es este restaurante! Yo salgo mucho a comer con mis amigos cuando estoy en Madrid.

Dissolve to images of various restaurants and foods in Madrid, Spain

Dissolve back to the restaurant

SRA. PERALES ¿Qué tal la comida? ¿Rica?

JAVIER Rica, no. ¡Riquísima!

ÁLEX Sí, y nos la sirvieron tan rápidamente.

MAITE Una comida deliciosa, gracias.

DON FRANCISCO (*speaking softly to Doña Rita away from the table*) Hoy es el cumpleaños de Maite.

SRA. PERALES ¡Ah! Tenemos unos pasteles que están como para chuparse los dedos.

MAITE (*to Don Francisco upon his return to the table*) ¿Qué pasa, don Francisco?

DON FRANCISCO Nada. ¿Por qué?

RESUMEN (00:44:53)

In the Restaurante El Cráter in Cotacachi, Ecuador

DON FRANCISCO (*thinking*) Es bueno conocer a la dueña del mejor restaurante de la ciudad.

Dissolve to remembered events

JAVIER ¿Qué nos recomienda usted?

SRA. PERALES Bueno, las tortillas de maíz son riquísimas. La especialidad de la casa es el caldo de patas. ¡Tienen que probarlo! El lomo a la plancha es un poquito más caro que el caldo de patas pero es sabrosísimo. También les recomiendo el ceviche de camarón y la fuente de fritada.

¿Qué tal la comida? (continued)

MAITE ¡Rico, rico! A ver... yo voy a tomar un caldo de patas y un lomo a la plancha.

JAVIER Para mí las tortillas de maíz y un ceviche de camarón.

ÁLEX Yo quisiera también las tortillas de maíz y el ceviche de camarón.

INÉS Voy a pedir caldo de patas y lomo a la plancha.

SRA. PERALES Y de tomar, les recomiendo el jugo de piña, frutilla y mora. ¿Se lo traigo a todos?

Dissolve back to interior of the restaurant

DON FRANCISCO (*to himself as he drinks a glass of water*) Pedimos mucha comida en su restaurante y nos la sirvieron muy rápidamente. Doña Rita es muy simpática y su comida es... ¡súper sabrosa! Ummhumm... debo visitarla más a menudo.

¡Feliz cumpleaños, Maite!

ACCIÓN (00:47:00)
In the Restaurante El Cráter in Cotacachi, Ecuador

JAVIER ¿Pedimos postre?

MAITE Claro. ¡A ver el menú!

JAVIER ¡Hay de todo!

INÉS Verdad que no falta nada. A mí me encantan los dulces. Maite, ¿tú, qué vas a pedir?

MAITE Ay, no sé. Todo parece tan delicioso. Quizás el pastel de chocolate.

JAVIER Para mí el pastel de chocolate con helado. Me encanta el chocolate. Y tú, Álex, ¿qué vas a pedir?

ÁLEX Generalmente prefiero la fruta, pero hoy creo que voy a probar el pastel de chocolate. ¿Y usted, qué dice, don Francisco? ¿Va a pedir postre?

DON FRANCISCO Yo siempre tomo un flan y un café. Aquí hacen un café buenísimo.

Sra. Perales and the waiters reappear.

SRA. PERALES ¡Feliz cumpleaños, Maite!

INÉS ¿Hoy es tu cumpleaños, Maite?

MAITE Sí, el 22 de junio. Y parece que vamos a celebrarlo.

TODOS ¡Felicidades, Maite!

MAITE ¡Gracias! (*to Sra. Perales*) Pero, ¿quién le dijo que es mi cumpleaños?

SRA. PERALES Lo supe por don Francisco.

ALEX Ayer te lo pregunté y no quisiste decírmelo, ¿eh? ¡Qué mala eres!

JAVIER ¿Cuántos años cumples?

MAITE Veintitrés.

ÁLEX Yo también acabo de cumplir los veintitrés años.

MAITE ¿Cuándo?

ÁLEX El 4 de mayo.

SRA. PERALES Aquí tienen un flan, pastel de chocolate con helado y una botella de vino para dar alegría.

MAITE ¡Qué sorpresa! ¡No sé qué decir! Muchísimas gracias.

DON FRANCISCO (*to the waiter*) El conductor no puede tomar vino. (*to Sra. Perales*) Doña Rita, gracias por todo. ¿Puede traernos la cuenta?

SRA. PERALES Enseguida, Paco.

ÁLEX Las fiestas de cumpleaños siempre son divertidas. ¡Qué diferente es esta fiesta de la fiesta de quinceañera de

mi hermana!

*Dissolve to images of a **quinceañera** in Mexico City, Mexico*

Dissolve back to the interior of the restaurant

INÉS Creo que debemos dejar una buena propina. ¿Qué les parece?

MAITE Sí, vamos a darle una buena propina a la Sra. Perales. Es simpatiquísima.

INÉS (*to Sra. Perales as she leaves the restaurant*) Gracias.

ÁLEX (*to Sra. Perales as he leaves the restaurant*) Gracias.

DON FRANCISCO Gracias una vez más. Siempre lo paso muy bien aquí.

MAITE Muchísimas gracias, Sra. Perales. Por la comida, por la sorpresa y por ser tan amable con nosotros.

JAVIER Sra. Perales, mi cumpleaños es el primero de octubre y me encanta el pastel de chocolate.

SRA. PERALES Bueno, si vuelves el primero de octubre, te regalo un pastel con montañas de chocolate.

DON FRANCISCO Adiós, doña Rita. Hasta la próxima.

SRA. PERALES Nos vemos en octubre, Javier.

RESUMEN (00:50:41)
On the bus on the way to Ibarra, Ecuador

MAITE (*to herself as she writes in her journal*) Dicen que las fiestas son mejores cuando son una sorpresa. Pues hoy me dieron una sorpresa maravillosa.

Dissolve to remembered events

SRA. PERALES ¡Feliz cumpleaños, Maite!

INÉS ¿Hoy es tu cumpleaños, Maite?

TODOS ¡Felicidades, Maite!

ÁLEX Ayer te lo pregunté y no quisiste decírmelo, ¡qué mala eres!

SRA. PERALES Aquí tienen un flan, pastel de chocolate con helado y una botella de vino para dar alegría.

JAVIER Sra. Perales, mi cumpleaños es el primero de octubre y me encanta el pastel de chocolate.

SRA. PERALES Bueno, si vuelves el primero de octubre, te regalo un pastel con montañas de chocolate.

Dissolve back to the interior of the bus

MAITE (*to herself as she writes in her journal*) No sé qué decir. Pastel, helado, flan, una botella de vino y amigos simpáticos y divertidos, en fin, ¡un cumpleaños perfecto! Mmm… ¿Cuándo es el cumpleaños de don Francisco?

¡Uf! ¡Qué dolor!

ACCIÓN (00:52:19)

On the bus on the way to Ibarra, Ecuador

JAVIER Estoy aburrido… tengo ganas de dibujar. (*to Inés as he gets up from his seat*) Con permiso.

Javier cries out and falls.

INÉS ¡Javier! ¿Qué te pasó?

JAVIER ¡Ay, qué dolor! ¡Creo que me rompí el tobillo!

Inés, Álex, and Maite help Javier. Don Francisco stops the bus.

DON FRANCISCO No te preocupes, Javier. Estamos cerca de la clínica donde trabaja la doctora Márquez, mi amiga.

In the clinic

JAVIER (*filling out a form*) ¿Tengo dolor? Sí, mucho. ¿Dónde? En el tobillo. ¿Tengo fiebre? No lo creo. ¿Estoy mareado? Un poco. ¿Congestionado? No. ¿Soy alérgico a algún medicamento? No. ¿Embarazada? Definitivamente no… Sabe usted, don Francisco, esta clínica me recuerda las clínicas y los hospitales de Puerto Rico.

Dissolve to various medical facilities in Puerto Rico

Dissolve back to the clinic

DRA. MÁRQUEZ ¿Cómo se lastimó el pie?

JAVIER Me caí cuando estaba en el autobús.

DRA. MÁRQUEZ ¿Cuánto tiempo hace que se cayó?

JAVIER Mmm… Ya se me olvidó… déjeme ver… este… eran más o menos las dos o dos y media cuando me caí, o sea, hace más de una hora. ¡Me duele mucho!

DRA. MÁRQUEZ Bueno, vamos a sacarle una radiografía. Queremos ver si se rompió uno de los huesos del pie.

Don Francisco and Javier await the results of the X-ray.

DON FRANCISCO Sabes, Javier, cuando era chico yo les tenía mucho miedo a los médicos. Visitaba mucho al doctor porque me enfermaba con mucha frecuencia y tenía muchas infecciones de la garganta. No me gustaban las inyecciones ni las pastillas. Una vez me rompí la pierna jugando al fútbol…

JAVIER ¡Doctora! ¿Qué dice? ¿Está roto el tobillo?

DRA. MÁRQUEZ Tranquilo, le tengo buenas noticias, Javier. No está roto el tobillo. Apenas está torcido.

JAVIER Pero, ¿voy a poder ir de excursión con mis amigos?

DRA. MÁRQUEZ Creo que sí. Pero debe descansar y no caminar mucho durante un par de días. Le receto unas pastillas para el dolor. Francisco, es un gusto verlo. Pero siempre que lo veo, ¡me trae pacientes nuevos!

JAVIER Gracias, doctora. Mil gracias.

DRA. MÁRQUEZ No hay de qué… Adiós, Francisco.

DON FRANCISCO Adiós.

DRA. MÁRQUEZ Adiós, Javier. Cuidado, ¿eh? ¡Buena suerte en las montañas!

RESUMEN (00:56:30)

On the bus on the way to Ibarra, Ecuador

JAVIER (*to himself as he draws in his sketchpad*) La verdad es que no me gustan los médicos. De niño tenía que ir mucho a una clínica en San Juan. ¡No me gustaban para nada las inyecciones! Pero hoy cuando me torcí el tobillo y tuve que ir a la clínica, cambié de opinión. Me gustó mucho la doctora Márquez.

Dissolve to remembered events

DRA. MÁRQUEZ ¿Cómo se lastimó el pie?

DRA. MÁRQUEZ ¿Cuánto tiempo hace que se cayó?

DRA. MÁRQUEZ Bueno, vamos a sacarle una radiografía. Queremos ver si se rompió uno de los huesos del pie.

DRA. MÁRQUEZ Tranquilo, le tengo buenas noticias, Javier. No está roto el tobillo. Apenas está torcido.

DRA. MÁRQUEZ Adiós, Javier. Cuidado, ¿eh? ¡Buena suerte en las montañas!

Dissolve back to the interior of the bus

JAVIER (*to himself as he draws in his sketchpad*) La doctora Márquez es muy simpática y me ayudó mucho. Tengo que descansar durante dos o tres días porque me duele el tobillo. Pero por lo menos no necesito el tobillo para dibujar.

Fotonovela Videoscript

Tecnohombre, ¡mi héroe!

ACCIÓN (00:58:05)

On the bus on the way to Ibarra, Ecuador

MAITE ¿Sabes, Álex? Me gusta viajar en autobús. Es más relajante que conducir un coche en Madrid…

Dissolve to images of traffic and transportation in Madrid, Spain

Dissolve back to the interior of the bus

ÁLEX *(talking on his cell phone)* ¿Bueno? Con él habla. Ah, ¿cómo estás? Aquí, yo muy bien. Vamos para Ibarra. ¿Sabes lo que pasó? Esta tarde íbamos para Ibarra cuando Javier tuvo un accidente en el autobús. Se cayó y tuvimos que llevarlo a una clínica.

JAVIER *(making fun of Álex)* Episodio veintiuno: Tecnohombre y los superamigos suyos salvan el mundo una vez más.

INÉS Oh, Tecnohombre, mi héroe.

MAITE ¡Qué cómicos! Un día de éstos, ya van a ver…

ÁLEX Van a ver quién es realmente Tecnohombre. Mis superamigos y yo nos hablamos todos los días por el teléfono Internet, trabajando para salvar el mundo. Pero ahora, con su permiso, quiero escribirle un mensaje electrónico a mi mamá y navegar [en] la red un ratito.

Don Francisco pulls the bus to the side of the road.

DON FRANCISCO Chicos, creo que tenemos un problema con el autobús. ¿Por qué no se bajan?

JAVIER Está bien. Voy a sacar unas fotos.

MAITE Voy a pasear un poco.

ÁLEX Me quedo aquí un rato, con la computadora.

INÉS Y yo, quiero ver qué es lo que le pasa a este autobús.

Outside, at the back of the bus, Don Francisco and Inés look at the bus' engine.

DON FRANCISCO Umm, no veo el problema.

INÉS Cuando estaba en la escuela secundaria, trabajé en el taller de mi tío. Me enseñó mucho sobre mecánica. Por suerte, arreglé unos autobuses como éste.

DON FRANCISCO Mmm, ¡no me digas! Bueno, ¿qué piensas?

INÉS Pues… no sé… creo que es el alternador. A ver… sí… Mire, don Francisco… está quemado el alternador.

DON FRANCISCO Ah, sí. Pero aquí no podemos arreglarlo. Conozco a un mecánico, pero está en Ibarra, a veinte kilómetros de aquí.

Álex appears, holding his cell phone up in the air.

ÁLEX ¡Tecnohombre, a sus órdenes!

DON FRANCISCO ¡Eres la salvación, Álex! Llama al Sr. Fonseca. Al cinco, treinta y dos, cuarenta y siete, noventa y uno. Nos conocemos muy bien. Seguro que nos ayuda.

At Sr. Fonseca's garage

SR. FONSECA *(from underneath the car)* Juancho, el teléfono. Juancho, está sonando el teléfono. *(shouting)* ¡Juancho!

JUANCHO ¿Qué pasó?

FONSECA Apaga ese *walkman* y contesta el teléfono.

JUANCHO Sí, señor.

A phone conversation, first between Juancho and Álex and then between Álex and Sr. Fonseca, begins.

JUANCHO Hola. Taller Fonseca.

ÁLEX Buenas tardes. Con el Sr. Fonseca, por favor.

JUANCHO ¿Quién habla?

ÁLEX Soy Álex Morales, cliente de Ecuatur. Le hablo de parte del señor Francisco Castillo.

JUANCHO Es para usted. Es un cliente de don Paco.

SR. FONSECA Habla Fonseca. ¿En qué puedo servirle?

ÁLEX Es que íbamos para Ibarra y se nos dañó el autobús.

SR. FONSECA ¿Y cuál es el problema?

ÁLEX Pensamos que es el… es el, el alternador.

SR. FONSECA ¡No me diga! Bueno, no se preocupe. Lo voy a arreglar. Va a funcionar como nuevo y sin ningún problema. ¿Dónde los puedo encontrar?

ÁLEX Estamos a veinte kilómetros de la ciudad.

SR. FONSECA Creo que va a ser mejor arreglar el autobús allí mismo. Tranquilo, enseguida salgo.

ÁLEX Mil gracias, Sr. Fonseca.

Álex hangs up the phone and addresses Don Francisco, Inés, Maite, and Javier, who have gathered around.

ÁLEX Buenas noticias. El señor Fonseca viene enseguida. Piensa que puede arreglar el autobús aquí mismo.

MAITE La Mujer Mecánica… y Tecnohombre. ¡Mis héroes!

Tecnohombre, ¡mi héroe! (continued)

DON FRANCISCO ¡Y los míos también!

RESUMEN (01:03:24)
On the bus on the way to Ibarra, Ecuador

JAVIER (*to himself as he draws in his sketchpad*) Al salir de Quito, los otros viajeros y yo no nos conocíamos muy bien. No sabía que tenían tantos talentos. Por ejemplo, Inés.

Dissolve to remembered events

INÉS Cuando estaba en la escuela secundaria, trabajé en el taller de mi tío. Me enseñó mucho sobre mecánica. Por suerte, arreglé unos autobuses como éste.

INÉS Pues, mmm... no sé... creo que es el alternador. A ver... sí... Mire, don Francisco... está quemado el alternador.

Dissolve back to the interior of the bus

JAVIER (*to himself as he draws in his sketchpad*) Y Álex nos ayudó también... usó su teléfono celular para llamar a un mecánico.

Dissolve to remembered events

ÁLEX Buenas noticias. El señor Fonseca viene enseguida. Piensa que puede arreglar el autobús aquí mismo.

MAITE La Mujer Mecánica... y Tecnohombre. ¡Mis héroes!

DON FRANCISCO ¡Y los míos también!

Dissolve back to the interior of the bus

JAVIER (*to himself as he draws in his sketchpad*) La Mujer Mecánica y Tecnohombre. Es bueno tener superamigos, ¿no?

¡Les va a encantar la casa!

ACCIÓN (01:04:59)

Outside a house in Ibarra, Ecuador

DON FRANCISCO Ésta es la casa donde vamos a quedarnos. Ya verán lo cómoda y grande que es.

ÁLEX Mmm... me recuerda un poco las casas en México.

Dissolve to images of various types of housing in Mexico

Dissolve back to the house

SRA. VIVES ¡Hola, bienvenidos!

DON FRANCISCO Sra. Vives, le presento a los chicos. Chicos, ésta es la Sra. Vives, el ama de casa.

SRA. VIVES Encantada. Síganme que quiero mostrarles la casa. ¡Les va a encantar!

Señora Vives leads the students and Don Francisco into the house.

SRA. VIVES (*to Álex and Javier*) Esta alcoba es para los chicos. Tienen dos camas, una mesita de noche, una cómoda. En el armario hay más almohadas y mantas por si las necesitan. Javier, no ponga las maletas en la cama. Póngalas en el piso, por favor. (*to Inés and Maite who are waiting outside the bedroom*) Tomen ustedes esta alcoba, chicas.

SRA. VIVES (*to the students and Don Francisco who are now congregated in the living room*) Ésta es la sala. El sofá y los sillones son muy cómodos. Pero, por favor, ¡no los ensucien! Allí están la cocina y el comedor. Al fondo del pasillo hay un baño.

DON FRANCISCO Chicos, a ver, ¡atención! La Sra. Vives les va a preparar las comidas. Pero quiero que ustedes la ayuden con los quehaceres domésticos. Quiero que arreglen sus alcobas, que hagan las camas, que pongan la mesa... ¿entendido?

JAVIER No se preocupe. La vamos a ayudar en todo lo posible.

ÁLEX Sí, cuente con nosotros.

INÉS Insistimos en que nos deje ayudarla a preparar la comida.

SRA. VIVES No, chicos, no es para tanto, pero gracias por la oferta. Descansen un rato que seguramente están cansados.

ÁLEX Gracias. A mí me gustaría pasear por la ciudad.

INÉS Perdone, don Francisco, ¿a qué hora viene el guía mañana?

DON FRANCISCO ¿Martín? Viene temprano, a las siete de la mañana. Les aconsejo que se acuesten temprano esta noche. ¡Nada de televisión ni de conversaciones largas!

INÉS ¡Ay, don Francisco!

RESUMEN (01:09:01)

In Inés and Maite's room in the house in Ibarra, Ecuador

INÉS (*to herself as she talks into her tape recorder*) Hoy llegamos a la casa en Ibarra donde vamos a quedarnos. Y conocimos a la Sra. Vives, quien nos mostró la casa.

Dissolve to remembered events

SRA. VIVES Esta alcoba es para los chicos. Tiene dos camas, una mesita de noche, una cómoda. En el armario hay más almohadas y mantas por si las necesitan.

SRA. VIVES Tomen ustedes esta alcoba, chicas.

SRA. VIVES No ponga las maletas en la cama. Póngalas en el piso, por favor.

Dissolve back to Inés and Maite's room in the house

INÉS (*to herself as she talks into her tape recorder*) Como siempre, don Francisco está en control.

Dissolve to remembered events

DON FRANCISCO Chicos, a ver, ¡atención! La Sra. Vives les va a preparar las comidas. Pero quiero que ustedes la ayuden con los quehaceres domésticos.

JAVIER No se preocupe, la vamos a ayudar en todo lo posible.

ÁLEX Sí, cuente con nosotros.

Dissolve back to Inés and Maite's room in the house

INÉS (*to herself as she talks into her tape recorder*) Bien. Pues, es hora de dormir. Don Francisco recomienda que nos acostemos temprano porque el guía llega a las siete de la mañana. ¡Hasta la próxima!

¡Qué paisaje más hermoso!

ACCIÓN (01:10:38)

At the house in Ibarra, Ecuador

DON FRANCISCO Hola, Martín. ¡Qué placer verlo!

MARTÍN ¿Cómo está?

DON FRANCISCO Chicos, les presento a Martín Dávalos, el guía de la excursión. Martín, nuestros pasajeros: Maite…

MAITE Hola.

DON FRANCISCO Javier…

JAVIER Hola.

DON FRANCISCO Inés…

MARTÍN (*as he shakes Inés' hand*) Hola.

DON FRANCISCO …y Álex.

ÁLEX Hola.

MARTÍN Mucho gusto. Voy a llevarlos al área donde vamos a ir de excursión mañana. ¿Qué les parece?

ESTUDIANTES ¡Sí! ¡Vamos!

At the trailhead in the mountains

MAITE ¡Qué paisaje más hermoso!

INÉS No creo que haya lugares más bonitos en el mundo.

JAVIER No sabía que iba a ser tan espectacular el paisaje. En Puerto Rico también tenemos paisajes hermosos.

Dissolve to images of various landscapes in Puerto Rico

Dissolve back to the trailhead

MARTÍN Esperamos que ustedes se diviertan mucho, pero es necesario que cuiden la naturaleza.

JAVIER Se pueden tomar fotos, ¿verdad?

MARTÍN Sí, con tal de que no toques las flores o las plantas. (*to all of the students*) Y sólo deben caminar por el sendero. ¿De acuerdo?

INÉS Claro.

MAITE Vale.

ÁLEX Y JAVIER De acuerdo.

ÁLEX ¿Hay problemas de contaminación en esta región?

MARTÍN La contaminación es un problema en todo el mundo. Pero aquí tenemos un programa de reciclaje. Si ves por el sendero botellas, papeles o latas, recógelos.

JAVIER Entiendo que mañana vamos a cruzar un río. ¿Está contaminado?

MARTÍN En las montañas el río no parece estar afectado por la contaminación. Cerca de las ciudades, sin embargo, el río tiene bastante contaminación.

ÁLEX ¡Qué aire tan puro se respira aquí! No es como en la Ciudad de México.

MARTÍN ¿Tú eres de la Ciudad de México?

ÁLEX Sí. Sí. Tenemos un problema gravísimo de contaminación.

MARTÍN A menos que resuelvan ese problema, los habitantes van a sufrir muchas enfermedades en el futuro.

INÉS Creo que todos debemos hacer algo para proteger el medio ambiente.

MAITE Yo creo que todos los países deben establecer leyes que controlen el uso de automóviles.

JAVIER Pero Maite, ¿tú vas a dejar de usar tu carro en Madrid?

MAITE Pues, voy a tener que usar el metro… Pero tú sabes que mi coche es tan pequeñito… casi no contamina nada.

Martín, Inés, and Javier start back to the bus. Álex and Maite follow.

INÉS (*to Javier who stopped to take more photos*) ¡Ven, Javier!

JAVIER ¡Ya voy!

RESUMEN (01:14:16)

In Inés and Maite's room in the house in Ibarra, Ecuador

MAITE (*to herself as she writes in her journal*) Hoy conocimos a Martín, nuestro guía. Fuimos al área de la excursión. No sabía que era tan hermosa. Al llegar, Martín nos explicó lo que teníamos que hacer para proteger el medio ambiente.

Dissolve to remembered events

DON FRANCISCO Chicos, les presento a Martín Dávalos, el guía de la excursión.

MARTÍN Mucho gusto. Voy a llevarlos al área donde vamos a ir de excursión mañana. ¿Qué les parece?

INÉS No creo que haya lugares más bonitos en el mundo.

Fotonovela Videoscript

fotonovela videoscript

¡Qué paisaje más hermoso! (continued)

MARTÍN Esperamos que ustedes se diviertan mucho, pero es necesario que cuiden la naturaleza.

JAVIER Se pueden tomar fotos, ¿verdad?

MARTÍN Sí, con tal de que no toques las flores o las plantas. Y sólo deben caminar por el sendero. ¿De acuerdo?

MARTÍN La contaminación es un problema en todo el mundo. Pero aquí tenemos un programa de reciclaje. Si ves por el sendero botellas, papeles o latas, recógelos.

Dissolve back to Inés and Maite's room in the house

MAITE (*to herself as she writes in her journal*) Hablamos mucho de los problemas del medio ambiente. Ojalá podamos hacer algo para resolverlos. Estoy segura de que Javier va a sacar fotos excelentes durante la excursión. ¡Espero que las comparta conmigo!

Fotonovela Videoscript

Estamos perdidos.

ACCIÓN (01:16:02)

At the house in Ibarra, Ecuador

MARTÍN Y DON FRANCISCO Buenas tardes.

INÉS, MAITE Y ÁLEX Hola.

JAVIER ¿Qué tal? Estamos conversando sobre la excursión de mañana.

INÉS Sí, estamos todos muy emocionados. ¡No podemos esperar!

DON FRANCISCO ¿Ya tienen todo lo que necesitan? A todos los excursionistas yo siempre les recomiendo llevar zapatos cómodos, una mochila, gafas oscuras y un suéter por si hace frío.

JAVIER Todo listo, don Francisco.

MARTÍN Les aconsejo que traigan algo de comer.

ÁLEX No pensamos en eso.

MAITE ¡Deja de preocuparte tanto, Álex! Podemos comprar algo en el supermercado. ¡Ahora mismo! Vamos.

ÁLEX ¡Excelente idea! En cuanto termine mi café te acompaño.

MAITE Necesito pasar por el banco y por el correo para mandar unas cartas.

ÁLEX Está bien. *(to Javier and Inés)* ¿Necesitan algo del centro?

INÉS ¡Sí! Cuando vayan al correo, ¿pueden echar estas postales al buzón? Además, necesito unas estampillas.

ÁLEX Por supuesto.

JAVIER ¿A quién le estás mandando tantas postales, Inés?

INÉS Este... um... a nadie.

Maite and Álex are lost in downtown Ibarra.

JOVEN ¡Hola! ¿Puedo ayudarte en algo?

MAITE Sí, estamos perdidos. ¿Hay un banco por aquí con cajero automático?

JOVEN Mmm... no hay ningún banco en esta calle que tenga cajero automático. Pero conozco uno en la calle Pedro Moncayo que sí tiene cajero automático. Cruzas esta calle y luego doblas a la izquierda. Sigues todo derecho y antes de que lleguen a la Joyería Crespo van a ver un letrero grande del Banco del Pacífico.

MAITE También buscamos un supermercado.

JOVEN Pues, allí mismo, enfrente del banco, hay un supermercado pequeño. Fácil, ¿no?

MAITE Creo que sí. Muchas gracias por su ayuda.

ÁLEX Sí, gracias. Tenemos mucha prisa, Maite. Vamos ya.

Maite and Álex walk around Ibarra, going to an ATM, the post office, a supermarket, and an ice cream shop. They then return to the house.

INÉS Hola.

MAITE Hola. Ten, guapa, tus sellos.

INÉS Gracias, Maite. ¿Qué tal les fue en el centro?

MAITE ¡Súper bien! Fuimos al banco y al correo. Luego, en el supermercado, compramos comida para la excursión. Y antes de regresar, paramos en una heladería. ¡Qué helado más sabroso! ¡Ah! Y otra cosa. Cuando llegamos al centro, conocimos a un joven muy simpático que nos dio direcciones. Era muy amable... ¡y muy guapo!

RESUMEN (01:20:03)

In Álex and Javier's room in the house in Ibarra, Ecuador

ÁLEX *(to himself as he types on his laptop)* Hoy mis compañeros y yo nos dimos cuenta que no teníamos comida para la excursión. Maite y yo decidimos ir al centro para comprar comida y hacer algunas diligencias.

Dissolve to remembered events

MAITE ¡Deja de preocuparte tanto, Álex! Podemos comprar algo en el supermercado ahora mismo. Vamos.

MAITE Necesito pasar por el banco y por el correo para mandar unas cartas.

INÉS ¡Sí! Cuando vayan al correo, ¿pueden echar estas postales al buzón?

Dissolve back to Álex and Javier's room in the house

ÁLEX *(to himself as he types on his laptop)* Pero al llegar al centro, Maite y yo nos perdimos.

Estamos perdidos. (continued)

Dissolve to remembered events

JOVEN ¡Hola! ¿Puedo ayudarte en algo?

MAITE Sí, estamos perdidos. ¿Hay un banco por aquí con cajero automático?

JOVEN Mmm… no hay ningún banco en esta calle que tenga cajero automático. Pero conozco uno en la calle Pedro Moncayo que sí tiene cajero automático. Cruzas esta calle y luego doblas a la izquierda. Sigues todo derecho y antes de que lleguen a la Joyería Crespo van a ver un letrero grande del Banco del Pacífico.

MAITE También buscamos un supermercado.

JOVEN Pues, allí mismo, enfrente del banco, hay un supermercado pequeño. Fácil, ¿no?

MAITE Creo que sí. Muchas gracias por su ayuda.

Dissolve back to Álex and Javier's room in the house

ÁLEX (*to himself as he types on his laptop*) Así que Maite y yo pasamos la tarde juntos. Me gusta mucho pasar el tiempo con Maite. Es inteligente y simpática, y muy bonita. Pero hay un problema, ¡los otros chicos piensan la misma cosa!

¡Qué buena excursión!

ACCIÓN (01:22:23)

At the trailhead in the mountains

MARTÍN Buenos días, don Francisco.

DON FRANCISCO Hola, Martín, buenos días.

MARTÍN (*to the students*) Hola, ¿qué tal? Ya veo que han traído lo que necesitan. ¡Todos han venido muy bien equipados! (*to Don Francisco*) ¡Buen trabajo, hombre! (*to the students*) Muy bien. ¡Atención, chicos! Primero hagamos algunos ejercicios de estiramiento… A ver, todos… ¡Abajo! ¡Arriba! ¡Abajo!

MAITE Estos ejercicios me recuerdan el gimnasio al que voy cuando estoy en Madrid.

Dissolve to images of people working out in a gym in Madrid, Spain

Dissolve back to trailhead in the mountains

MARTÍN Es bueno que se hayan mantenido en buena forma. Entonces, jóvenes, ¿ya están listos?

ÁLEX ¡Sí!

JAVIER ¡Listísimos! No puedo creer que finalmente haya llegado el gran día.

MARTÍN ¡Fabuloso! ¡En marcha, pues!

MARTÍN Chau, don Francisco.

DON FRANCISCO Chau, Martín.

MAITE ¡Adiós!

ÁLEX ¡Adiós!

JAVIER Chau, don Efe.

DON FRANCISCO ¡Adiós! ¡Cuídense!

The students and Martín hike up through the mountains and the high plains, including the slopes of a volcano. They then return to the trailhead.

DON FRANCISCO ¡Hola! ¡Qué alegría verlos! ¿Cómo les fue en la excursión?

JAVIER Increíble, don Efe. Nunca había visto un paisaje tan espectacular. Es un lugar estupendo. Saqué mil fotos y tengo montones de escenas para dibujar.

MAITE Nunca había hecho una excursión. ¡Me encantó! Cuando vuelva a España, voy a tener mucho que contarle a mi familia.

INÉS Ha sido la mejor excursión de mi vida. Amigos, Martín, don Efe, mil gracias.

ÁLEX Sí, gracias, Martín. Gracias por todo.

MARTÍN No hay de qué. Ha sido un placer.

DON FRANCISCO Chicos, pues, es hora de volver. Creo que la Sra. Vives nos ha preparado una cena muy especial.

RESUMEN (01:27:42)

On the bus on the way back to the house in Ibarra, Ecuador

INÉS (*to herself as she talks into her tape recorder*) Ha sido un día muy emocionante. ¡Lo hemos pasado muy bien! Y Martín es un guía fabuloso. Sabe mucho, no sólo de la tierra, sino también del ejercicio.

Dissolve to remembered events

MARTÍN Ya veo que han traído lo que necesitan. ¡Todos han venido muy bien equipados!

MARTÍN Muy bien. ¡Atención, chicos! Primero hagamos algunos ejercicios de estiramiento… A ver, ¡todos!

Dissolve back to the interior of the bus

INÉS (*to herself as she talks into her tape recorder*) Nos divertimos mucho durante la excursión. ¡Fue una experiencia inolvidable!

Dissolve to remembered events

DON FRANCISCO ¡Hola! ¡Qué alegría verlos! ¿Cómo les fue en la excursión?

JAVIER Increíble, don Efe. Nunca había visto un paisaje tan espectacular. Es un lugar estupendo. Saqué mil fotos y tengo montones de escenas para dibujar.

MAITE Nunca había hecho una excursión. ¡Me encantó! Cuando vuelva a España, voy a tener mucho que contarle a mi familia.

Dissolve back to the interior of the bus

INÉS (*to herself as she talks into her tape recorder*) ¡Qué día! Álex, Javier y Maite son muy buena gente. Me alegro de que nos hayamos conocido.

Fotonovela Videoscript

¡Es un plan sensacional!

ACCIÓN (01:29:11)

In the house in Ibarra, Ecuador

JAVIER ¿Qué tal, Sra. Vives?

SRA. VIVES Buenas tardes, chicos.

INÉS Hola.

SRA. VIVES Espero que les guste la comida que les he preparado.

MAITE Seguro.

SRA. VIVES Me voy. Mi familia me espera.

MAITE Adiós.

INÉS Adiós.

ÁLEX Hasta luego, Sra. Vives.

The students and Don Francisco are having dinner at the dining room table.

MAITE La Sra. Vives es una cocinera magnífica.

DON FRANCISCO Me alegro de que les guste. Oigan, ¿qué me dicen del lugar donde fueron de excursión? ¿Qué les pareció?

MAITE ¡El paisaje es bellísimo!

INÉS Martín fue un guía excelente. Mostró mucho interés en que aprendiéramos sobre el medio ambiente.

DON FRANCISCO Sí, Martín es el mejor guía que conozco. Pero hablando de profesiones, ¿quieren saber cuáles son mis planes para el futuro?

MAITE ¡Me muero por saberlo!

DON FRANCISCO He decidido que el próximo verano voy a establecer mi propia compañía de turismo. Tendré mis propios autobuses para llevar a la gente a los lugares más bellos e interesantes del país.

JAVIER ¡Buena idea, don Efe! Con su experiencia y talento, será un gran éxito.

ÁLEX Sí, estoy completamente de acuerdo.

DON FRANCISCO ¡Qué amables son! Pero, díganme, ¿cuáles son sus planes? Supongo que también ustedes han pensado en el futuro, ¿eh?

ÁLEX Pues claro, don Francisco. En cinco años habré establecido una compañía especializada en el Internet.

INÉS Serás millonario, ¿eh?

ÁLEX Exactamente, porque muchísima gente habrá invertido montones de dinero en mi empresa.

MAITE ¡Es un plan sensacional! Pero ahora escuchen el mío. Yo voy a ser periodista y tendré mi propio programa de entrevistas. Me verán en la tele entrevistando a políticos, científicos, hombres y mujeres de negocios y a actores y actrices.

JAVIER En Puerto Rico, mucha gente tiene profesiones interesantes.

Dissolve to images of people doing various jobs in Puerto Rico

Dissolve back to the dining room in the house

JAVIER No me cabe duda que seré un pintor famoso. Todo el mundo querrá comprar mis cuadros y llegaré a ser más famoso que Picasso, que Dalí, que Velázquez...

MAITE ¡Basta ya! ¿Crees que permitirás que te entreviste en mi programa?

JAVIER ¿Entrevistarme a mí? ¡Nunca! Los artistas importantes no dan entrevistas.

MAITE No lo creo. Inés, ¿cuáles son tus planes?

INÉS Seré arqueóloga. Investigaré sitios arqueológicos en el Ecuador y en otros países. Escribiré libros sobre mis descubrimientos.

MAITE ¡Fenomenal! Cuando sean famosos, yo los invitaré a todos a mi programa. Y usted también vendrá, don Efe.

DON FRANCISCO ¡Enseguida! Vendré conduciendo un autobús. (*raising his glass in a toast*) ¡Por el porvenir!

TODOS (*joining in the toast*) ¡Por el porvenir!

ÁLEX Bueno, con permiso, Maite y yo vamos a ir a ver una obra de teatro en el centro.

MAITE Sí, tenemos una hora para prepararnos.

ÁLEX Está bien. Eh, voy a cambiarme de ropa y escribir un mensaje electrónico. ¿Nos vemos aquí en la sala a las seis y media?

RESUMEN (01:33:45)

In Álex and Javier's room in the house

¡Es un plan sensacional! (continued)

ÁLEX (*to himself as he types on his laptop*) Esta noche conversamos sobre el éxito de nuestra excursión. También hablamos sobre nuestro guía Martín.

Dissolve to remembered events

MAITE ¡El paisaje es bellísimo!

INÉS Martín fue un guía excelente. Mostró mucho interés en que aprendiéramos sobre el medio ambiente.

Dissolve back to Álex and Javier's room in the house

ÁLEX (*to himself as he types on his laptop*) Luego hablamos un rato sobre nuestros planes para el futuro. Don Efe va a formar su propia compañía de turismo. Y mis compañeros también tienen planes interesantes.

Dissolve to remembered events

MAITE Yo voy a ser periodista y tendré mi propio programa de entrevistas. Me verán en la tele entrevistando a políticos, científicos, hombres y mujeres de negocios y a actores y actrices.

JAVIER No me cabe duda que seré un pintor famoso. Todo el mundo querrá comprar mis cuadros y llegaré a ser más famoso que Picasso, que Dalí, que Velázquez...

INÉS Seré arqueóloga. Investigaré sitios arqueológicos en el Ecuador y en otros países. Escribiré libros sobre mis descubrimientos.

MAITE ¡Fenomenal! Cuando sean famosos, yo los invitaré a todos a mi programa. Y usted también vendrá, don Efe.

Dissolve back to Álex and Javier's room in the house

ÁLEX (*to himself as he types on his laptop*) Me parece que dentro de diez años todos habremos hecho cosas muy interesantes. Y estoy seguro de que seguiremos siendo muy buenos amigos.

¡Ahí vienen Romeo y Julieta!

ACCIÓN (01:35:56)

Outside a theater in Ibarra, Ecuador

ÁLEX No abren hasta las siete y media. ¿Quieres sentarte?

MAITE Sí... ¿Qué tipos de espectáculos te gustan, Álex?

ÁLEX Me gustan todos: el baile, el teatro, los conciertos... pero especialmente el cine...

Dissolve to images of various kinds and locations of entertainment in Mexico City

Dissolve back to outside the theater

MAITE A mí también me gustan las películas.

ÁLEX ¿Sí? Oye, ¿qué clase de películas te gustan? ¿Las de acción? ¿Las de horror? Para mí las mejores son las de ciencia ficción.

MAITE Eso no me sorprende. Mis películas favoritas son las películas románticas. Pero, ¿sabes lo que me fascina?

ÁLEX No. Pero dime, querida, ¿qué es lo que más te fascina?

MAITE La poesía. Ahora estoy leyendo una colección de García Lorca... Es fenomenal.

ÁLEX ¡No me digas! A mí también me gusta la poesía. ¿Conoces a Octavio Paz, el poeta mexicano?

MAITE Pues, claro. Fue premio Nobel de Literatura en 1990.

ÁLEX ¡Uuuuyyyy! ¡Eres una experta en literatura!

MAITE Sí, leo de todo. Ahora, en la mesita de noche, tengo una colección de cuentos de Carme Riera, una española que también es periodista. En cuanto la termine, te la dejo.

ÁLEX ¡Trato hecho!

MAITE Oye, Álex, ¿te gustaría ser escritor?

ÁLEX Pues, creo que me gustaría ser poeta, pero publicaría todos mis poemas en el Internet. ¿Te gustaría ser poeta?

MAITE Pues, no. Pero sí creo que me gustaría ser cantante. De no ser periodista, habría sido cantante de ópera.

ÁLEX ¿Cantante de ópera? Ufff... aghh... odio la ópera.

Álex starts singing bad opera to Maite. A young man who works at the theater opens the door.

JOVEN Ya pueden entrar. (*to Maite after she and Álex have stopped their embarrassed laughter*) Hola.

MAITE Hola.

Later, back at the house, Javier is looking through the living room window watching Maite and Álex approach.

JAVIER ¡Inés, ven! ¡Ven rápido! Mira, ahí vienen Romeo y Julieta. ¡Míralos, qué contentos! Ven conmigo... vamos a sorprenderlos antes de que abran la puerta.

Outside the front door

MAITE Lo pasé estupendamente, Álex.

ÁLEX Yo también, Maite.

As Álex and Maite begin to kiss, Inés opens the door, catching them in the act.

JAVIER ¿Qué? ¿Les gustó la obra de teatro?

Álex reaches up and closes the door. He and Maite resume kissing.

RESUMEN (01:40:51)

In Inés and Maite's room in the house

MAITE (*to herself as she writes in her journal*) ¡Qué día más estupendo! Álex y yo fuimos juntos a una obra de teatro. Hablamos muchísimo... parece que a Álex le gustan el cine y la poesía. Nunca habría pensado que los dos tuviéramos los mismos intereses.

Dissolve to remembered events

ÁLEX Me gustan todos: el baile, el teatro, los conciertos... pero especialmente el cine...

ÁLEX Oye, ¿qué clase de películas te gustan? ¿Las de acción? ¿Las de horror? Para mí las mejores son las de ciencia ficción.

ÁLEX ¡No me digas! A mí también me gusta la poesía. ¿Conoces a Octavio Paz, el poeta mexicano?

ÁLEX Pues, creo que me gustaría ser poeta, pero publicaría todos mis poemas en el Internet.

Dissolve back to Inés and Maite's room in the house

MAITE (*to herself as she writes in her journal*) Y cuando regresamos a la casa, Álex y yo nos besamos en la entrada.

Dissolve to the kiss

Dissolve back to Inés and Maite's room in the house

MAITE (*to herself as she writes in her journal*) Sí, quiero salir con Álex otra vez, tan pronto como lleguemos a Quito.

¡Hasta la próxima!

ACCIÓN (01:42:43)

At the Universidad de San Francisco de Quito, in Quito, Ecuador

SRA. RAMOS ¡Hola! Espero que todos hayan tenido un magnífico viaje.

JAVIER ¡Lo hemos pasado maravillosamente! ¡Muchas gracias!

SRA. RAMOS ¿Qué tal, don Francisco? ¡Qué gusto volver a verlo!

DON FRANCISCO Nos fue muy bien.

Maite notices a friend waiting on the sidewalk.

MAITE ¡Roberto! ¿Cómo estás?

ROBERTO Hola, ¿qué tal?

MAITE Álex, ven... es mi amigo Roberto. Nos conocimos en clase de periodismo. Es reportero del periódico de la universidad. Eh, Roberto, éste es mi novio, Álex.

ROBERTO Mucho gusto, Álex.

ÁLEX El gusto es mío.

MAITE Y éstos son mis amigos: Inés, Javier.

INÉS Hola.

ROBERTO Hola.

JAVIER Hola.

ROBERTO Hola.

MAITE Pero, ¿qué estás haciendo tú aquí?

ROBERTO Ay, Maite, es que estoy cansado de escribir sobre el crimen y la política. Me gustaría hacerles una entrevista sobre las experiencias del viaje.

MAITE ¡Fenomenal!

ROBERTO A ver, empecemos contigo, Inés. ¿Cuál fue tu experiencia favorita?

INÉS Para mí lo mejor fue la excursión que hicimos a las montañas. ¿Cómo describir tanta belleza?

ROBERTO ¿Fue peligroso?

JAVIER No, para nada. Pero si nuestro guía no hubiera estado allí con nosotros, ¡seguro que nos habríamos perdido!

ROBERTO ¿Qué más ocurrió durante el viaje?

MAITE Pues, figúrate que un día fuimos a comer al restaurante El Cráter. A la hora del postre la Sra. Perales, la dueña, me sorprendió con un pastel y un flan para mi cumpleaños.

JAVIER También tuvimos un problema con el autobús, pero Inés resolvió el problema con la ayuda de un mecánico. Ahora la llamamos La Mujer Mecánica.

ROBERTO Si pudieran hacer el viaje otra vez, ¿lo harían?

ÁLEX Sin pensarlo dos veces. Viajar es una buena manera de conocer mejor a las personas y de hacer amigos.

ROBERTO Eso es todo, gracias. Chau, Maite.

MAITE Chau, Roberto.

ROBERTO (*to Inés, Javier, and Álex*) Qué estén bien. ¡Chau!

The students and Sra. Ramos watch as Don Francisco prepares to start off on another trip.

DON FRANCISCO ¡Adiós, chicos!

MAITE ¡Adiós!

ÁLEX Hasta luego, don Efe.

JAVIER ¡Adiós, don Efe!

DON FRANCISCO ¡Hasta la próxima, Sra. Ramos!

SRA. RAMOS ¡Adiós! ¡Y buen viaje!

MAITE ¡Adiós!

RESUMEN (01:45:34)

On the bus at the Universidad San Francisco de Quito in Quito, Ecuador

DON FRANCISCO (*to himself while sitting in the driver's seat*) Me divertí mucho durante el viaje. Creo que los chicos también se divirtieron.

Dissolve to remembered events

SRA. RAMOS ¡Hola! Espero que todos hayan tenido un magnífico viaje.

JAVIER ¡Lo hemos pasado maravillosamente! ¡Muchas gracias!

Dissolve back to the interior of the bus

DON FRANCISCO (*to himself while sitting in the driver's seat*) Ojalá que pudiéramos hacer otro viaje juntos. Creo que les gustaría.

Dissolve to remembered events

ROBERTO Si pudieran hacer el viaje otra vez, ¿lo harían?

ÁLEX Sin pensarlo dos veces. Viajar es una buena manera de conocer mejor a las personas y de hacer amigos.

Dissolve back to the interior of the bus

DON FRANCISCO (*to himself while sitting in the driver's seat*) ¡Ay, Dios! Cuatro estudiantes nuevos... dos chicas y dos chicos. Esto será otra aventura.

PANORAMA CULTURAL: LOS ESTADOS UNIDOS

Nueva York En Estados Unidos hay más de treinta y dos millones de hispanos. Sus países de origen son principalmente México, Puerto Rico, Cuba y la República Dominicana.

En el béisbol el veinte por ciento de los beisbolistas de las ligas mayores son de la República Dominicana. Pedro Martínez, Álex Rodríguez y Manny Ramírez son algunos beisbolistas dominicanos. Otros dominicanos famosos son el diseñador Óscar de la Renta y la escritora Julia Álvarez.

El estado de Nueva York tiene mucha población hispana; la mayoría son de origen puertorriqueño o dominicano. En este estado hay muchos restaurantes, discotecas, estaciones de radio y supermercados hispanos. WADO y Latino Mix son dos de las estaciones de radio hispanas más populares de Manhattan.

Tres de las celebraciones hispanas más importantes son: el Carnaval de San Francisco, el Festival de la calle ocho de Miami y el Festival dominicano de Nueva York. Los dominicanos celebran su festival en agosto. Ellos conmemoran el día de la independencia de su país. En este festival organizan comparsas tradicionales, concursos de disfraces y espectáculos de música.

PANORAMA CULTURAL: CANADÁ

Los hispanos en Montreal En la ciudad canadiense de Montreal hay una importante comunidad de hispanos. La mayoría de ellos son de nacionalidad mexicana, chilena o salvadoreña.

Muchas instituciones públicas y privadas ofrecen servicios en español como el canal de televisión Telelatino, la revista *Picante* y el periódico *El correo* canadiense.

Una hispana importante en el campo de la biología es Ana María Seifert. Ella es de Bolivia y vive con sus dos hijas en un apartamento en Montreal.

Seifert es una investigadora científica de la Universidad de Québec que estudia las condiciones de seguridad de los trabajadores en hospitales, escuelas, bancos y otras industrias. Ella pasa muchas horas en el laboratorio de la universidad y participa en convenciones nacionales e internacionales.

En la casa de la familia Seifert mantienen muchas tradiciones bolivianas.

Panorama cultural Videoscript

PANORAMA CULTURAL: ESPAÑA

El Festival de San Fermín En España celebran muchas fiestas tradicionales. El Festival de San Fermín es una de las más famosas. La celebran en Pamplona, del siete al catorce de julio. La gente llama a esta celebración los Sanfermines.

Esta fiesta es la combinación de tres celebraciones antiguas: la fiesta religiosa en honor a San Fermín, las ferias comerciales y los eventos taurinos.

En el Festival de San Fermín organizan eventos muy diferentes. Los encierros son la actividad central de esta fiesta. En ellos, muchas personas corren delante de diecisiete toros. Hay ocho encierros, uno por día. Empiezan a las ocho de la mañana con la explosión de un cohete.

Los hombres de la comunidad participan en los encierros y también turistas de muchas nacionalidades. Todos usan ropa blanca y pañuelos rojos. Los encierros son muy peligrosos y los participantes sólo pueden llevar un periódico para defenderse de los toros. Muchísimas personas también viajan a Pamplona exclusivamente para ver los encierros.

También organizan comparsas que pasan por las calles de Pamplona con figuras muy particulares. Ocho gigantes, cuatro hombres y cuatro mujeres, representan Europa, África, Asia y América. También hay figuras con enormes cabezas y figuras mitad hombre y mitad animal. Las comparsas son los eventos favoritos de los niños. El catorce de julio los chicos y chicas de la comunidad despiden a las figuras en la estación de autobuses de Pamplona.

Lección 3

PANORAMA CULTURAL: ECUADOR

Las Islas Galápagos Las Islas Galápagos están en el océano Pacífico, cerca de la costa de Ecuador. El archipiélago de Galápagos tiene quince islas grandes y muchas islas pequeñas. Las Islas Galápagos son un Parque Nacional de Ecuador. En él viven muchos animales y sólo en cuatro de las islas viven personas. Muchas de ellas trabajan en el parque. También viven en las islas muchos científicos que estudian la diversa fauna y flora del archipiélago.

Las Islas Galápagos son un sitio excepcional, difícil de describir. El archipiélago tiene fascinantes especies de animales. Tortugas, pingüinos, iguanas y muchos otros animales viven en las islas.

Las tortugas son los animales más grandes que viven en el archipiélago. Muchas de las tortugas son muy viejas. ¡Algunas tienen más de cien años!

Las Islas Galápagos reciben a muchos turistas. Los turistas observan a los animales, toman fotografías y escuchan a los guías. Los visitantes también aprenden la importancia de los recursos naturales del archipiélago.

En la Isla Santa Cruz está el Puerto Ayora. Muchos turistas llegan al Puerto Ayora todos los años a descansar, comer y beber en los hoteles, restaurantes y cafés. Aquí los turistas también compran souvenirs y arte ecuatoriano.

En las islas están las oficinas de la Fundación Charles Darwin. Esta organización tiene proyectos para la conservación del ecosistema de todo el archipiélago. La fundación prepara publicaciones sobre animales y plantas.

El ecosistema de las Islas Galápagos es muy importante para nuestro hemisferio.

PANORAMA CULTURAL: MÉXICO

Teotihuacán Teotihuacán es uno de los lugares arqueológicos más importantes de Latinoamérica. Esta vieja ciudad está en el Valle de México, a cincuenta kilómetros de la capital mexicana.

Todos los años hacen en Teotihuacán la celebración del equinoccio, tiempo en que los días tienen la misma duración que las noches. Muchos grupos de música tradicional mexicana van a Teotihuacán para celebrar y para hacer rituales tradicionales.

A las cinco de la mañana, millones de mexicanos empiezan a llegar a las pirámides. A esta hora, la gente comienza a escalar las ruinas.

Hombres, mujeres, jóvenes y niños quieren estar cerca del sol y sentir su energía en las manos. Estos momentos son increíbles. Ir a Teotihuacán es una experiencia muy interesante.

A la celebración del equinoccio asisten turistas de muchas nacionalidades. Muchos prefieren visitar Teotihuacán en los días de fiesta. Las personas pasean por las ruinas, escuchan música, bailan y toman el sol. La gente celebra, con rituales tradicionales y modernos, la energía que reciben del sol todas las mañanas.

Lección 5

PANORAMA CULTURAL: PUERTO RICO

El Viejo San Juan En la bahía de la capital de Puerto Rico está el Castillo de San Felipe del Morro. Este sitio histórico nacional está en el Viejo San Juan, el barrio más antiguo de la capital.

En el Viejo San Juan, famoso por sus construcciones coloniales, hay calles angostas, casas con balcones, fuentes pintorescas y muchas plazas. La Plaza de San José es la más popular. En la mayoría de los parques hay esculturas inspiradas en la historia del país.

También hay muchos cafés y restaurantes donde los puertorriqueños pasan su tiempo libre. Todos los años, más de un millón de visitantes llegan al Centro de Información de Turismo del Viejo San Juan.

El Viejo San Juan es también el centro artístico y cultural de Puerto Rico.

Aquí está el Instituto de Cultura Puertorriqueña que promociona eventos culturales en la isla. Muchos artistas locales venden sus creaciones en las calles. También hay muchas galerías de arte y museos.

En el Museo de San Juan hay una exposición permanente de la historia de Puerto Rico y en el Museo de las Américas presentan exposiciones de la historia de Latinoamérica. En este barrio también están la Escuela de Artes Plásticas de Puerto Rico y el Centro Nacional de Artes Populares, en donde venden artesanías.

En enero celebran la Fiesta de la Calle San Sebastián con conciertos, exposiciones especiales de arte y un carnaval.

Lección 6

PANORAMA CULTURAL: CUBA

La santería Cada diez minutos sale un barco de La Habana con destino a Regla, una ciudad cubana donde practican la santería. La santería es una práctica religiosa animista muy común en países latinoamericanos.

Los santeros son las personas que practican la santería. Ellos son miembros importantes en la comunidad. La gente visita a los santeros para conversar con ellos. Les preguntan por el futuro, por las relaciones sentimentales y buscan soluciones a problemas de la vida diaria.

Los hombres y mujeres importantes en la santería son los Eggún. Ellos van a las casas de las personas y en estas reuniones, los Eggún, las familias y sus amigos bailan música tradicional. También hay tiendas de santería. En estas tiendas, venden instrumentos de música, imágenes y muchas otras cosas relacionadas con esta práctica.

La santería es una de las tradiciones cubanas más antiguas.

Lección 7

PANORAMA CULTURAL: PERÚ

Los deportes de aventura En Perú practican muchos y muy divertidos deportes de aventura. Todos los años cientos de personas pasean en bicicletas de montaña por los hermosos paisajes peruanos.

El destino favorito para practicar este deporte es Pachacamac que está a treinta y un kilómetros de Lima, la capital de Perú. La gente pasa horas y horas al aire libre en sus bicicletas y, luego, visita los pueblos de la región. Las dos competencias nacionales más importantes son el Rally de Totoritas y Entre Ríos.

Un deporte nuevo que cada año tiene más aficionados es el *sandboard*. En la región de Ocucaje hay grandes dunas donde los deportistas descienden en tablas a muchos kilómetros por hora.

Otra de las aventuras favoritas de los peruanos es ir de excursión a Santa Cruz, en la Cordillera Blanca, uno de los lugares más bellos del país. Sus aficionados caminan por rutas de exuberante naturaleza.

También practican deportes de aventura tradicionales. Caminar con llamas es uno de ellos. Las personas van por tres o cuatro días desde el pueblo de Qorihuayrachina hasta las ruinas de Machu Picchu. Esta ruta se llama el Camino Inca y tiene cuarenta y tres kilómetros.

En las playas del país practican un deporte tradicional: la pesca en pequeñas canoas. ¡Este deporte tiene más de dos mil años!

PANORAMA CULTURAL: GUATEMALA

Antigua y Chichicastenango ¿Quieres conocer dos de las ciudades más bonitas de Guatemala? Estas ciudades son Antigua y Chichicastenango.

Antigua fue muy importante en la época colonial. Fue la capital de Guatemala hasta que un gran terremoto la destruyó en mil setecientos setenta y tres. En las calles de la ciudad todavía hay ruinas de la vieja capital, donde los turistas pueden sentir la atmósfera del pasado. También hay muchas iglesias y monasterios de arquitectura colonial que sobrevivieron al terremoto.

Las celebraciones de Semana Santa en Antigua son espectaculares. Las mujeres hacen hermosas alfombras con miles de flores y cubren con ellas las calles de la ciudad.

Trabajan con las flores por la mañana, y por la tarde, empieza la procesión. En toda la ciudad ponen decoraciones de color morado y muchos habitantes se visten con ropa de este mismo color.

Chichicastenango es una ciudad más pequeña que Antigua, pero no menos importante.

Todos los jueves y domingos hay un mercado al aire libre en las calles y plazas del centro de la ciudad. Cientos de indígenas, de todas las diferentes comunidades de la región, llegan a Chichicastenango para ofrecer sus productos a los viajeros.

Desde muy temprano los indígenas empiezan a vender ropa, zapatos, bolsas, flores, frutas, verduras y muchos otros artículos. Ningún producto tiene un precio fijo y los clientes tienen que regatear al hacer sus compras.

Éste es uno de los mercados más grandes de Latinoamérica y es el centro comercial indígena más importante de Guatemala.

Lección 9

PANORAMA CULTURAL: CHILE

La Isla de Pascua La Isla de Pascua o Rapa Nui, su nombre en la lengua indígena de la región, es un símbolo nacional de Chile.

Está a tres mil ochocientos kilómetros de la costa y es uno de los lugares más remotos donde hubo una civilización precolombina. Los habitantes que vivieron hace miles de años en esta pequeña isla tenían muy pocos recursos naturales.

En la isla siempre hace mucho calor y mucho viento y en el mes de mayo llueve mucho. Normalmente, en un día de verano la temperatura llega a los noventa grados Fahrenheit.

Las esculturas Moai son el elemento más característico de este lugar. Hay más de novecientas repartidas por toda la isla.

Otra gran atracción turística de la isla es el gran cráter Rano Kau. Los visitantes escalan el cráter para disfrutar de la espectacular vista.

La Isla de Pascua es un lugar fascinante.

PANORAMA CULTURAL: COSTA RICA

Monteverde y Tortuguero La Reserva Biológica Monteverde y el Parque Nacional Tortuguero son sólo dos ejemplos de la gran riqueza natural de Costa Rica.

Monteverde es un gran bosque nuboso, un bosque cubierto de nubes. En esta reserva se conservan más de dos mil especies diferentes de animales como el tucán, el quetzal, el jaguar y el puma. También hay muchas especies de plantas exóticas.

En este parque, no pueden entrar más de ciento cincuenta personas al mismo tiempo porque el hábitat de los animales y de las plantas de la reserva es muy frágil.

Con frecuencia, los turistas llevan sus tiendas de campaña y acampan en la reserva. Otros prefieren ir a los hoteles de los pueblos que están cerca de Monteverde.

Otra riqueza natural de Costa Rica es el Parque Nacional Tortuguero. Las diecinueve mil hectáreas de este parque están en la costa del mar Caribe. La misión del parque es preservar las playas donde las tortugas marinas ponen sus huevos. Los visitantes llegan en barco y pasan por hermosos canales en el bosque. Los mejores meses para visitar Tortuguero son febrero, abril y noviembre, pues hace buen tiempo y no llueve mucho.

Todos los visitantes tienen que seguir las reglas del parque. Después de las seis de la tarde, no se permite ir a la playa sin un guía certificado. Se prohíbe sacar fotografías, se pide estar en silencio y no se debe tocar a las tortugas, pues ya no hay muchas más en los océanos.

Lección 11

PANORAMA CULTURAL: ARGENTINA

El tango El tango es un género musical que surgió en el barrio La Boca, de Buenos Aires, en mil ochocientos ochenta.

Actualmente este barrio se considera un museo al aire libre donde muchos artistas exponen sus obras de arte. En la calle Caminito, principalmente, se toca y se baila tango.

Carlos Gardel fue el compositor y cantante de varios de los tangos más famosos, como *Mi Buenos Aires querido*. Gardel murió el veinticuatro de junio de mil novecientos treinta y cinco. Desde entonces, cada año sus aficionados le hacen homenajes en el aniversario de su muerte.

En Argentina hay muchas escuelas de tango para niños y para adultos. Además, hay una gran cantidad de salones de baile donde exclusivamente se tocan tangos.

Este género musical, por lo general, tiene un tono dramático y nostálgico. En sus orígenes, los tangos eran historias de gauchos que emigraron a la capital y que extrañaban sus pueblos. Ahora, la mayoría son pequeñas historias o poemas de hombres que sufren por amor.

Guillermo Alio es un artista que baila y pinta al mismo tiempo. Él pone pintura negra en sus zapatos y su pareja pintura roja. Los dos bailan mientras hacen una pintura con sus pies.

Alio viaja a muchos países de Latinoamérica y Europa para dar conferencias sobre el tango. Él dibuja en el suelo una gráfica con los pasos del tango para enseñar a bailar. Esta gráfica la hizo en el Parque del Retiro, en Madrid y en el Central Park, en Nueva York.

El tango es música, danza, poesía y pintura.

PANORAMA CULTURAL: PANAMÁ

Los deportes en el mar El país centroamericano de Panamá tiene preciosas costas en el mar Caribe y también en el océano Pacífico.

Del lado del océano Pacífico se encuentra el archipiélago de Las Perlas, un sitio tranquilo, excelente para ir a bucear. Los visitantes viajan en barco o en avión a la isla más grande del archipiélago, la Isla de Contadora. En Las Perlas hay miles de especies tropicales de peces y también muchos arrecifes de corales.

El ecosistema de esta zona es impresionante por lo extraordinario de la fauna y la flora. En este lugar siempre hace mucho calor, por eso las personas pueden bucear en todas las estaciones del año.

En Panamá hay agentes de viajes especializados en buceo. Profesionales y aficionados vienen a estas costas para practicar este deporte. Se ofrecen viajes donde los visitantes tienen la oportunidad de bucear en el océano Pacífico por la mañana, en el Canal de Panamá al mediodía y finalmente, en el mar Caribe por la tarde.

Del lado del mar Caribe, están las pequeñas Islas de San Blas, que son también un lugar excelente para bucear. Son trescientas sesenta y cinco, una para cada día del año, según dicen los indígenas kuna que viven ahí.

Santa Catarina es una playa muy visitada. Los mejores deportistas de *surfing* del mundo van a este lugar. Ellos disfrutan de la playa blanca y del agua color turquesa. En Panamá, la práctica de *surfing* es muy popular. Anualmente se organizan torneos nacionales e internacionales de *surfing* en estas playas.

Lección 13

PANORAMA CULTURAL: COLOMBIA

Las fiestas y los parques El país suramericano de Colombia tiene una geografía muy diversa. Tiene costas en el océano Atlántico y en el océano Pacífico, la cordillera de los Andes en el centro y el río Amazonas en el Sur.

Una de las principales actividades económicas de Colombia es la agricultura y uno de sus productos más importantes es el café. Este grano colombiano se exporta a todo el mundo.

En Colombia celebran cada año muchas y muy diversas fiestas donde todos salen a las calles a bailar, a cantar y a vivir sus tradiciones.

El Carnaval de Baranquilla es una de las fiestas nacionales más populares donde se hace un desfile con carrozas decoradas acompañadas con diferentes grupos de música tradicional.

Otra celebración importante es la Feria de las Flores de Medellín donde los campesinos participan en el desfile de los silleteros.

Además de cuidar sus tradiciones culturales, los colombianos se distinguen por su cultura ecológica. Tres de sus más importantes parques nacionales son: El Parque Amaracayu donde vive el delfín rosado, el Parque de Orquídeas donde hay más de tres mil especies de esta flor y el Parque Nevado del Huila donde vive un animal extraordinario: el cóndor. En otras reservas naturales, como el Nukak y el Picachos, hay varias comunidades indígenas.

Colombia tiene mucho que ofrecer a sus visitantes: Ciudades modernas, bellos pueblos de arquitectura colonial, costas en dos océanos, verdes montañas y toda clase de parques y reservas naturales. Además de las bellezas naturales, las distintas regiones de este país también ofrecen celebraciones espectaculares donde los visitantes pueden disfrutar de la diversa cultura colombiana.

PANORAMA CULTURAL: VENEZUELA

Las costas y las montañas En las costas de Venezuela hay castillos y fuertes que sirvieron para proteger el país del ataque de los piratas ingleses hace muchos años. Uno de ellos es el Fortín Solano, que fue construido en mil setecientos sesenta y seis.

En este país hay más de tres mil kilómetros de playas y más de trescientas once islas. La Isla Margarita, conocida como la Perla del Caribe, es un destino turístico muy importante. Tiene una fauna marina muy diversa. La capital comercial de la isla se llama Porlamar. Aquí hay grandes avenidas con centros comerciales y hoteles de primera clase.

Venezuela tiene también muchas zonas montañosas. Una de las más importantes está al sur del país, el Parque Nacional Canaima. Este parque tiene un área natural impresionante, con treinta y ocho grandes montañas de paredes verticales y cimas planas. Les llaman tepuyes, que significa montañas en la lengua de los indígenas piaroa de la región. Estas formaciones geológicas tienen ecosistemas únicos en el mundo. Se cree que tienen especies de plantas y animales que nunca han sido clasificadas.

Los tepuyes más conocidos son el Autana, el Roraima y el Auyantepuy.

El tepuy Autana es muy importante para los indígenas piaroa. Según su mitología, esta montaña representa el árbol de la vida, de donde salieron todos los recursos naturales.

El tepuy Roraima es el más alto, mide dos mil ochocientos metros. Y el tepuy Auyantepuy tiene la catarata más alta del mundo, de novecientos setenta y nueve metros. Esta maravilla natural se llama Salto Ángel.

Venezuela también tiene el teleférico más largo del mundo. Éste pasa por la Cordillera de los Andes.

PANORAMA CULTURAL: BOLIVIA

El Salar de Uyuni Uno de los lugares más extraordinarios de Bolivia es el Salar de Uyuni, el lago de sal más grande del mundo. Este enorme salar, de doce mil kilómetros, está en el sur de Bolivia.

Todos los años, cientos de personas van a los hoteles que hay en esta región. Estos hoteles son muy particulares porque todas las paredes y los muebles son de sal.

Algunas personas van al Salar de Uyuni para disfrutar del paisaje. Otras personas van por razones de salud, pues se cree que la sal, sin exceso, ayuda a las personas que sufren de enfermedades de los huesos.

Los hoteles tienen piscinas con mucha sal, y ofrecen a sus huéspedes masajes y otros tratamientos para aliviar el estrés.

Estos hoteles se hicieron con mucho cuidado porque el contacto en exceso con la sal es muy malo para la salud. La sal, al ser tan abundante en la región, está muy presente en la vida diaria. Es muy usada, por ejemplo, para conservar los alimentos.

El Salar de Uyuni parece un gran desierto de color blanco.

PANORAMA CULTURAL: NICARAGUA

Masaya La laguna de Masaya, situada en el pueblo del mismo nombre, es una de las más extensas de Nicaragua. El nombre Masaya se deriva de las palabras indígenas *mazalt* y *yan*, que significan *venado* y *lugar*. Es decir, lugar de los venados.

La fiesta más importante que se celebra aquí es El Torovenado. En ella los habitantes bailan danzas tradicionales y se burlan de los políticos, las autoridades y la gente famosa.

A Masaya se le conoce como la capital del folklore nicaragüense, por ser el más importante centro de producción de artesanías del país. En el mercado, además de frutas y verduras, venden muchos tipos de obras artesanales a muy buenos precios.

Desde este pueblo se puede ver el impresionante Volcán de Masaya, que veneraban los indígenas de la región en la época precolombina. Ellos creían que cuando el volcán hacía erupción era porque los dioses estaban enojados. Entonces, los indígenas les daban ofrendas a los dioses para calmar el volcán.

En los últimos quinientos años el volcán hizo erupción diecinueve veces. El Parque Nacional Volcán Masaya es uno de los atractivos naturales más visitados de Nicaragua.

PANORAMA CULTURAL: LA REPÚBLICA DOMINICANA

La bachata y el merengue La República Dominicana es el segundo país más grande del Caribe.

Por muchos años, emigrantes de diferentes regiones del mundo llegaron a este país y crearon una cultura nueva, la actual cultura dominicana. Uno de los mejores ejemplos de esta combinación de culturas se encuentra en la música.

Tiene influencias de los indígenas que vivían en esta región, de varias tendencias europeas y de la música tradicional de África.

Así nacieron la bachata y el merengue, ritmos muy populares de la República Dominicana. Hoy en día, hay muchos músicos de bachata y de merengue famosos internacionalmente. Juan Luis Guerra, Johnny Ventura, Wilfredo Vargas y Milly Quesada son sólo unos de ellos.

En todo el país hay discotecas donde se toca y se baila la bachata y el merengue. Muchas estaciones de radio tocan exclusivamente esta música y hay un programa de televisión muy popular dedicado a la bachata, *El Bachatón*.

La República Dominicana tiene también grandes intérpretes de música salsa. Sin duda, uno de los más populares es Johnny Pacheco. En mil novecientos noventa y seis, Pacheco recibió la Medalla presidencial de honor, de manos del presidente de la República Dominicana.

En las fiestas nacionales de este país, la música tiene un papel muy importante, especialmente en los carnavales. El veintisiete de febrero de cada año los dominicanos celebran el día de la independencia y lo hacen a ritmo de bachata y de merengue.

Otra fiesta tradicional dominicana es el Festival de merengue. Este evento se ha celebrado todos los veranos en las calles de Santo Domingo desde mil novecientos sesenta y seis.

PANORAMA CULTURAL: EL SALVADOR

Las pupusas En El Salvador el maíz es el alimento principal de la dieta diaria.

Desde tiempos precolombinos, este grano amarillo ha sido el alimento básico de las culturas americanas. Se sabe, por ejemplo, que hace miles de años los indígenas que vivían en el Valle de México comían maíz.

Además de usarlo como alimento, el maíz se ha usado como símbolo religioso, como medicina y hasta como dinero. Las civilizaciones precolombinas comenzaron sus actividades comerciales con el maíz.

El maíz es una buena fuente de carbohidratos. Este grano es el ingrediente principal de muchos platos tradicionales latinoamericanos. Las tortillas mexicanas, las arepas venezolanas, los tamales peruanos y las pupusas salvadoreñas están hechas con este grano.

Para hacer las pupusas se usa maíz, agua, aceite y sal. Este plato tradicional salvadoreño se come con frijoles, pescado, camarones, carne de cerdo, queso, cebolla y salsa de tomate. Las pupusas se comen a veces como postre, acompañadas de frutas y chocolate.

Los restaurantes donde exclusivamente cocinan y venden pupusas se llaman pupuserías. En El Salvador hay muchísimas. Se puede decir que no hay un pueblo salvadoreño que no tenga, al menos, una pupusería.

En El Salvador también se venden pupusas en los mercados centrales, en las plazas municipales, junto a las catedrales y en todos los lugares importantes de las ciudades y de los pueblos.

Se comen a todas horas, como desayuno, como almuerzo y como cena. También se sirven en algunos restaurantes como entremés.

Las pupusas son un importante elemento de la cultura salvadoreña.

PANORAMA CULTURAL: HONDURAS

Copán Una de las ciudades más impresionantes de la cultura maya es Copán. Esta ciudad se encuentra en Honduras, a casi quinientos kilómetros de Tegucigalpa, la capital.

En mil novecientos setenta y cinco comenzaron las investigaciones arqueológicas en Copán. Desde entonces, científicos nacionales y extranjeros han trabajado en estas ruinas tratando de descubrir los secretos de la cultura maya. Se dice que los mayas fueron grandes artistas, arquitectos, matemáticos, astrónomos y médicos.

En mil novecientos ochenta y nueve, el arqueólogo hondureño Ricardo Agurcia descubrió dentro de una pirámide un templo con la decoración exterior completa. A este templo lo llamaron Rosalila por su color rosado. En Copán también se encontró el texto más extenso que dejó la gran civilización maya.

Dentro del Parque Arqueológico de Copán está el Museo de Escultura Maya. La entrada al museo es muy original. Los visitantes entran por una puerta que tiene la forma de la boca de una serpiente y, después, pasan por un largo túnel. Todos los visitantes experimentan la sensación de haber hecho un viaje en el tiempo.

En la sala principal se encuentra la réplica del impresionante Templo Rosalila, a escala natural. Esta réplica les da a los visitantes una idea muy clara de los colores que usaban los mayas para pintar sus pirámides.

El museo tiene también más de tres mil esculturas. En ellas se pueden ver los símbolos más importantes de la cultura maya: el Sol, la Luna, el maíz y algunos animales como el quetzal y la serpiente. Estos símbolos están en todas las obras de arte de la cultura precolombina que vivió en Copán.

PANORAMA CULTURAL: PARAGUAY

El mate El mate, una bebida que se hace con las hojas de la yerba mate, es típica de Paraguay, Argentina y Uruguay. La yerba mate es una planta que crece en las selvas subtropicales de América del Sur y muchas empresas la cultivan y la procesan para su comercialización.

Hay muchas técnicas para preparar el mate. Tradicionalmente las hojas se queman, se cortan y se hierven.

La palabra *mate* tiene su origen en la expresión *mati* de la lengua quechua, que significa calabaza. Los indígenas guaraní de América del Sur creían que esta planta era un regalo de sus antepasados para asegurar la salud, la vitalidad y la longevidad de su tribu. Ellos la empezaron a usar hace miles de años y la consideraban una bebida sagrada y medicinal.

Hasta el día de hoy, el mate es usado como fuente de energía y como suplemento alimenticio por personas que quieren adelgazar. La planta de mate se vende, no sólo en Latinoamérica, sino también en muchos países de Europa y Asia.

Igual que el café, el mate tiene un sabor amargo, contiene cafeína y produce una acción estimulante. En tiempos de la colonia, tomar mate era ilegal, pues se temían estos efectos estimulantes.

El mate es un alimento muy importante en la dieta diaria de los paraguayos. Tiene vitaminas, minerales y antioxidantes. El mate se toma a cualquier hora del día, al igual que se toma el café en los Estados Unidos. ¡A toda hora!

El mate es más que una simple bebida, es un símbolo importante de la cultura suramericana.

PANORAMA CULTURAL: URUGUAY

Las estancias Una de las actividades económicas más productivas de Uruguay es la ganadería. En los campos de Uruguay hay muchos ranchos ganaderos y algunos de ellos son estancias.

Las estancias son ranchos con pequeños hoteles donde se pueden pasar varios días con los gauchos, aprendiendo los secretos del campo. Los visitantes tienen la oportunidad de ver, participar y ayudar en algunas de las actividades y de los pasatiempos de los gauchos. Las estancias son una buena opción para descansar de la rutina diaria y, al mismo tiempo, conocer las actividades diarias de los ranchos. Además, los visitantes pueden disfrutar de la naturaleza del país, respirando el aire puro del campo.

En las estancias siempre tienen muchos caballos. Estos animales son muy importantes para esta cultura. Por siglos han sido el medio de transporte y de trabajo de los gauchos. Los visitantes hacen excursiones a caballo para observar la fauna y la flora de la región. En las estancias también se aprenden muchas de las tradiciones y costumbres nacionales que se celebran en los campos uruguayos.

Las cabalgatas colectivas son una de estas tradiciones. En ellas los participantes tienen que montar a caballo por varios días hasta un lugar en específico. Después, todos descansan y comen un asado en el que, por supuesto, el plato principal es la carne.

Otra actividad tradicional de los campos uruguayos son las jineteadas, espectáculos del deporte de montar a caballo. El gaucho que monta por más tiempo un caballo no domesticado gana un premio. Gracias a las estancias estas tradiciones siguen vivas en Uruguay.

The following is an English translation of the **Fotonovela** conversations as they appear in the textbook.

Lección 1

All Aboard!

The four tourists, Don Francisco, and Mrs. Ramos meet at the university.

1 SRA. RAMOS Good morning, everybody. I am Isabel Ramos from the Ecuatur agency.

DON FRANCISCO And I'm Don Francisco, the driver.

2 SRA. RAMOS Well, who is María Teresa Fuentes de Alba?

MAITE That's me!

SRA. RAMOS Oh, good. Here are your travel documents.

MAITE Thank you.

3 SRA. RAMOS Javier Gómez Lozano?

JAVIER Here . . . that's me.

4 SRA. RAMOS And you are Inés Ayala Loor, right?

INÉS Yes, I'm Inés.

SRA. RAMOS And you are Alejandro Morales Paredes, right?

ÁLEX Yes, ma'am.

5 INÉS Hi. I'm Inés.

MAITE Pleased to meet you. My name is Maite. Where are you from?

INÉS I'm from Ecuador, from Portoviejo. And you?

MAITE From Spain. I'm from Madrid, the capital. Hey, what time is it?

INÉS It's 10:03.

6 JAVIER How are you? My name is Javier.

ÁLEX Pleased to meet you. I'm Álex. Where are you from?

JAVIER From Puerto Rico. And you?

ÁLEX I'm from Mexico.

7 DON FRANCISCO Well, everybody, all aboard!

8 INÉS Excuse me.

9 ÁLEX Pardon me.

10 DON FRANCISCO And the others?

SRA. RAMOS That's all (of them).

DON FRANCISCO Okay.

Lección 2

What classes are you taking?

Maite, Inés, Javier, and Álex talk about their classes.

1 ÁLEX Hi, Ricardo . . . Here we are at the Center of the World. How are classes going at UNAM?

2 MAITE It's exactly like the photographs in geography books.

INÉS Yes! Are you also taking geography?

MAITE Not me. I'm taking English and literature. I'm also taking a journalism class.

3 MAITE Good morning. María Teresa Fuentes, of Radio Andina FM 93. Today I'm with students from San Francisco University in Quito. Let's see. The young woman who's near the window . . . What is your name and where are you from?

4 INÉS Hi. My name is Inés Ayala Loor, and I'm from Ecuador . . . from Portoviejo.

MAITE Delighted to meet you. What classes are you taking at the university?

INÉS I'm taking geography, English, history, sociology, and art.

5 MAITE You're taking lots of classes, aren't you?

INÉS Well, yes, I enjoy studying a lot.

6 MAITE In which class are there more guys?

INÉS Well, um . . . in history class.

MAITE And more girls?

INÉS There are more girls in sociology, almost 85%.

7 MAITE And you, young man, what is your name and where are you from?

JAVIER My name is Javier Gómez, and I'm from San Juan, Puerto Rico.

MAITE Are you taking lots of classes this semester?

JAVIER Yes, I'm taking three: history and art on Mondays, Wednesdays, and Fridays, and computer science on Tuesdays and Thursdays.

Fotonovela Translation

8 MAITE Do you like computers, Javier?

JAVIER No, I don't like them at all. I like art much better . . . but most of all, I like drawing.

ÁLEX What do you mean? You don't like computers?

9 ÁLEX But they're so interesting, man.

10 JAVIER Yes, really interesting!

Lección 3

Do you have a large family?

The travelers talk about their families on the bus.

1 MAITE Inés, do you have a large family?

INÉS Well, yes . . . my parents, my grandparents, four sisters, and many aunts, uncles, and cousins.

2 INÉS I only have one older brother, Pablo. His wife Francesca is a doctor. She is not Ecuadorian; she's Italian. Her parents live in Rome, I think. They come to visit every year. Ah . . . and Pablo is a journalist.

MAITE How interesting!

3 INÉS And you, Javier, do you have siblings?

JAVIER No, but I have some photographs of my family here.

INÉS Oh, great, let's see!

4 JAVIER Here they are!

INÉS Your father is so tall! And your mother, how pretty!

5 JAVIER Look, here's me. And this is my grandfather. He is my mother's father.

INÉS How old is your grandfather?

JAVIER Ninety-two.

6 INÉS And what's he like?

JAVIER He's very nice. He's old, but he's a very hard-working man.

7 MAITE Hey, Javier, what are you drawing?

JAVIER Huh? Who? Me? Nothing!

MAITE Come on! Don't be silly!

8 MAITE Jaaavieeer . . . Listen, you really draw well!

JAVIER Umm . . . well . . . Yes, thanks!

9 MAITE Álex, look, do you like it?

ÁLEX Yes, very much. It's really pretty.

10 DON FRANCISCO Hey, what's going on between Inés and Javier?

Lección 4

Let's go to the park!

The students explore the city and talk about their pastimes.

1 DON FRANCISCO You have one hour free. You can explore the city if you want.

2 JAVIER Inés, do you want to take a walk around the city?

INÉS Yes, let's go.

3 ÁLEX Why don't we go to the park, Maite? We can talk and get some sun.

MAITE Good idea! I also want to write some postcards.

4 MAITE Are you a sports fan, Álex?

ÁLEX Yes, I like soccer a lot. I also like swimming, running, and hiking in the mountains.

MAITE I run a lot, too.

5 ÁLEX Hey, Maite, why don't we play soccer with him?

MAITE Hmm... I don't want to. I'm going to finish writing some postcards.

6 ÁLEX Maite!

MAITE Oh my goodness!

7 JOVEN Please forgive me. I'm really sorry.

MAITE Oh, it's nothing, I'm fine!

8 ÁLEX It's already two-thirty. We should get back to the bus, don't you think?

MAITE You're right.

ÁLEX Listen, Maite, what are you going to do tonight?

MAITE I don't have any plans. Why?

9 **ÁLEX** Eh, umm, . . . sometimes I go running at night. Do you want to come running with me?

MAITE Yes, let's go. At what time?

ÁLEX At six?

MAITE Perfect.

10 **DON FRANCISCO** Tonight they're going to run. And I don't have energy to take a walk!

Lección 5

We have a reservation.

Don Francisco and the students arrive at the hotel.

1 **EMPLEADA** How can I help you?

DON FRANCISCO I'm Francisco Castillo Moreno, and we have a reservation in my name.

EMPLEADA Hmm . . . I don't see your name. It's not here.

2 **DON FRANCISCO** Are you sure, miss? Maybe the reservation is under the name of the Ecuatur travel agency.

EMPLEADA Oh yes, here it is . . . two double rooms, and one single, from 101 to 103 . . . all in the first group of cabins.

DON FRANCISCO Thank you. That's very kind of you.

3 **BOTONES** Here's room number 102 . . . After you.

4 **ÁLEX** Hi, girls. What are you doing?

MAITE We're resting.

5 **JAVIER** Listen, the cabins aren't bad at all, are they?

INÉS Everything is very clean and orderly.

ÁLEX Yes, it's excellent.

MAITE And the beds are so comfortable.

6 **INÉS** Hey, I'm bored. Do you want to do something?

JAVIER Why don't we go and explore the city a bit more?

INÉS Great idea! Let's go!

7 **MAITE** No, I'm not going. I'm tired, and I want to rest a little because at six I'm going running with Álex.

ÁLEX And I want to write an e-mail message before going running.

8 **JAVIER** Well, we're ready, right, Inés?

INÉS Yes, let's go.

MAITE Good-bye.

INÉS & JAVIER Bye!

9 **ÁLEX** Well, see you at six.

MAITE Yes, see you later.

ÁLEX Bye.

10 **MAITE** Inés and Javier? Together again.

Lección 6

What pretty clothes!

Javier and Inés go shopping at the market.

1 **INÉS** Javier, what pretty clothes! I like this white and blue shirt. It must be cotton. Do you like it?

JAVIER I prefer the shirt on the left . . . the gray one with red stripes. It goes well with my brown boots.

2 **INÉS** Okay, Javier. Look, I need to buy my sister Graciela a present. She just started a new job . . .

JAVIER Maybe a purse?

3 **VENDEDOR** These bags are typical of the mountain region. Do you like them?

INÉS Yes. I want to buy one for my sister.

4 **INÉS** I like that one. How much does it cost?

5 **VENDEDOR** That one costs one hundred and sixty thousand sucres. It's very good quality!

INÉS Ugh, too expensive. Maybe another day.

6 **VENDEDOR** Good afternoon, young man. May I help you with something?

JAVIER Yes. I'm going hiking in the mountains, and I need a good sweater.

VENDEDOR What size do you wear?

JAVIER I wear a large.

7 **VENDEDOR** These ones are large.

JAVIER What is the price of that one?

VENDEDOR Do you like this sweater? It only costs a hundred and fifty thousand sucres.

JAVIER I want to buy it. But, I'm not rich. A hundred and twenty thousand sucres?

8 VENDEDOR Well, for you . . . only one hundred and thirty thousand sucres.

JAVIER Okay.

9 JAVIER I've just bought myself a sweater. And you, what did you buy?

INÉS I bought this bag for my sister.

10 INÉS I also bought myself a blouse and a hat. How do I look?

JAVIER Nice, very nice!

Lección 7

I never get up early!
Álex and Javier talk about their daily routines.

1 JAVIER Hi, Álex. What are you doing?

ÁLEX Nothing . . . I'm just reading my e-mail. Where did you go?

2 JAVIER Inés and I went to a market. It was a lot of fun. Look, I bought this sweater. I love it. It wasn't cheap, but it's great, isn't it?

ÁLEX Yes, it's perfect for the mountains.

3 JAVIER Outdoor markets are so interesting! I'd like to go back, but it's already late. Listen, Álex, you know that tomorrow we have to get up early?

ÁLEX No problem.

4 JAVIER Are you sure? Well, I never get up early. I never hear the alarm clock when I'm home, and my mom gets mad.

ÁLEX Relax, Javier. I have a solution.

5 ÁLEX When I'm at home in Mexico City, I always wake up at exactly 6:00. I take a shower in five minutes, and then I brush my teeth. Then, I shave, get dressed, and ready . . . I'm off!

6 JAVIER Incredible! Álex, the superman!

ÁLEX Hey, Javier, why can't you get up early?

JAVIER It's just that at night I don't want to sleep, I'd rather draw and listen to music. That's why it's hard for me to wake up in the morning.

7 JAVIER The bus doesn't leave until 8:30. Are you going to get up at 6:00 tomorrow too?

ÁLEX No, but I have to get up at quarter to seven because I'm going running.

8 JAVIER Oh, okay . . . Can you wake me up after you go running?

ÁLEX This is the plan for tomorrow. I'll wake up at quarter of seven and run for thirty minutes. I'll come back, take a shower, get dressed, and at 7:30 I'll wake you up. Agreed?

JAVIER Absolutely no objection!

9 DON FRANCISCO Hi, guys. Tomorrow we leave early, at 8:30 . . . not a minute earlier and not a minute later.

ÁLEX Don't worry, Don Francisco. Everything is under control.

DON FRANCISCO Well, then, see you tomorrow.

10 DON FRANCISCO Ah, students! They always go to bed late. What a life!

Lección 8

How's the food?
Don Francisco and the students go to the *El Cráter* restaurant.

1 JAVIER Do you know where we are?

INÉS Hmm, I don't know. Hey, Don Francisco, do you know where we are?

DON FRANCISCO We're near Cotacachi.

2 ÁLEX Where are we going to eat lunch, Don Francisco? Do you know a good restaurant in Cotacachi?

DON FRANCISCO Well, I know Doña Rita Perales, the owner of the best restaurant in town, the **El Cráter** restaurant.

3 DOÑA RITA Hey, Don Paco, so you're around these parts?

DON FRANCISCO Yes, Doña Rita . . . and today I'm bringing you customers. I would like to introduce you to Maite, Inés, Álex, and Javier. I'm taking them to the mountains to go on a hike.

4 DOÑA RITA Welcome to El Cráter! You are in very good hands . . . Don Francisco is the best driver in the country. And there's nothing prettier than our mountains. But if you're going to go hiking, you need to eat well. Come with me, kids, this way.

5 JAVIER What do you recommend?

DOÑA RITA Well, the corn tortillas are delicious. The house specialty is beef soup . . . You have to try it! The grilled flank steak is a little more expensive than the soup, but it is delicious. I also recommend the lemon-marinated shrimp and the mixed grill.

6 MAITE I'm going to have the beef soup and grilled flank steak.

JAVIER For me, corn tortillas and lemon-marinated shrimp.

ÁLEX I, too, would like the corn tortillas and lemon-marinated shrimp.

INÉS I'm going to order the beef soup and grilled flank steak.

7 DON FRANCISCO I want corn tortillas and the mixed grill, please.

DOÑA RITA And to drink, I recommend the pineapple, strawberry, and blackberry juice. Should I bring it for everybody?

TODOS Yes, perfect.

8 CAMARERO What dish did you order?

MAITE A beef soup and a grilled flank steak.

9 DOÑA RITA How was the food? Tasty?

JAVIER Not just tasty, super tasty!

ÁLEX Yes, and the service was quick.

MAITE A delicious meal, thanks.

10 DON FRANCISCO Today is Maite's birthday . . .

DOÑA RITA Ah, we have cakes that are to die for . . .

Lección 9

Happy birthday, Maite!

Don Francisco and the students celebrate Maite's birthday in the *El Cráter* restaurant.

1 INÉS I love sweets. Maite, what are you going to order?

MAITE Oh, I don't know. Everything looks so delicious. Maybe the chocolate cake.

2 JAVIER The chocolate cake with ice cream for me. I love chocolate. And you, Álex, what are you going to have?

ÁLEX I usually prefer fruit, but today I think I will try the chocolate cake.

DON FRANCISCO I always order baked custard and coffee.

3 DOÑA RITA & CAMARERO Happy birthday, Maite!

INÉS Is today your birthday, Maite?

MAITE Yes, June 22nd. And it seems like we're going to celebrate.

TODOS MENOS MAITE Congratulations!

4 MAITE Thank you, but who told you that it's my birthday?

DOÑA RITA I found out from Don Francisco.

5 ÁLEX Yesterday I asked you, and you refused to tell me. You're terrible.

JAVIER How old are you?

MAITE Twenty-three.

6 ÁLEX I also just turned twenty-three.

MAITE When?

ÁLEX May fourth.

7 DOÑA RITA Here is the baked custard, the chocolate cake with ice cream . . . and a bottle of wine to celebrate.

MAITE What a surprise! I don't know what to say! Thank you very, very much.

8 DON FRANCISCO The driver can't drink wine. Doña Rita, thanks for everything. Can you bring us the bill?

DOÑA RITA Right away, Paco.

Fotonovela Translation

9 INÉS I think we should leave a good tip. What do you guys think?

MAITE Yes, let's leave Sra. Perales a good tip. She's extremely nice.

10 DON FRANCISCO Thanks again. I always have a good time here.

MAITE Thanks so much, Sra. Perales. For the food, for the surprise, and for being so nice to us.

Lección 10

Ow! It hurts!

Don Francisco and Javier go to Dra. Márquez's clinic.

1 JAVIER I'm bored . . . I feel like drawing. Excuse me.

2 INÉS Javier! What happened?

JAVIER Oh, ugh, it hurts! I think I broke my ankle!

3 DON FRANCISCO Don't worry, Javier. We're near the clinic where my friend, Dra. Márquez, works.

4 JAVIER Does it hurt? Yes, very much. Where? My ankle. Do I have fever? I don't think so. Am I dizzy? A little bit. Am I allergic to any medication? No. Pregnant? Definitely NOT.

5 DRA. MÁRQUEZ How did you hurt your foot?

JAVIER I fell when I was on the bus.

6 DRA. MÁRQUEZ How long ago did you fall?

JAVIER I already forgot . . . let me see . . . umm . . . it was around 2:00 or 2:30 when I fell . . . in other words, more than an hour ago. It hurts a lot!

DRA. MÁRQUEZ Well, we're going to take an X-ray. We want to see if you broke any bones in your foot.

7 DON FRANCISCO You know, Javier, when I was young, I was very scared of doctors. I used to go to the doctor often because I used to get sick a lot . . . and I used to have a lot of throat infections. I didn't like shots or pills. One time, I broke my leg playing soccer . . .

8 JAVIER Doctor! What is it? Is my ankle broken?

DRA. MÁRQUEZ Relax, I have good news, Javier. Your ankle isn't broken. It's just sprained.

9 JAVIER But will I be able to go hiking with my friends?

DRA. MÁRQUEZ I think so. But you should rest and not walk too much for a couple of days. I'm prescribing you some pills for the pain.

10 DRA. MÁRQUEZ Goodbye, Francisco. Goodbye, Javier. Be careful! Good luck in the mountains!

Lección 11

Techman, my hero!

The bus breaks down.

1 ÁLEX Hello? . . . This is he . . . Oh, how are you? . . . I'm fine. We're going to Ibarra. Do you know what happened? This afternoon we were going to Ibarra when Javier had an accident on the bus. He fell, and we had to take him to a clinic.

2 JAVIER Episode twenty-one: Techman and his superfriends save the world once again.

INÉS Oh, Techman, my hero.

MAITE What comedians! One of these days, you'll see . . .

3 ÁLEX You're going to see who Techman really is. My superfriends and I talk everyday over the Internet, working to save the world. But for now, with your permission, I'd like to write an e-mail to my mom and surf the Web for a while.

4 DON FRANCISCO Kids, I think we have a problem with the bus. Why don't you get off?

5 DON FRANCISCO Hmm, I don't see the problem.

INÉS When I was in high school, I worked in my uncle's auto shop. He taught me a lot about mechanics. Luckily, I fixed some buses like this one.

DON FRANCISCO You don't say! Well, what do you think?

6 INÉS Well . . . I don't know . . . I think it's the alternator. Let's see . . . yes . . . Look, Don Francisco... the alternator is burned out.

DON FRANCISCO Oh, yes. But we can't fix it here. I know a mechanic, but he's in Ibarra, twenty kilometers from here.

7 ÁLEX Techman, at your service.

DON FRANCISCO You're our savior, Álex! Call Sr. Fonseca at 5-32-47-91. We know each other very well. I'm sure he'll help us.

8 ÁLEX Good afternoon. May I please speak with Sr. Fonseca? . . . This is Álex Morales, I'm a client of Ecuatur. I'm calling on behalf of Francisco Castillo . . . We were on our way to Ibarra, and our bus broke down . . . We think it's the . . . the alternator . . . We're twenty kilometers from the city . . .

9 SR. FONSECA I think it will be better to fix the bus right there. Relax, I'll leave right away.

10 ÁLEX Good news. Sr. Fonseca is coming right away. He thinks he can fix the bus right here.

MAITE Mechanical-woman and Techman, my heroes!

DON FRANCISCO And mine too!

Lección 12

You'll love the house!

Don Francisco and the students arrive in Ibarra.

1 SRA. VIVES Hi, welcome!

DON FRANCISCO Sra. Vives, let me introduce the boys and girls. Kids, this is Sra. Vives, the housekeeper.

2 SRA. VIVES Delighted. Come with me . . . I want to show you the house. You're going to love it!

3 SRA. VIVES This bedroom is for the boys. You have two beds, a night stand, a chest of drawers . . . In the closet there are more blankets and pillows if you need them.

4 SRA. VIVES Javier, don't put the suitcases on the bed. Put them on the floor, please.

5 SRA. VIVES Take this bedroom, girls.

6 SRA. VIVES This is the living room. The sofa and the armchairs are very comfortable. But please, don't get them dirty!

7 SRA. VIVES The kitchen and dining room are over there. At the end of the hall there is a bathroom.

8 DON FRANCISCO Kids, let's see . . . attention! Sra. Vives will prepare your meals. But I want you to help her with the household chores. I want you to

straighten your rooms, make the beds, and set the table . . . understood?

JAVIER Don't worry . . . we'll help however we can.

ÁLEX Yes, you can count on us.

9 INÉS We insist that you let us help you make the food.

SRA. VIVES No, kids, it's no big deal, but thanks for the offer. Rest awhile; surely you're tired.

ÁLEX Thanks. I would like to take a walk around the city.

10 INÉS Excuse me, Don Francisco, what time is the guide coming tomorrow?

DON FRANCISCO Martín? He's coming early, at seven in the morning. I recommend that you go to bed early tonight. No television or long conversations!

ESTUDIANTES Oh, Don Francisco!

Lección 13

What a beautiful landscape!

Martín and the students visit the trailhead in the mountains.

1 DON FRANCISCO Everybody, I want to introduce Martín Dávalos, your guide for the hike. Martín, our passengers—Maite, Javier, Inés, and Álex.

2 MARTÍN Pleased to meet you. I'm going to take you to the area where we'll go hiking tomorrow. How does that sound?

ESTUDIANTES Yes, let's go!

3 MAITE What beautiful countryside!

INÉS I don't think there is a prettier place in the whole world!

4 MARTÍN We hope you have a lot of fun, but it's necessary that you take care of nature.

JAVIER We can take photos, right?

MARTÍN Yes, as long as you don't touch the flowers or the plants.

5 ÁLEX Are there problems with pollution in this region?

MARTÍN Pollution is a problem throughout the world. But here we have a recycling program. If you see bottles, papers, or cans along the trail, pick them up.

Fotonovela Translation

6 JAVIER I understand that tomorrow we're going to cross a river. Is it polluted?

MARTÍN In the mountains, the river does not seem to be affected by pollution. Near the cities, however, the river is pretty polluted.

7 ÁLEX The air you breathe is so pure here! It isn't like in Mexico City. We have a severe pollution problem.

MARTÍN Unless they resolve this problem, the population will suffer from many illnesses in the future.

8 INÉS I think we should all do something to protect the environment.

MAITE I think all countries should make laws that control the use of automobiles.

9 JAVIER But Maite, are you going to stop using your car in Madrid?

MAITE I guess I'm going to have to use the subway . . . But you know that my car is so small . . . it hardly pollutes at all.

10 INÉS Come on, Javier!

JAVIER I'm coming!!

Lección 14

We're lost.

Maite and Álex run errands downtown.

1 MARTÍN & DON FRANCISCO Good afternoon.

JAVIER Hi. How are you? We're talking about the hike tomorrow.

2 DON FRANCISCO Do you have everything you need? I always recommend that the hikers wear comfortable shoes, a backpack, sunglasses, and bring a sweater, in case it's cold.

JAVIER All set, Don Francisco.

3 MARTÍN I recommend that you bring something to eat.

ÁLEX Hmm . . . we didn't think of that.

MAITE Stop worrying so much, Álex! We can buy something at the supermarket right now. Want to go?

4 ÁLEX Excellent idea! As soon as I finish my coffee, I'll go with you.

MAITE I need to go by the bank and by the post office to send some letters.

ÁLEX That's fine.

5 ÁLEX Do you need anything from downtown?

INÉS Yes! When you go to the post office, can you put these postcards in the mailbox? I also need some stamps.

ÁLEX Of course.

6 JOVEN Hi! Can I help you with something?

MAITE Yes, we're lost. Is there a bank around here with an ATM?

JOVEN Hmm . . . There is no bank on this street that has an ATM.

7 JOVEN But I know one on Pedro Moncayo Street that does have an ATM. Cross this street and then turn left. Go straight ahead, and before you get to the Crespo Jewelry Store you're going to see a big sign for the Bank of the Pacific.

8 MAITE We're also looking for a supermarket.

JOVEN Well, right there across from the bank is a small supermarket. Easy, isn't it?

MAITE I think so. Thanks a lot for your help.

9 MAITE Take your stamps, sweetie.

INÉS Thanks, Maite. How did it go downtown?

MAITE Really great! We went to the bank and to the post office. Then in the supermarket we bought food for the hike. And before we came back, we stopped at an ice cream shop.

10 MAITE Oh! Another thing. When we arrived downtown, we met a very nice young man who gave us directions. He was very friendly . . . and very good-looking!

Lección 15

What a great hike!

Martín and the students go hiking in the mountains.

1 MARTÍN Good morning, Don Francisco.

DON FRANCISCO Hi, Martín!

MARTÍN I see that you have brought what you need. Everyone has come very well-prepared!

2 MARTÍN Very well. Attention, everybody! First let's do some stretching exercises . . .

3 MARTÍN It's good that you've stayed in shape. Well, kids, are you ready?

JAVIER Yes, very ready! I can't believe that the big day has finally arrived.

4 MARTÍN Great! Let's get going, then!

DON FRANCISCO Bye! Take care!

5 *Martín and the students spend eight hours hiking in the mountains. They have a lot of fun talking, looking at the countryside, and taking photos.*

6 DON FRANCISCO Hi! I'm so happy to see you! How did the hike go?

JAVIER Incredible, Don F. I had never seen such spectacular scenery. It's a wonderful place. I took lots of photos and I have a lot of scenes to draw.

7 MAITE I had never gone on a hike before. I loved it! When I return to Spain, I'm going to have a lot to tell my family.

8 INÉS It's been the best hike of my life. Friends, Martín, Don F., thanks so much.

9 ÁLEX Yes, thanks, Martín. Thanks for everything.

MARTÍN You're welcome. It's been a pleasure.

10 DON FRANCISCO Well, kids, it's time to head back. I think that Sra. Vives has prepared a very special meal for us.

Lección 16

That's a sensational plan!

Don Francisco and the students talk about their future occupations.

1 MAITE Mrs. Vives is a magnificent cook.

DON FRANCISCO I'm glad you like it.

2 DON FRANCISCO Listen, what can you tell me about the place where you went on the hike? What did you think of it?

MAITE The landscape is really beautiful!

INÉS Martín was an excellent guide. He showed a lot of interest in our learning about the environment.

3 DON FRANCISCO Yes, Martín is the best guide I know. But speaking of professions, do you want to know what my plans for the future are?

MAITE I'm dying to know!

DON FRANCISCO I've decided that next summer I'm going to establish my own tour company.

4 JAVIER Good idea, Don Efe! With your experience and talent, you'll be a great success.

ÁLEX Yes, I completely agree.

DON FRANCISCO How kind of you! But, tell me, what are your plans? I suppose you've also thought about the future.

5 ÁLEX But of course, Don Francisco. In five years I will have established a company specializing in the Internet.

INÉS You'll be a millionaire, right?

ÁLEX Exactly, because a lot of people will have invested loads of money in my firm.

6 MAITE It's a sensational plan! But now listen to mine. I'm going to be a journalist, and I will have my own talk show. You'll see me on TV interviewing politicians, scientists, businessmen and women, and actors and actresses.

7 JAVIER I have no doubt that I will be a famous painter. Everybody will want to buy my paintings, and I'll be more famous than Picasso, than Dalí, than Velázquez . . .

Fotonovela Translation

8 INÉS I will be an archaeologist. I will explore archeological sites in Ecuador and in other countries. I'll write books about my discoveries.

9 MAITE Great! When you're famous, I'll invite all of you to my program. And you will come too, Don Efe.

DON FRANCISCO Right away! I'll come driving a bus!

10 DON FRANCISCO Here's to the future!

STUDENTS Here's to the future!

Lección 17

Here come Romeo and Juliet.

Álex and Maite go to see a play.

1 ÁLEX Listen, what kind of movies do you like? Action? Horror? As far as I'm concerned, the best are science fiction.

MAITE That doesn't surprise me. My favorite movies are romantic films. But do you know what fascinates me?

2 ÁLEX No, but tell me, dear, what fascinates you most?

MAITE Poetry. Right now I'm reading a collection by García Lorca . . . It's great . . .

3 ÁLEX You don't say! I like poetry too. Do you know Octavio Paz, the Mexican poet?

MAITE Of course. He won the Nobel prize in literature in 1990 . . .

4 ÁLEX Wow! You're an expert on literature!

5 MAITE Yes, I read a little bit of everything. Right now on my night table, I have a collection of stories by Carmen Riera, a Spaniard who is also a journalist. As soon as I finish it, I'll give it to you.

ÁLEX You've got a deal!

6 MAITE Listen, Álex, would you like to be a writer?

ÁLEX Well, I think I would like to be a poet, but I would publish all my poetry on the Internet. Would you like to be a poet?

7 MAITE Well, no. But I do think I'd like to be a singer. If I hadn't chosen to be a journalist, I would have been an opera singer.

ÁLEX Opera singer? I hate opera.

8 JAVIER Look, here come Romeo and Juliet. Look how happy they are! Come with me . . . let's surprise them before they open the door.

9 Álex and Maite kiss.

10 JAVIER What? Did you like the play?

Lección 18

Until next time!

The students share their favorite memories of the adventure with Roberto.

1 MRS. RAMOS Hello! I hope you've had a magnificent trip.

JAVIER We've had a great time!

MRS. RAMOS How are you, Don Francisco? I'm happy to see you again!

2 MAITE Roberto! How are you?

3 MAITE Álex, come here . . . this is my friend Roberto. We met in journalism class. He's a reporter for the university newspaper. Roberto, this is my boyfriend, Álex.

ROBERTO Pleased to meet you, Álex.

ÁLEX The pleasure is mine.

4 MAITE And these are my friends, Inés and Javier.

JAVIER & INÉS Hi!

5 MAITE But, what are you doing here?

ROBERTO Oh, Maite, I'm tired of writing about crime and politics. I'd like to interview you about your experiences on the trip.

MAITE Great!

6 ROBERTO Let's see . . . Inés. What was your favorite experience?

INÉS For me the best thing was the hike we took to the mountains.

ROBERTO Was it dangerous?

JAVIER No . . . But if our guide hadn't been with us, we would have gotten lost for sure!

7 ROBERTO What else happened during the trip?

MAITE Well, one day we went to eat in the restaurant El Cráter. When it was time for dessert, Mrs. Perales, the owner, surprised me with a cake and baked custard for my birthday.

8 **JAVIER** We also had a problem with the bus, but Inés solved the problem with the help of a mechanic. Now we call her Mechanicwoman.

9 **ROBERTO** If you could take the trip again, would you do it?

ÁLEX Without a second thought. Traveling is a good way to get to know people better and to make friends.

10 **DON FRANCISCO** Goodbye, everybody!

STUDENTS Goodbye! Bye, Don Efe! See you later!

DON FRANCISCO Until next time, Mrs. Ramos!

Fotonovela Translation

PANORAMA CULTURAL: THE UNITED STATES

Hispanics in New York In the United States, there are more than 32 million Hispanics. Their countries of origin are principally Mexico, Puerto Rico, Cuba, and the Dominican Republic.

In baseball, twenty percent of the baseball players in the major leagues are Dominican. Pedro Martínez, Álex Rodríguez, and Manny Ramírez are a few Dominican baseball players. Other famous Dominicans are the designer Óscar de la Renta and the writer Julia Álvarez.

The state of New York has a large Hispanic population; the majority of them are of Puerto Rican or Dominican origin. In this state, there are many Hispanic restaurants, dance clubs, radio stations and supermarkets. WADO and Latino Mix are two of the most popular Hispanic radio stations in Manhattan.

Three of the most important Hispanic celebrations are the **Carnaval** in San Francisco, the **Festival de la calle ocho** in Miami, and the Dominican Festival in New York. The Dominicans celebrate their festival in August. They commemorate their country's independence day. In this festival, they organize traditional **comparsas**, costume contests, and musical shows.

PANORAMA CULTURAL: CANADA

Hispanics in Montreal In the Canadian city of Montreal, there is an important Hispanic community. The majority of them are of Mexican, Chilean, or Salvadorean descent.

Many public and private institutions offer services in Spanish like the TV station Telelatino, the magazine *Picante*, and the newspaper *El correo canadiense*.

One important Hispanic in the field of biology is Ana María Seifert. She is from Bolivia and lives with her two daughters in an apartment in Montreal.

Seifert is a research scientist at the University of Quebec who studies the insurance of employees from hospitals, schools, banks, and other industries. She spends many hours in the university's lab and participates in national and international conventions.

The Seifert home maintains many Bolivian traditions.

Panorama cultural Translation

PANORAMA CULTURAL: SPAIN

The San Fermín Festival Spain celebrates many traditional festivals. The San Fermín Festival is one of the most famous. It is celebrated in Pamplona from July 7–14. People call this celebration **los Sanfermines**.

This festival is the combination of three ancient celebrations: the religious festival in honor of Saint Fermín, the commercial festivals, and the bullfighting events.

At the San Fermín Festival they organize very different events. The **encierros** (running of the bulls) is the main event of the festival. It involves many people running in front of seventeen bulls. There are eight **encierros**, one per day. They begin at 8 a.m. by setting off a rocket.

Men from the community participate in the **encierros**, along with tourists of many nationalities. Everyone wears white clothing and red neckerchiefs. The running of the bulls is very dangerous and participants can only carry a newspaper to defend themselves from the bulls. Many people travel to Pamplona just to see the running of the bulls.

They also organize **comparsas** that pass through the streets of Pamplona with vary unusual characters. Eight giants, four men and four women, represent Europe, Africa, Asia, and America. There are also characters with enormous heads, and figures that are half-man and half-animal. The **comparsas** are children's favorite events. On July 14, boys and girls from the community bid farewell to the characters at the Pamplona bus station.

Lección 3

PANORAMA CULTURAL: ECUADOR

The Galapagos Islands The Galapagos Islands are in the Pacific Ocean, close to the coast of Ecuador. The Galapagos archipelago consists of 15 large islands and many small islands. The Galapagos Islands are an Ecuadorian National Park. Many animals live there, and people only live on four of the islands. Many of them work in the park. Also, many scientists live on the islands to study the diverse fauna and flora of the archipelago.

The Galapagos Islands are an exceptional place, difficult to describe. The archipelago has fascinating animal species. Turtles, penguins, iguanas, and many other animals live on the islands.

Turtles are the largest animals that live on the archipelago. Many of the turtles are very old. Some are older than 100!

The Galapagos Islands receive many tourists. The tourists observe the animals, take photos, and listen to guides. Visitors also learn the importance of the archipelago's natural resources.

On Santa Cruz Island is the Ayora Harbor. Many tourists arrive at Ayora Harbor every year to rest, eat, and drink in the hotels, restaurants, and cafes on the island. Here, tourists also purchase souvenirs and Ecuadorian art.

The offices of the Charles Darwin Foundation are located on the islands. This organization has projects related to the conservation of the ecosystem of the entire archipelago. The foundation prepares publications on animals and plants.

The ecosystem of the Galapagos Islands is very important for our hemisphere.

PANORAMA CULTURAL: MEXICO

Teotihuacán Teotihuacán is one of the most important archaeological sites in Latin America. This ancient city is located in the Valley of Mexico, 50 kilometers from Mexico's capital.

In Teotihuacán, each year, there is a celebration of the equinox—the time of the year in which day and night are of equal length. Many traditional Mexican musical groups come to Teotihuacán to celebrate and participate in traditional rituals.

At 5 a.m., millions of Mexicans begin arriving at the pyramids. At that time, people start climbing the ruins.

Men, women, young people and children all want to be closer to the sun and feel its energy on their hands. These moments are incredible. A trip to Teotihuacán is an amazing experience.

Tourists of many different nationalities attend the equinox celebration. Many prefer to visit Teotihuacán for these celebrations. People walk around the ruins, listen to music, dance, and sunbathe. People celebrate, with traditional and modern rituals, the energy that they receive from the sun every morning.

Lección 5

PANORAMA CULTURAL: PUERTO RICO

Old San Juan In the bay of Puerto Rico's capital is the **Castillo de San Felipe del Morro**. This national historical site is in Old San Juan, the capital's oldest neighborhood.

In Old San Juan, famous for its colonial constructions, there are narrow streets, houses with balconies, picturesque fountains, and many city squares. San José Square is the most popular. In the majority of the parks, there are sculptures inspired by the country's history.

There are also many cafés and restaurants where Puerto Ricans spend their free time. Each year, more than one million visitors arrive at the Center of Tourist Information of Old San Juan.

Old San Juan is also the cultural and artistic center of Puerto Rico.

Here you will find the Puerto Rican Cultural Institute, which promotes the island's cultural events. Many local artists sell their work on the streets. There are also many galleries and museums.

In the Museum of San Juan, there is a permanent exhibition about the history of Puerto Rico, and the Museum of the Americas presents exhibitions about the history of Latin America. This neighborhood also houses the **Escuela de Artes Plásticas de Puerto Rico** and the National Center of Popular Arts and Crafts, where they sell handicrafts.

In January, they celebrate the **Fiesta de la Calle San Sebastián** with concerts, special art exhibits and a carnival.

Panorama cultural Translation

PANORAMA CULTURAL: CUBA

Santería Every ten minutes, a boat leaves from La Habana headed to Regla, a Cuban city where many practice **Santería**. **Santería** is a very common animist religious practice in Latin American countries.

Santeros are the people who practice **Santería**. They are important members of the community. People visit the **Santeros** to talk with them. They ask them about the future, personal relationships, and look for solutions to everyday problems.

The **Eggún** are very important men and women in **Santería**. They go to people's homes, and at these meetings, the **Eggún**, the families, and their friends dance to traditional music. There are also **Santería** shops. At these shops, they sell musical instruments, religious statues and pictures, and many other things related to this practice.

Santería is one of the oldest Cuban traditions.

Lección 7

PANORAMA CULTURAL: PERU

Adventure Sports In Peru, fun and extreme adventure sports are widely practiced. Every year, hundreds of people ride mountain bikes along the beautiful Peruvian landscape.

A favorite destination for this sport is Pachacamac, located 31 kilometers from Lima, the capital of Peru. People spend hours and hours biking in the fresh air, and visiting the region's many villages. The two most important national competitions are the Totoritas Rally and Entre Ríos.

A new sport that is gaining more fans each year is sandboarding. In the Ocucaje region there are large sand dunes where athletes descend on boards at very high speeds.

Another of the Peruvian's favorite adventures is hiking at Santa Cruz, in the Blanca Mountain Range, one the most beautiful places in the country. Fans of this sport walk along paths in the lush countryside.

Traditional adventure sports are also practiced. Walking with llamas is one of them. People go for three or four days starting from the Qorihuayrachina village to the Machu Picchu ruins. This route is called the **Camino Inca** and is 43 kilometers long.

Throughout the country's beaches they practice a traditional sport: fishing in small canoes. This sport is over 2000 years old!

PANORAMA CULTURAL: GUATEMALA

Antigua and Chichicastenango Would you like to know about two of the most beautiful cities in Guatemala? These cities are Antigua and Chichicastenango.

Antigua was very important in colonial times. It was the capital of Guatemala until a large earthquake destroyed it in 1773. On the streets of this city, there are still ruins of the old capital, where tourists can sense the atmosphere of the past. There are also many churches and monasteries of colonial architecture that survived the earthquake.

Holy Week celebrations in Antigua are spectacular. Women make beautiful rugs with thousands of flowers and cover the streets of the city with them.

They work with the flowers in the morning, and in the afternoon, the procession starts. Throughout the city, purple decorations are put up and many residents dress in this same color.

Chichicastenango is a smaller city than Antigua, but no less important.

Every Thursday and Sunday there is an open-air market on the streets and in the squares of the city's center. Hundreds of indigenous people from all of the different communities in the region arrive at Chichicastenango to offer their products to travelers.

Starting very early in the morning, the indigenous people begin selling clothing, shoes, bags, flowers, fruit, vegetables, and many other items. None of the products has a fixed price and clients have to bargain when shopping.

This is one of the largest markets in Latin America and it is the most important indigenous commercial center in Guatemala.

Lección 9

PANORAMA CULTURAL: CHILE

Easter Island Easter Island, or **Rapa Nui**, as it is called in the indigenous language of the region, is a Chilean national symbol.

It is located 3,800 kilometers off the coast and is one of the most remote places that was once a pre-Columbian civilization. The people who lived there thousands of years ago had very few natural resources.

On the island, it is always very hot and very windy, and in the month of May, it rains a lot. Normally, on a summer day, the temperature reaches 90° Fahrenheit.

The **Moai** sculptures are the most distinctive element of this place. There are more than 900 spread throughout the entire island.

Another important tourist attraction on the island is the great **Rano Kau** crater. Visitors climb the crater to take advantage of the spectacular view.

Easter Island is a fascinating place.

Panorama cultural: Translation

PANORAMA CULTURAL: COSTA RICA

Monteverde and Tortuguero Monteverde Biological Reserve and Tortuguero National Park are only two examples of Costa Rica's great natural wealth.

Monteverde is a large **bosque nuboso**: a forest covered in clouds. In this reserve, more than 2,000 different animal species are preserved, such as the toucan, the quetzal, the jaguar, and the puma. There are also many exotic plant species.

No more than 150 people can be in the park at the same time because the habitat of the reserve's plants and animals is very fragile.

Frequently, tourists bring their own tents and camp in the reserve. Others prefer to stay in hotels in the towns neighboring Monteverde.

Another of Costa Rica's natural wonders is Tortuguero National Park. The 19,000 hectares (one hundred ninety million square meters) that the park covers are located on the coast of the Caribbean Sea. The park's mission is to preserve the beaches where the sea turtles lay eggs. Visitors arrive by boat and pass through the forest's beautiful canals. The best months to visit Tortuguero are February, April, and November because the weather is nice and it does not rain much.

All visitors must follow the park's rules. After 6 p.m., no one is allowed on the beach without a certified guide. Taking pictures is prohibited; everyone must remain silent, and no one can touch the turtles, since there are not many more of them left in the ocean.

Lección 11

PANORAMA CULTURAL: ARGENTINA

Tango The tango is a musical genre that emerged in the La Boca neighborhood of Buenos Aires in 1880.

Nowadays this neighborhood is considered an open-air museum where many artists exhibit their works of art. Tango is played and danced mainly on Caminito Street.

Carlos Gardel was the composer and singer of several of the most famous tangos, like **Mi Buenos Aires querido** (*My beloved Buenos Aires*). Gardel died on June 24, 1935. Since then, each year his fans pay tribute to him on the anniversary of his death.

In Argentina, there are many schools of tango for children and for adults. In addition, there is a large number of ballrooms where they exclusively play tango.

This musical genre, in general, has a dramatic and nostalgic tone. In its early stages, tangos were stories about **gauchos** (cowboys) who emigrated to the capital and were homesick. Now, the majority are short stories or poems about men suffering from love.

Guillermo Alio is an artist that paints and dances at the same time. He puts black paint on his shoes and his partner uses red paint. The two of them dance while they paint a picture with their feet.

Alio travels to many Latin American and European countries to give conferences about the tango. He draws a diagram on the floor with the tango steps in order to teach people to dance. He has done this diagram in the Parque del Retiro in Madrid and Central Park in New York.

The tango is music, dance, poetry, and painting.

PANORAMA CULTURAL: PANAMA

Ocean Sports The Central American country of Panama has beautiful coasts on the Caribbean Sea and also on the Pacific Ocean.

On the Pacific side is the archipelago of Las Perlas, a peaceful site, excellent for scuba diving. Visitors travel by boat or plane to the largest island of the archipelago, Contadora Island. On Las Perlas, there are thousands of species of tropical fish and also many coral reefs.

The ecosystem in this area is incredible because of its extraordinary fauna and flora. It is always very hot in this place, so people can scuba dive at every season of the year.

In Panama, there are travel agents that specialize in scuba diving. Professionals and amateur fans come to these coasts to practice the sport. They offer trips in which visitors have the opportunity to scuba dive in the Pacific Ocean in the morning, the Panama Canal at noon, and, finally, the Caribbean Sea in the afternoon.

On the Caribbean side are the small San Blas Islands, also an excellent place to scuba dive. There are 365 islands, one for each day of the year, according to the indigenous Kuna people who live there.

Santa Catarina is a very popular beach. The best surfers in the world go to this spot. They enjoy the white sand and the turquoise colored water. In Panama, surfing is a very popular sport. Every year they organize national and international surfing tournaments at these beaches.

Lección 13

PANORAMA CULTURAL: COLOMBIA

Festivals and Parks The South American country of Colombia has very diverse geography. It has coasts on the Atlantic Ocean and Pacific Ocean, the Andes mountain range in the center, and the Amazon river in the south.

One of Colombia's principal economic activities is agriculture and one of its most important products is coffee. This Colombian bean is exported everywhere.

Every year, Colombians celebrate many varied festivals where everyone takes to the streets to dance, sing, and carry out their traditions.

The Baranquilla Carnival is one of the most popular national festivals; it features a parade with decorated floats accompanied by different traditional music groups.

Another important celebration is the Flower Fair in Medellín, where people from rural areas take part in the **silleteros** parade.

In addition to honoring their cultural traditions, Colombians are also known for their ecological culture. Three of their most important national parks are Amaracayu Park, where the pink dolphin lives; Orchid Park, where there are more than three thousand species of this flower; and the Parque Nevado del Huila, home to an extraordinary animal: the condor. In other natural reserves, like Nukak and Picachos, there are various indigenous communities.

Colombia has a lot to offer its visitors: modern cities, beautiful villages with colonial architecture, coasts on two oceans, green mountains, and all types of parks and nature reserves. In addition to their natural beauty, the different regions of this country also offer spectacular celebrations where visitors can enjoy the diverse Colombian culture.

Panorama cultural Translation

PANORAMA CULTURAL: VENEZUELA

Coasts and Mountains Along the coasts of Venezuela there are castles and forts that served to protect the country from the attacks of English pirates many years ago. One of these is **Fortín Solano** that was constructed in 1766.

In this country there are more than 3,000 kilometers of beaches and more than 311 islands. Margarita Island, known as the Pearl of the Caribbean, is a very important tourist destination. It has very diverse marine life. The commercial capital of the island is called Porlamar. Here there are big avenues with shopping centers and first-class hotels.

Venezuela also has many mountainous areas. One of the most important is in the south of the country, Canaima National Park. This park has an impressive natural area with 38 large mountains with vertical slopes and flat peaks. They are called **tepuyes**, which means *mountains* in the language of the indigenous Piaroa people of the region. These geological formations have ecosystems that are unique in the world. It is believed that they have plant and animal species that have never been classified.

The most well-known **tepuyes** are the **Autana**, **Roraima** and **Auyantepuy**. The **Autana tepuy** is very important to the indigenous Piaroa people. According to their mythology, this mountain represents the tree of life, from which all natural resources came.

The **Roraima tepuy** is the tallest; it measures 2,800 meters. The **Auyantepuy tepuy** has the tallest waterfall in the world, 979 meters. This natural wonder is called the **Salto Ángel**.

Venezuela also has the longest cable railway in the world. It passes through the Andes Mountain Range.

Lección 15

PANORAMA CULTURAL: BOLIVIA

Uyuni Salt Flat One of the most extraordinary places in Bolivia is the Uyuni Salt Flat, the largest salt lake in the world. This enormous salt flat, which covers 12,000 kilometers, is in the south of Bolivia.

Every year, hundreds of people go to the hotels that are in this region of Bolivia. These hotels are very unique because all of the walls and the furniture are made of salt.

Some people visit the Uyuni Salt Flat to enjoy the beautiful landscape. Others go for health reasons, since it is believed that salt, in moderation, helps people who suffer from bone maladies.

The hotels have swimming pools with high salt content and offer their guests massages and other stress-relieving treatments.

These hotels were designed with great care because excessive contact with salt is very bad for one's health. Salt, which is so abundant in the region, is very present in daily life. It is often used, for example, to preserve food.

The Uyuni Salt Flat is a great white desert.

PANORAMA CULTURAL: NICARAGUA

Masaya The Masaya Lagoon, situated in the village of the same name, is one of the largest lagoons in Nicaragua. The name **Masaya** is derived from the indigenous words **mazalt** and **yan**, which mean *deer* and *place*. In other words, *place of the deer*.

The most important festival that they celebrate here is the **Torovenado**. In it, the inhabitants dance traditional dances and make fun of politicians, authorities, and famous people.

Masaya is known as the capital of Nicaraguan folklore because it is the most important center of traditional craftwork production in the country. At the market, in addition to fruits and vegetables, they sell many types of handicrafts at very good prices.

From this town the impressive Masaya Volcano can be seen; it was worshipped by the indigenous people of the region in the pre-Columbian era. They believed that when the volcano erupted, it was because the gods were angry. In those days, the indigenous people gave offerings to the gods to calm the volcano.

In the last 500 years, the volcano has erupted nineteen times. The Masaya Volcano National Park is one of the most visited natural attractions in Nicaragua.

PANORAMA CULTURAL: THE DOMINICAN REPUBLIC

Bachata and Merengue The Dominican Republic is the second largest country in the Caribbean.

For many years, emmigrants from different parts of the world arrived in this country and began forming a new culture, the Dominican culture we know today. One of the best examples of this combination of cultures can be found in the music.

It has influences from the indigenous people who lived in this region, from several different European styles, and from traditional African music.

Bachata and merengue, popular rhythms in the Dominican Republic, were born from this mix. Today, there are many internationally famous Dominican bachata and merengue musicians. Juan Luis Guerra, Johnny Ventura, Wilfredo Vargas, and Milly Quesada are just a few of them.

Throughout the country there are bachata and merengue clubs with music and dancing. Also, there are many radio stations that exclusively play this music and there is a popular bachata TV program entitled **El Bachatón**.

The Dominican Republic also has renowned salsa musicians. Without a doubt, Johnny Pacheco is one of the most popular. In 1996, the President of the Dominican Republic awarded Pacheco the Presidential Medal of Honor.

During this country's national festivals, music plays a very important role, especially at the carnivals. On February 27 of each year, Dominicans celebrate their independence it to the rhythm of bachata and merengue.

Another traditional Dominican celebration is the Merengue Festival. This event has been celebrated every summer on the streets of Santo Domingo, since 1966.

Panorama cultural Translation

PANORAMA CULTURAL: EL SALVADOR

Pupusas In El Salvador, corn is the principal element of the daily diet.

Since pre-Columbian times, this yellow grain has been the basic food of American cultures. It is known, for example, that thousands of years ago indigenous people who were living in the Valley of Mexico ate corn.

In addition to using it as a food, corn has also been used as a religious symbol, as medicine and even as currency. Pre-Columbian civilizations began their commerce with corn.

Corn is a good source of carbohydrates. This grain is the main ingredient of many traditional Latin American dishes. Mexican **tortillas**, Venezuela **arepas**, Peruvian **tamales**, and Salvadorian **pupusas** are all made with this grain.

To make **pupusas**, they use corn, water, oil, and salt. This traditional Salvadorian dish is served with beans, fish, shrimp, pork, cheese, onion, and tomato sauce. **Pupusas** are also sometimes served as dessert, accompanied by fruit and chocolate.

Restaurants that exclusively make and sell **pupusas** are called **pupuserías**. In El Salvador, there are many. One can say that there is no town in El Salvador that does not have at least one **pupuserías**.

In El Salvador, they also sell **pupusas** at central markets, local squares, next to cathedrals, and at every important place in cities and towns.

They are eaten at all hours of the day, for breakfast, lunch, or dinner. They are also served in some restaurants as appetizers.

Pupusas are an important element of Salvadorean culture.

PANORAMA CULTURAL: HONDURAS

Copán One of the most amazing cities from the Mayan culture is Copán. This city is located in Honduras, about 500 kilometers from Tegucigalpa, the country's capital.

In 1975, archaeological research began in Copán. Since then, national and foreign scientists have been working on these ruins, trying to discover the secrets of the Mayan culture. It is said that the Mayans were great artists, architects, mathematicians, astronomers, and doctors.

In 1989, the Honduran archaeologist Ricardo Agurcia discovered a temple, with its complete exterior façade, inside a pyramid in Copán. They named the temple Rosalila because of its pink color. In Copán, they also found the most extensive text that the great Mayan civilization left behind.

Inside the Copán Archaeological Park is the Museum of Mayan Sculpture. The museum's entrance is very original. Visitors enter through a door shaped like the mouth of a snake, and then pass through a long tunnel. All visitors experience the sensation of having traveled through time.

In the museum's main exhibition hall there is a life-size model of the impressive Rosalila Temple. This model gives visitors a clear idea of the colors Mayans used to paint their pyramids.

The museum also houses more than 3,000 sculptures. Through them one can see the most important symbols in Mayan culture: the Sun, Moon, corn, and some animals, like the quetzal and the snake. These symbols are found in all works of art from the pre-Columbian culture that lived in Copán.

PANORAMA CULTURAL: PARAGUAY

Mate **Mate**, a drink made with leaves from the **yerba mate**, is typical in Paraguay, Argentina, and Uruguay. **Yerba mate** is a plant that grows in the subtropical forests of South America and many companies cultivate it and process it for commercial purposes.

There are many techniques for preparing **mate**. Traditionally, the leaves are burned, cut, and boiled.

The word **mate** has its origin in the expression *mati* from the Quechua language, and means *pumpkin*. The Guarani, indigenous people from South America, believed that this plant was a gift from their ancestors to maintain the health, vitality, and longevity of their tribe. They began using it thousands of years ago and considered it to be a sacred and medicinal drink.

Even today, **mate** is used as a source of energy and a dietary supplement for people who want to lose weight. The **mate** plant is sold, not only in Latin America, but also in many European and Asian countries.

Like coffee, **mate** has a bitter taste, contains caffeine and produces a stimulating effect. In colonial times, drinking **mate** was illegal, since they were afraid of its stimulating effects.

Mate is a very important part of the Paraguayan daily diet. It has vitamins, minerals, and antioxidants. **Mate** is consumed at any hour of the day, just like coffee is consumed in the USA. Any time!

Mate is more than a simple drink; it is an important symbol of South American culture.

PANORAMA CULTURAL: URUGUAY

Estancias One of the most productive economical activities in Uruguay is ranching. In the rural areas of Uruguay, there are cattle ranches and some of them are **estancias**.

Estancias are ranches with small hotels where people can spend several days living with cowboys, learning the tricks of the trade. Visitors have the opportunity to see, participate in, and help with some of the cowboys' activities and pastimes. The **estancias** are a good way to take a break from one's daily routine, and, at the same time, learn about the daily activities on a ranch. In addition, visitors can enjoy the country's nature, breathing in the pure air of the countryside.

Estancias always have lots of horses. These animals are very important to this culture. For centuries, they have been the most important factor for cowboys to be able to work and get around. Visitors can take trips on horseback to observe the region's fauna and flora. At the **estancias**, people also learn about the national traditions and customs celebrated on the Uruguayan countryside.

Caravans are one of these traditions. This is where participants have to ride horseback for several days until they reach their destination. Afterwards, everyone rests and eats a barbecue in which the main dish, of course, is beef.

Another traditional activity on the Uruguayan countryside is the rodeo. The cowboy who can stay mounted on the bronco (untamed horse) for the longest time, wins a prize. Thanks to the **estancias**, these traditions are kept alive in Uruguay.

hoja de actividades   **Lección 2**

Comunicación

4 **Encuesta** (student text p. 52) Change the categories in the first column into questions, and then use them to survey your classmates. Find at least one person for each category. Be prepared to report the results of your survey to the class.

Categorías	Nombre de tu compañero/a	Nombre de tu compañero/a
1. Estudiar computación		
2. Tomar una clase de psicología		
3. Dibujar bien		
4. Cantar bien		
5. Escuchar música clásica		
6. Escuchar jazz		
7. Hablar mucho en clase		
8. Desear viajar a España		

hoja de actividades   Lección 3

Comunicación

5 **Encuesta** (student text p. 89) Walk around the class and ask a different classmate a question about his/her family members. Be prepared to report the results of your survey to the class.

Actividades	Miembros de la familia
1. Vivir en una casa	
2. Beber café	
3. Correr todos los días (every day)	
4. Comer mucho en restaurantes	
5. Recibir mucho correo electrónico (e-mails)	
6. Comprender tres lenguas	
7. Deber estudiar más (more)	
8. Leer muchos libros	

hoja de actividades

Lección 4

Comunicación

5 **Encuesta** (student text p. 114) Walk around the class and ask your classmates if they are going to do these activities today. Find one person to answer **Sí** and one to answer **No** for each item and note their names on the worksheet in the appropriate column. Be prepared to report your findings to the class.

modelo

Tú: ¿Vas a leer el periódico hoy?

Ana: Sí, voy a leer el periódico hoy. *(You write **Ana** under **Sí**)*

Luis: No, no voy a leer el periódico hoy. *(You write **Luis** under **No**)*

Actividades	Sí	No
1. Comer en un restaurante chino		
2. Leer el periódico		
3. Escribir un mensaje electrónico		
4. Correr 20 kilómetros		
5. Ver una película de horror		
6. Pasear en bicicleta		

hoja de actividades

Comunicación

12 **Encuesta** (student text p. 141) How does the weather affect what you do? Walk around the class and ask your classmates what they prefer or like to do in the following weather conditions. Note their responses on your worksheet. Make sure to personalize your survey by adding a few original questions to the list. Be prepared to report your findings to the class.

Tiempo	Actividades	Actividades
1. Hace mucho calor.		
2. Nieva.		
3. Hace buen tiempo.		
4. Hace fresco.		
5. Llueve.		
6. Está nublado.		
7. Hace mucho frío.		
8.		
9.		
10.		

hoja de actividades

Síntesis

6 **Encuesta** (student text p. 217) Circula por la clase y pídeles a tus compañeros/as que comparen las actividades que hacen durante la semana con las que hacen durante los fines de semana. Escribe las respuestas.

modelo

> **Tú:** ¿Te acuestas tarde los fines de semana?
>
> **Susana:** Me acuesto tarde algunas veces los fines de semana, pero nunca durante la semana.

Actividades	Nombres de tus compañeros/as	Siempre	Nunca	Algunas veces
1. Acostarse tarde				
2. Comer en un restaurante				
3. Irse a casa				
4. Ir al mercado o al centro comercial				
5. Ir de compras con algunos amigos				
6. Levantarse temprano				
7. Limpiar (to clean) su cuarto				
8. Mirar la televisión				
9. Pasear en bicicleta				
10. Quedarse en su cuarto por la noche				
11. Salir con alguien				
12. Sentarse a leer periódicos o revistas				

hoja de actividades

Práctica

3 **Completar** (student text p. 258) Con la información en esta hoja, completa las oraciones en tu libro de texto acerca de *(about)* Ana, José y sus familias con palabras de la lista.

NOMBRE: José Valenzuela Carranza

NACIONALIDAD: venezolano

CARACTERÍSTICAS: 5'7", 34 años, moreno y muy, muy guapo

PROFESIÓN: periodismo; premio *(award)* Mejor Periodista de la Ciudad

FAMILIA: Abuelo (98 años), abuela (89 años), mamá, papá, 7 hermanas
y hermanos mayores y más altos

GUSTOS: trabajar muchísimo en su profesión y leer literatura
ir a muchas fiestas, bailar y cantar
viajar por todo el mundo
jugar al baloncesto con sus hermanos (pero juega demasiado mal)
estar con Fifí, una perra *(dog f.)* refinadísima, pero muy antipática

---

NOMBRE: Ana Orozco Hoffman

NACIONALIDAD: mexicana

CARACTERÍSTICAS: 6'4", 38 años, morena de ojos azules

PROFESIÓN: economía

FAMILIA: Mamá, papá, madrastra, dos medios hermanos,
Jorge de 11 años y Mauricio de 9

GUSTOS: viajar
jugar al baloncesto (#1 del estado), nadar, bucear y esquiar
hablar alemán
jugar juegos *(games)* electrónicos con sus hermanitos
(No juega mal. Jorge es excelente.)

---

hoja de actividades

Comunicación

7 **Encuesta** (student text p. 273) Haz las preguntas de la hoja a dos o tres compañeros/as de la clase para saber qué actitudes tienen en sus relaciones personales. Luego comparte los resultados de la encuesta *(survey)* con la clase y comenta tus conclusiones.

Preguntas	Nombres	Actitudes
1. ¿Te importa la amistad? ¿Por qué?		
2. ¿Es mejor tener un(a) buen(a) amigo/a o muchos/as amigos/as?		
3. ¿Cuáles son las características que buscas en tus amigos/as?		
4. ¿Tienes novio/a? ¿A qué edad es posible enamorarse?		
5. ¿Deben las parejas hacer todo juntos? ¿Deben tener las mismas opiniones? ¿Por qué?		

hoja de actividades   Lección 9

Comunicación

4 **Encuesta** (student text p. 281) Para cada una de las actividades de la lista, encuentra a alguien que hizo esa actividad en el tiempo indicado.

modelo

Traer dulces a clase
Estudiante 1: ¿Trajiste dulces a clase?
Estudiante 2: Sí, traje galletas y helado a las fiesta del fin del semestre.

Actividades	Nombres	Nombres
1. Ponerse un disfraz (*costume*) de Halloween.		
2. Traer dulces a clase.		
3. Conducir su carro a clase.		
4. Estar en la biblioteca ayer.		
5. Dar un beso a alguien ayer.		
6. Poder levantarse temprano esta mañana.		
7. Hacer un viaje a un país hispano en el verano.		
8. Tener una cita anoche.		
9. Ir a una fiesta el fin de semana pasado.		
10. Tener que trabajar el sábado pasado.		

hoja de actividades

Comunicación

5 **Encuesta** (student text p. 437) Circula por la clase y pregúntales a tus compañeros/as si conocen a alguien que haga cada actividad de la lista. Si responden que sí, pregúntales quién es y anota sus respuestas. Luego informa a la clase de los resultados de tu encuesta.

modelo

Trabajar en un supermercado
Estudiante 1: ¿Conoces a alguien que trabaje en un supermercado?
Estudiante 2: Sí, conozco a alguien que trabaja en un supermercado. Es mi hermano menor.

Actividades	Nombres	Respuestas
1. Dar direcciones buenas		
2. Hablar japonés		
3. Graduarse este año		
4. Necesitar un préstamo		
5. Pedir prestado un carro		
6. Odiar ir de compras		
7. Ser venezolano/a		
8. Manejar una motocicleta		
9. Trabajar en una zapatería		
10. No tener tarjeta de crédito		

hoja de actividades

Comunicación

4   Lo dudo (student text p. 468) Escribe cinco oraciones, algunas ciertas y algunas falsas de cosas que habías hecho antes de venir a la universidad. Luego, en grupos, túrnense para leer sus oraciones. Cada miembro del grupo debe decir "es cierto" o "lo dudo" después de cada una. Escribe la reacción de cada compañero/a en la columna apropiada. ¿Quién obtuvo más respuesta ciertas?

Modelo

Oraciones	Miguel	Ana	Beatriz
1. Cuando tenía 10 años, ya había manejado el carro de mi papá.	Lo dudo.	Es cierto.	Lo dudo.

Oraciones	Nombre de tu compañero/a y su respuesta	Nombre de tu compañero/a y su respuesta	Nombre de tu compañero/a y su respuesta
1.			
2.			
3.			
4.			
5.			

hoja de actividades   Lección 16

Comunicación

2 Encuesta (student text p. 495) Pregúntales a tres compañeros/as para cuándo habrán hecho las cosas relacionadas con sus futuras carreras que se mencionan en la lista. Toma nota de las respuestas y comparte más tarde con la clase la información que obtuviste sobre tus compañeros/as.

> **modelo**
>
> **Estudiante 1:** ¿Para cuándo habrás terminado tus estudios, Carla?
> **Estudiante 2:** Para el año que viene habré terminado mis estudios.
> **Estudiante 1:** Carla habrá terminado sus estudios para el año que viene.

Actividades	Nombre de tu compañero/a y su respuesta	Nombre de tu compañero/a y su respuesta	Nombre de tu compañero/a y su respuesta
1. Elegir especialización			
2. Aprender a escribir un buen currículum			
3. Comenzar a desarrollar contactos con empresas			
4. Decidir el tipo de puesto que quiere			
5.			
6.			

hoja de actividades

Comunicación

4 **Conversaciones** (student text p. 523) Aquí y en la hoja de tu compañero/a se presentan dos listas de diferentes problemas que supuestamente tienen los estudiantes. En parejas, túrnense para explicar los problemas de su lista; uno/a cuenta lo que le pasa y el/la otro/a dice lo que haría en esa situación usando la frase "Yo en tu lugar . . ." *(If I were you . . .)*

> **modelo**
> **Estudiante 1:** ¡Qué problema! Mi novio no me habla desde el domingo.
> **Estudiante 2:** Yo en tu lugar no diría nada por unos días para ver qué pasa.

Estudiante 1

1. El año pasado escogí la contabilidad como mi especialización, pero ahora he descubierto que no me gusta trabajar con números todo el día. Si cambio de especialización mis padres quizás se enojen.

_____

_____

_____

_____

2. Una amiga mía me pidió que fuera con ella de vacaciones. Hemos comprado los pasajes de avión y tenemos reservación en el hotel. He conocido a un chico muy simpático la semana pasada y él me ha invitado a ir con él.

_____

_____

_____

_____

3. Mi novia es maravillosa, pero se fue a estudiar al extranjero *(abroad)* por un año. Me siento solo y me aburro. El otro día una chica muy atractiva me invitó a ir al teatro. Le dije que sí.

_____

_____

_____

_____

hoja de actividades

Lección 17

Comunicación

4 **Conversaciones** (student text p. 523) Aquí y en la hoja de tu compañero/a se presentan dos listas de diferentes problemas que supuestamente tienen los estudiantes. En parejas, túrnense para explicar los problemas de su lista; uno/a cuenta lo que le pasa y el/la otro/a dice lo que haría en esa situación usando la frase "Yo en tu lugar . . ." *(If I were you . . .)*

> **modelo**
>
> **Estudiante 1:** ¡Qué problema! Mi novio no me habla desde el domingo.
> **Estudiante 2:** Yo en tu lugar no diría nada por unos días para ver qué pasa.

Estudiante 2

1. Me ofrecen un puesto interesantísimo, con un buen sueldo y excelentes beneficios, pero tiene un horario horrible. No volveré a ver a mis amigos jamás.

   _____

   _____

   _____

   _____

2. Hice una fiesta en el apartamento de mi hermano y alguien robó su colección de discos de jazz. Mi hermano vuelve esta tarde de sus vacaciones.

   _____

   _____

   _____

   _____

3. Estoy con una alergia terrible y creo que tengo fiebre. Tengo que terminar de preparar la entrevista que voy a hacer mañana. Y tengo que levantarme tempranísimo porque tengo que estar en el aeropuerto a las 5:45 de la mañana.

   _____

   _____

   _____

   _____

hoja de actividades   Lección 17

Síntesis

6 **Encuesta** (student text p. 523) Circula por la clase y pregúntales a tres compañeros/as qué actividad(es) de las que se describen les gustaría realizar. Usa el condicional de los verbos. Anota las repuestas e informa a la clase de los resultados de la encuesta.

modelo

Estudiante 1: ¿Harías el papel de un loco en una obra de teatro?
Estudiante 2: Sí lo haría. Sería un papel muy interesante.

Actividades	Nombre de tu compañero/a y su respuesta	Nombre de tu compañero/a y su respuesta	Nombre de tu compañero/a y su respuesta
1. Escribir poesía			
2. Bailar en un festival			
3. Tocar en una banda			
4. Hacer el papel principal en un drama			
5. Participar en un concurso en la televisión			
6. Cantar en un musical			

Más vocabulario para la clase de español

Palabras útiles

ausente	absent
el departamento	department
el dictado	dictation
el examen, los exámenes	test(s)
la frase	sentence
la hoja de actividades	activity sheet
el horario de clases	class schedule
la oración, las oraciones	sentence(s)
el párrafo	paragraph
la persona	person
presente	present
la prueba	quiz
siguiente	following
la tarea	homework

Títulos de las secciones del libro de texto

A primera vista	At first glance
Adelante	Onward
Ante todo	Beforehand
Antes de…	Before…
¡Atención!	Attention!
Ayuda	Help
Consejos	Advice
Consúltalo	Refer to (it)
Después de…	After…
El país en cifras	The Country in Figures
Enfoque cultural	Cultural Focus
Escritura	Writing
Escuchar	To listen; Listening
Estructura	Structure; Grammar
Fotonovela	Story based on Photographs
¡Increíble pero cierto!	Incredible but True!
¡Inténtalo!	Try it!
Lectura	Reading
¡Lengua viva!	Living Language!
Más vocabulario	More Vocabulary
Nota cultural	Cultural Note
Ortografía	Spelling
Personajes	Characters
Proyecto	Project
Recurso(s)	Resource(s)
Variación léxica	Lexical Variations

Expresiones útiles

Abra(n) su(s) libro(s).	Open your book(s).
Cierre(n) su(s) libro(s).	Close your books.
¿Cómo se dice _____ en español?	How do you say _____ in Spanish?
¿Cómo se escribe _____ en español?	How do you write _____ in Spanish?
¿Comprende(n)?	Do you understand?
(No) comprendo.	I (don't) understand.
Conteste(n) las preguntas.	Answer the questions.
Escriba(n) su nombre.	Write your name.
Estudie(n) la lección tres.	Study lesson three.
Lea(n) la oración en voz alta.	Read the sentence aloud.
Levante(n) la mano.	Raise your hand(s).
Más despacio, por favor.	Slower, please.
No sé.	I don't know.
¿Qué significa _____?	What does _____ mean?
Repita(n), por favor.	Repeat, please.
Siénte(n)se, por favor.	Sit down, please.
¿Tiene(n) alguna pregunta?	Do you have any questions?
Vaya(n) a la página dos.	Go to page two

Vocabulario adicional

Más vocabulario para los países

Los países hispanos

Argentina	*Argentina*
Bolivia	*Bolivia*
Chile	*Chile*
Colombia	*Colombia*
Costa Rica	*Costa Rica*
Cuba	*Cuba*
Ecuador	*Ecuador*
El Salvador	*El Salvador*
España	*Spain*
Estados Unidos	*United States*
Guatemala	*Guatemala*
Honduras	*Honduras*
México	*Mexico*
Nicaragua	*Nicaragua*
Panamá	*Panama*
Paraguay	*Paraguay*
Perú	*Peru*
Puerto Rico	*Puerto Rico*
República Dominicana	*Dominican Republic*
Uruguay	*Uruguay*
Venezuela	*Venezuela*

Otros países

Alemania	*Germany*
Angola	*Angola*
Arabia Saudí	*Saudi Arabia*
Australia	*Australia*
Austria	*Austria*
Bélgica	*Belgium*
Brasil	*Brazil*
Bulgaria	*Bulgaria*
Canadá	*Canada*
China	*China*
Corea	*Korea*
Croacia	*Croatia*

Otros países

Dinamarca	*Denmark*
Egipto	*Egypt*
Escocia	*Scotland*
Eslovaquia	*Slovakia*
Etiopía	*Ethiopia*
Filipinas	*Philippines*
Finlandia	*Finland*
Francia	*France*
Gran Bretaña	*Great Britain*
Grecia	*Greece*
Haití	*Haiti*
Hungría	*Hungary*
India	*India*
Inglaterra	*England*
Irán	*Iran*
Iraq, Irak	*Iraq*
Irlanda	*Ireland*
Israel	*Israel*
Italia	*Italy*
Japón	*Japan*
Kuwait	*Kuwait*
Pakistán	*Pakistan*
Países Bajos	*Netherlands*
Polonia	*Poland*
Rusia	*Russia*
Siria	*Syria*
Somalia	*Somalia*
Suráfrica	*South Africa*
Sudán	*Sudan*
Suecia	*Sweden*
Suiza	*Switzerland*
Tailandia	*Thailand*
Taiwán	*Taiwan*
Turquía	*Turkey*
Vietnam	*Vietnam*
Yugoslavia	*Yugoslavia*

Más vocabulario para las clases

Otras materias

la agronomía	agriculture
el alemán	German
el álgebra	algebra
la anatomía	anatomy
la antropología	anthropology
la arqueología	archaeology
la arquitectura	architecture
la astronomía	astronomy
la bioquímica	biochemistry
la botánica	botany
el cálculo	calculus
el chino	Chinese
las ciencias políticas	political science
las comunicaciones	communications
el derecho	law
la educación	education
la educación física	physical education
la enfermería	nursing
la filosofía	philosophy
el francés	French
la geología	geology
el griego	Greek
el hebreo	Hebrew
la informática	computer science
la ingeniería	engineering
el italiano	Italian
el japonés	Japanese
el latín	Latin
las lenguas clásicas	classical languages
las lenguas romances	romance languages
la lingüística	linguistics
la medicina	medicine
el mercadeo	marketing
la música	music
los negocios	business
el portugués	Portuguese
el ruso	Russian
los servicios sociales	social services
la trigonometría	trigonometry
la zoología	zoology

Vocabulario adicional

Más adjetivos de nacionalidad

Las nacionalidades de países hispanos	
argentino/a	*Argentinian*
boliviano/a	*Bolivian*
chileno/a	*Chilean*
colombiano/a	*Colombian*
costarricense	*Costa Rican*
cubano/a	*Cuban*
dominicano/a	*Dominican*
ecuatoriano/a	*Ecuadorian*
español(a)	*Spanish*
estadounidense	*American (U.S.)*
guatemalteco/a	*Guatemalan*
hondureño/a	*Honduran*
mexicano/a	*Mexican*
nicaragüense	*Nicaraguan*
panameño/a	*Panamanian*
paraguayo/a	*Paraguayan*
peruano/a	*Peruvian*
puertorriqueño/a	*Puerto Rican*
salvadoreño/a	*Salvadorean*
uruguayo/a	*Uruguayan*
venezolano/a	*Venezuelan*

Otras nacionalidades	
angolano/a	*Angolan*
australiano/a	*Australian*
austríaco/a	*Austrian*
belga	*Belgian*
brasileño/a	*Brazilian*
búlgaro/a	*Bulgarian*
coreano/a	*Korean*
croata	*Croatian*
danés, danesa	*Danish*
egipcio/a	*Egyptian*
escocés, escocesa	*Scottish*
eslovaco/a	*Slovakian*
etíope	*Ethiopian*
filipino/a	*Filipino*
finlandés, finlandesa	*Finnish*
griego/a	*Greek*
haitiano/a	*Haitian*
holandés, holandesa	*Dutch*
húngaro/a	*Hungarian*
indio/a	*Indian*
iraní	*Iranian*
iraquí	*Iraqi*
irlandés, irlandesa	*Irish*
israelí	*Israeli*
italiano/a	*Italian*
kuwaití	*Kuwaiti*
pakistaní	*Pakistani*
polaco/a	*Polish*
saudí	*Saudi Arabian*
sirio/a	*Syrian*
somalí	*Somali*
surafricano/a	*South African*
sudanés, sudanesa	*Sudanese*
sueco/a	*Swedish*
suizo/a	*Swiss*
tailandés, tailandesa	*Thai*
turco/a	*Turkish*
vietnamita	*Vietnamese*

Las mascotas	
el conejo	*rabbit*
el gato	*cat*
el hurón	*ferret*
el pájaro	*bird*
el perro	*dog*
el pez	*fish*
la mascota	*pet*
la serpiente	*snake*
la tortuga	*turtle*

Vocabulario adicional

Más adjetivos

Los adjetivos cognados	
activo/a	*active*
ambicioso/a	*ambitious*
arrogante	*arrogant*
atractivo/a	*attractive*
competente	*competent*
creativo/a	*creative*
discreto/a	*discrete*
estudioso/a	*studious*
excelente	*excellent*
extrovertido/a	*extroverted*
flexible	*flexible*
generoso/a	*generous*
(des)honesto/a	*(dis)honest*
idealista	*idealist*
increíble	*incredible*
(in)maduro/a	*(in)mature*
materialista	*materialistic*
nervioso/a	*nervous*
optimista	*optimist*
(im)paciente	*(im)patient*
pesimista	*pessimist*
reservado/a	*reserved*
(ir)responsable	*(ir)responsible*
romántico/a	*romantic*
sentimental	*sentimental*
serio/a	*serious*
sociable	*sociable*
terrible	*terrible*
tímido/a	*timid*
tranquilo/a	*tranquil*

Vocabulario adicional

Más vocabulario para el fin de semana

La cultura

el ballet	ballet
el boleto	ticket
el concierto	concert
el concierto de jazz	jazz concert
el concierto de música clásica	classical music concert
el concierto de rock	rock concert
la entrada	ticket
la novela	novel
la ópera	opera
la orquesta	orchestra

Lugares

la cancha	field
el circo	circus
la discoteca	dance club
el espectáculo	show
la feria	fair
el festival	festival
el parque de diversiones	amusement park
la pista	track
el zoo(lógico)	zoo

Verbos

alquilar (un video)	to rent (a video)
apreciar	to appreciate
coleccionar (estampillas)	to collect (stamps)
disfrutar	to enjoy
entretener	to entertain
saltar	to jump

Adjetivos

animado/a	lively
artístico/a	artistic
dramático/a	dramatic
extranjero/a	foreign
folklórico/a	folk
musical	musical
romántico/a	romantic
talentoso/a	talented

Expresiones

dar una vuelta	to hang around
pasarlo bien	to have fun
quedar con un(a) amigo/a	to arrange to meet up with a friend

Palabras adicionales

el atletismo	track and field
el billar	pool, billiards
el campeón/ la campeona	champion
el crucigrama	crossword puzzle
el footing	jogging
el/la maratón	marathon

Más vocabulario para las vacaciones

Vacaciones en la ciudad

los alrededores	surrounding areas
la arquitectura	architecture
el carnaval	carnival
la ficha	token
la fila	line (of people)
el hostal	hostal
la litera	bunk bed
el/la mesero/a	waiter/waitress
la plaza	plaza, square
el puesto de información	information booth
la tarifa	rate

La logística

el número del vuelo	flight number
el regreso	return
aterrizar	to land
despegar	to take off
empacar	to pack
partir	to leave
pagar por día	to pay daily
Todo está en orden.	Everything is in order.
¿Cuánto se demora?	How long will it take (you)?

Vacaciones al aire libre

al aire libre	in the open, outdoors
el bloqueador solar	sunscreen
el campamento	camp
la cumbre	mountain top
la quebrada	stream
el riachuelo	stream
la ribera	shore
las ruinas	ruins
dormir al aire libre	to sleep outdoors
ir de aventura	to go on an adventure

Adjetivos

agotado/a	exhausted
ansioso/a	anxious
cálido/a	warm
colorido/a	colorful
desacostumbrado/a	not accustomed to
desorientado/a	disoriented
destruido/a	destroyed
exhausto/a	exhausted
extasiado/a	ecstatic
fascinado/a	fascinated
grato/a	pleasant
inesperado/a	unexpected
lindo/a	lovely, beautiful
paradisíaco/a	heavenly
pesado/a	tedious
ventoso/a	windy

Palabras y expresiones adicionales

el/la acompañante	companion
el recibimiento	reception, welcome
el recuerdo	memory
experimentar	to experience

Vocabulario adicional

Más vocabulario para ir de compras

Más ropa y complementos

los anteojos	eyeglasses
la bufanda	scarf
las chancletas	flip-flops
el overol	overalls
las pantuflas	slippers

Adjetivos

fino/a	high quality
indeciso/a	indecisive
lujoso/a	luxurious

Palabras de argot (*slang*) para hablar de dinero

el billete	(Venezuela, Colombia)
las cañas	(Cuba)
el chavo	(Puerto Rico)
los cocos	(Puerto Rico)
la guita	(Argentina)
la lana	(Mexico)
la pasta	(Spain)
la plata	(Colombia)
los reales	(Venezuela)

En la tienda

la billetera	wallet
el/la bolso/a	purse
el/la cajero/a	cashier
el vestuario	changing room
el/la comprador(a)	buyer
el descuento	discount
la etiqueta	label, tag
el lujo	luxury
el/la maniquí	mannequin
la marca	brand
el monedero	change purse
el mostrador	counter
la promoción	sale
la vitrina	store window

Expresiones

¡Aproveche las rebajas!	Take advantage of the sale!
¿Cuánto le debo?	How much do I owe you?
¿Cuánto vale?	How much is it?
Estoy pensándolo.	I'm considering it.
gastar más de la cuenta	to spend too much money
hacer la cuenta	to add up the bill
hecho a mano	handmade
pagar a plazos	to pay in installments
Me/Te queda bien.	It suits me/you.
Me/Te queda chiquito.	It is too small for me/you.
Me/Te queda grande.	It is too big for me/you.
¡No desperdicie la oportunidad!	Don't let this opportunity pass you by!
el/la vendedor(a) ambulante	street vendor

Más vocabulario para la vida diaria

Vida diaria

el aseo personal	personal hygiene
el cepillo	brush
el cortaúñas	nail clippers
el hilo dental	dental floss
la seda dental	dental floss
arreglarse	to get ready, to get dressed up
atrasarse	to run late
dar de comer	to feed
enjuagar	to rinse
preparar la cena	to prepare dinner
soñar	to dream

Otras expresiones

contar un chiste	to tell a joke
contar un cuento	to tell a story
participar	to participate
seguir tus sueños	to follow your dreams
tomar una siesta	to take a nap
la monotonía	monotony
la mentira (piadosa)	(white) lie
la pesadilla	nightmare
el sentido de humor	sense of humor

Emociones

calmar	to calm
hacer el esfuerzo	to make an effort
pedir perdón	to apologize
sentirse ansioso/a	to feel anxious
sentirse descansado/a	to feel refreshed
sentirse incómodo/a	to feel uncomfortable
sentirse relajado/a	to feel relaxed
sentirse tenso/a	to feel tense
tener esperanza	to be hopeful
de buen/mal humor	in a good/bad mood
estado de ánimo	mood
la (fuerza de) voluntad	will (power)

Vocabulario adicional

Más vocabulario relacionado con la comida

Frutas

el albaricoque	apricot
la cereza	cherry
la ciruela	plum
la frambuesa	raspberry
la fresa	strawberry
la mandarina	tangerine
el mango	mango
la papaya	papaya
la piña	pineapple
el pomelo, la toronja	grapefruit

El pescado y los mariscos

la almeja	clam
el calamar	squid
el cangrejo	crab
el langostino	prawn
el lenguado	sole, flounder
el mejillón	mussel
la ostra	oyster
el pulpo	octopus
la sardina	sardine
la vieira	scallop

Vegetales

la aceituna	olive
el aguacate	avocado
la alcachofa	artichoke
el apio	celery
la berenjena	eggplant
el brócoli	broccoli
la calabaza	squash; pumpkin
la col, el repollo	cabbage
las espinacas	spinach
las judías verdes	string beans
el pepino	cucumber
el rábano	radish
la remolacha	beet

La carne

la albóndiga	meatball
el chorizo	pork sausage
el cordero	lamb
los fiambres	cold meats
el filete	filet
el hígado	liver
el perro caliente	hot dog
el puerco	pork
la ternera	veal
el tocino	bacon

Adjetivos relacionados con la comida

ácido/a	sour
amargo/a	bitter
caliente	hot
dulce	sweet
duro/a	tough
fuerte	strong; heavy
ligero/a	light
picante	spicy
salado/a	salty

Otras comidas

el batido	milkshake
los fideos	noodles; pasta
la harina	flour
la mermelada	marmalade; jam
la miel	honey
la tortilla	omelet (Spain)

Más vocabulario para las celebraciones

Celebraciones en familia

la amistad	friendship
el anfitrión/ la anfitriona	host/hostess
el bizcocho	cake
la fiesta sorpresa	surprise party
el globo	balloon
el/la huésped	guest
la invitación	invitation
la reunión	social gathering
la serpentina	streamers
la torta	cake
las velas	candles

Más palabras de celebraciones

las bodas de oro	golden wedding anniversary
las bodas de plata	silver wedding anniversary
los fuegos artificiales	fireworks
el pastel de bodas	wedding cake
el ramo de flores	bouquet, cut flowers
el reconocimiento	recognition
agradecer	to thank
festejar	to celebrate
gozar	to enjoy

Celebraciones religiosas

el bautismo, el bautizo	baptism, christening
el funeral	funeral
la madrina	godmother
el padrino	godfather
la Pascua	Easter
la Primera Comunión	First Communion
el sacerdote/ la sacerdotisa	priest

Expresiones para brindar

¡Por los años que pasamos juntos!	To the many years we spent together!
¡Por tu futuro!	To your future!
¡Por una carrera brillante!	To a brilliant career!
¡Te felicito!	Congratulations!
¡Felicidades!	Happiness to you!
¡Larga vida y prosperidad para _____!	Long life and prosperity to _____!

Días feriados

el Año Nuevo	New Year's
el día de Acción de Gracias	Thanksgiving Day
el día de la Independencia	Independence day
el día de San Valentín	Valentine's Day

Más vocabulario para el consultorio

El cuerpo humano	
la barba	beard
el bigote	moustache
la cadera	hip
la ceja	eyebrow
el cerebro	brain
la cintura	waist
el codo	elbow
la costilla	rib
el cráneo	skull
el dedo del pie	toe
la espalda	back
la frente	forehead
el hombro	shoulder
el labio	lip
la lengua	tongue
la mandíbula	jaw
la mejilla	cheek
el mentón, la barba	chin
la muñeca	wrist
el músculo	muscle
el muslo	thigh
las nalgas	buttocks
el nervio	nerve
el ombligo	navel; bellybutton
la pantorrilla	calf
el párpado	eyelid
el pecho	chest
la pestaña	eyelash
la piel	skin
el pulgar	thumb
el pulmón	lung
la sangre	blood
el talón	heel
el tronco	torso; trunk
la uña	fingernail
la uña del dedo del pie	toenail
la vena	vein

La salud	
el ataque cardiaco	heart attack
el cáncer	cancer
la cápsula, la píldora	the pill
la curita	bandage (adhesive)
la enfermedad	illness; disease
la erupción	rash
la fractura	fracture
la herida	wound
el insomnio	insomnia
el jarabe	(cough) syrup
las muletas	crutches
el/la paramédico/a	paramedic
los primeros auxilios	first aid
la pulmonía	pneumonia
la quemadura	burn
el quirófano	operating room
el seguro médico	medical insurance
la silla de ruedas	wheelchair
el termómetro	thermometer
la transfusión	transfusion
la vacuna	vaccination
la venda	bandage
el virus	virus
cortar(se)	to cut (oneself)
curar	to cure; to treat
desmayar(se)	to faint
enyesar	to put in a cast
guardar cama	to stay in bed
hinchar(se)	to swell
internar(se) en el hospital	to check into the hospital
mejorar(se)	to get better
operar	to operate
quemar(se)	to burn
respirar (hondo)	to breathe (deeply)
sangrar	to bleed
sufrir	to suffer
tomarle la presión a alguien	to take someone's blood pressure
tomarle el pulso a alguien	to take someone's pulse
vendar	to bandage

Vocabulario adicional

Más vocabulario para el carro y la tecnología

Más vocabulario del carro

el acelerador	accelerator
la batería	battery
el bulevar	boulevard
el camino	path, route
el carburador	carburetor
el carro automático	automatic shift car
el carro de cambios	stick-shift car
chocar (con)	to crash
la combustión	combustion
la direccional	turn signal
el espejo retrovisor	rear view mirror
los frenos	brakes
el líquido de frenos	brake fluid
las luces altas	high beams
las luces bajas	low beams
la milla	mile
el millaje	mileage
el motor	motor
la multa	fine
el neumático	inner tube
la palanca	gearshift
el semáforo	traffic light
la transmisión	transmission

Más vocabulario de tecnología

la base de datos	database
la biotecnología	biotechnology
el botón	dial, button
el cable	cable
la corriente	current
el disco duro	hard disk
el disquet, el diskette	disk
el DVD	DVD
la electricidad	electricity
el teléfono inalámbrico	cordless phone
los juegos de computadora	computer games
la informática	computer science
el laboratorio espacial	space laboratory
el satélite	satellite
encender	to start
investigar	to research
programar	to program

Más vocabulario para el hogar

La casa

el aire acondicionado	*air-conditioning*
la buhardilla	*attic*
la calefacción central	*central heating*
el calentador	*hot water heater*
la decoración de interiores	*interior design*
la despensa	*pantry*
el gas	*gas*
la madera	*wood*
el techo	*roof*
el tendedero	*clothesline*
la sala de estar	*common room, lounge*
arriba	*upstairs*
abajo	*downstairs*

Los quehaceres

la limpieza	*cleaning*
el mantenimiento	*maintenance*
enjabonar	*to soap up*
pulir	*to polish*
regar las plantas	*to water the plants*
tender la cama	*to make one's bed*
ventilar	*to ventilate*

Otras palabras

el/la niñero/a	*babysitter*
el/la plomero/a	*plumber*
acogedor(a)	*cozy*
amplio/a	*spacious*
mixto/a	*co-ed*
prefabricado/a	*prefabricated*

Objetos de la casa

la batidora	*blender*
el baúl	*chest*
el bombillo/ la bombilla	*lightbulb*
el perchero	*coat rack*
la persiana	*blinds*
la repisa	*shelf*
la vajilla	*dishes*

Más vocabulario para la naturaleza

El medio ambiente y la naturaleza	
la arena	sand
el asteroide	asteroid
la atmósfera	atmosphere
la basura	garbage; trash
el bióxido de carbono	carbon dioxide
el calentamiento de la tierra	global warming
la capa de ozono	ozone layer
la colina	hill
el cometa	comet
la cosecha	crop; harvest
el derrame de petróleo	oil spill
el ecosistema	ecosystem
el efecto de invernadero	greenhouse effect
la finca, la granja	farm
el pesticida	pesticide
el planeta	planet
el ser humano	human being
el sistema solar	solar system
la Tierra	Earth
el vertedero	dump
botar	to throw away
plantar, sembrar	to plant

Otros animales	
la abeja	bee
la araña	spider
la ardilla	squirrel
la ballena	whale
el burro	donkey
el caimán	alligator
el camello	camel
la cebra	zebra
el ciervo, el venado	deer
el cochino, el cerdo, el puerco	pig
el conejo	rabbit
el coyote	coyote
la culebra, la serpiente	snake
el elefante	elephant
la foca	seal
el gallo	rooster
la gallina	chicken; hen
el gorila	gorilla
el hipopótamo	hippopotamus
la hormiga	ant
el insecto	insect
la jirafa	giraffe
el lagarto	lizard
el león	lion
el lobo	wolf
el loro	parrot
la mariposa	butterfly
el mono	monkey
la mosca	fly
el mosquito	mosquito
el oso	bear
la oveja	sheep
el pato	duck
la rana	frog
el ratón	mouse
el rinoceronte	rhinoceros
el saltamontes	grasshopper
el tiburón	shark
el tigre	tiger
la tortuga	turtle
el zorro	fox

Vocabulario adicional

Más vocabulario para la ciudad

Los edificios

el acuario	aquarium
la alcaldía	town hall
el basurero	dump
la catedral	cathedral
el juzgado	court
la mansión	mansion
el planetario	planetarium
el rascacielos	skyscraper
construido/a	built
diseñado/a	designed
renovado/a	renovated
ubicado/a	located

Los letreros

Peligro	Danger
Prohibido fumar	No smoking
Privado	Private
No entre	Do not enter
Pare	Stop
No se permite el parqueo.	No parking
No se permite tirar basura.	No littering

La infraestructura

la administración	administration
la ambulancia	ambulance
la avenida	avenue
el bloque	block
la burocracia	bureaucracy
el carril	lane
el coche de bomberos	fire engine
la fuente	fountain
la manzana	block
el parqueadero	parking lot
el pavimento	pavement
el puente	bridge
el túnel	tunnel
perdido/a	lost
planeado/a	planned

Palabras adicionales

el correo especial	special delivery
la entrega inmediata	express mail
el saldo	balance
la zona industrial	industrial area
estacionar	to park
parquear	to park
sobrevivir	to survive

Más vocabulario para el bienestar

El gimnasio

la adrenalina	adrenaline
el baño de vapor	steam room
el baño turco	Turkish bath
la bicicleta de ejercicio	exercise bike
la correa	strap, belt
el jacuzzi	jacuzzi
la meta	goal
la perseverancia	perseverance
la presión sanguínea	blood pressure
el pulso	pulse
la rapidez	speed
el ritmo	rhythm
cansarse	to tire (to get tired)
progresar	to progress
rebajar de peso	to lose weight
reposar	to rest
benéfico/a	beneficial
musculoso/a	muscular

La nutrición

la diabetes	diabetes
la fibra	fiber
el fluido	fluid
la información nutricional	nutritional information
el líquido	liquid

El bienestar

el ánimo	spirits
la concentración	concentration
la meditación	meditation
la relajación	relaxation
la respiración	breathing
la tranquilidad	tranquility, peace

Vocabulario adicional

Más vocabulario para el mundo del trabajo

Las ocupaciones	
el/la administrador(a)	administrator
el/la agente de bienes raíces	real estate agent
el/la agente de seguros	insurance agent
el/la agricultor(a)	farmer
el/la artesano/a	craftsman/ craftswoman
el/la auxiliar de vuelo	flight attendant
el/la basurero/a	garbage collector
el/la bibliotecario/a	librarian
el/la cajero/a	bank teller; cashier
el/la camionero/a	truck driver
el/la cantinero/a	bartender
el/la carnicero/a	butcher
el/la cirujano/a	surgeon
el/la cobrador(a)	bill collector
el/la comprador(a)	buyer
el/la diplomático/a	diplomat
el/la empresario/a de una funeraria	funeral director
el/la especialista en dietética	dietician
el/la fotógrafo/a	photographer
el/la intérprete	interpreter
el/la juez(a)	judge
el/la marinero/a	sailor
el/la obrero/a	manual laborer
el/la obrero/a de la construcción	construction worker
el/la optometrista	optometrist
el/la panadero/a	baker
el/la paramédico/a	paramedic
el/la piloto	pilot
el/la plomero/a	plumber
el/la quiropráctico/a	chiropractor
el/la redactor(a)	editor
el/la sastre	tailor
el/la supervisor(a)	supervisor
el/la fisioterapeuta	physical therapist
el/la vendedor(a)	sales representative
el/la veterinario/a	veterinarian

Más vocabulario para las artes

Las bellas artes

el asiento	seat
el autógrafo	autograph
el coro	choir
el estreno	premiere
la exposición	exhibition
la fila	row
la función	performance, show
la gala	gala
la galería de arte	art gallery
el homenaje	tribute
la inauguración	opening
la matiné	matinée
el mural	mural
el/la muralista	muralist
el pase	pass
el programa de mano	program
el/la solista	soloist
la taquilla	ticket book
el/la villano/a	villain
abuchear	to boo
conmover	to move
llorar	to cry
entre bastidores/ bambalinas	backstage
¡otra!	encore!

Artes populares

el circo	circus
el/la mimo	mime
la pantomima	pantomime
el/la payaso/a	clown

Artesanía

el vidrio soplado	blown glass
el vitral	stained-glass window
el/la artesano/a	craftsman/ craftswoman
el barro	clay
el bordado	embroidery
el cobre	copper
el deshilado	openwork
el oro	gold
el papel maché	papier-mâché
la plata	silver
el textil	textile

Vocabulario adicional

Más vocabulario relacionado con las actualidades

Los medios de comunicación

la cabina	*cabin*
la columna	*column*
el/la corresponsal	*correspondent*
la crónica	*report*
el editorial	*editorial*
la estadística	*statistical study*
el estudio	*study*
la opinión	*opinion*
en el aire/al aire	*on-air*
en vivo/en directo	*live*

Las noticias

el derrumbe	*collapse; landslide*
la deuda	*debt*
la divisa	*foreign currency*
la epidemia	*epidemic*
la manifestación	*demonstration*
los derechos humanos	*human rights*
la fuerza pública	*police*
la fuerza de trabajo	*workforce*

La política

la burocracia	*bureaucracy*
el clasismo	*classism*
la cooperativa	*cooperative*
la democracia	*democracy*
el/la gobernador(a)	*governor*
el imperialismo	*imperialism*
el monopolio	*monopoly*
la oligarquía	*oligarchy*
el/la presidente/a	*president*
la reina	*queen*
el rey	*king*
el sindicato	*labor union*
desobedecer	*to disobey*
exigir	*demand*

La guerra

el/la aliado/a	*ally*
el arma	*weapon*
la derrota	*defeat*
el/la enemigo/a	*enemy*
el/la herido/a	*injured, wounded*
el/la prisionero/a	*prisoner*
la rendición	*surrender*
la victoria	*victory*

Vocabulario adicional

(Answers to the *Práctica* and *¡Inténtalo!* activities in the student text)

contextos

Práctica

1 1. b 2. b 3. a 4. a 5. b 6. a 7. b 8. a 9. b 10. b

2 1. No hay de qué. 2. Mucho gusto. 3. Chau o Hasta luego/mañana/pronto. 4. Éste es Antonio 5. Hasta luego. 6. El gusto es mío.

3 CARLOS Hola. Me llamo Carlos. ¿Cómo estás? ROSABEL Muy bien, gracias. Soy Rosabel. CARLOS Mucho gusto, Rosabel. ROSABEL Igualmente. ¿De dónde eres, Carlos? CARLOS Soy del Ecuador. ¿Y tú? ROSABEL Soy de Argentina.

4 1. Buenos días. 2. ¿Cómo te llamas? 3. ¿De dónde eres? 4. Encantado/a. 5. De nada. 6. ¿Qué tal? 7. ¿Qué pasa? 8. Answers will vary.

5 Answers will vary.

estructura

1.1 ¡Inténtalo!

2. el 3. la 4. los 5. el 6. las
2. unas 3. una 4. unos 5. una 6. unos

1.1 Práctica

1 1. los números 2. unos diarios 3. las estudiantes 4. los conductores 5. los países 6. la cosa 7. un turista 8. la nacionalidad 9. una computadora 10. el problema 11. unas fotografías 12. el profesor 13. una señorita 14. los hombres 15. las grabadoras 16. las señoras

2 1. la computadora, una computadora 2. los cuadernos, unos cuadernos 3. las mujeres, unas mujeres 4. el chico, un chico 5. la escuela, una escuela 6. Las fotos, unas fotos 7. los autobuses, unos autobuses 8. el diario, un diario

1.2 ¡Inténtalo!

1. siete 2. dieciséis 3. veintinueve 4. uno 5. cero 6. quince 7. veintiuno 8. nueve 9. veintitrés 10. once 11. treinta 12. cuatro 13. doce 14. veintiocho 15. catorce 16. diez 17. dos 18. cinco 19. veintidós 20. trece

1.2 Práctica

1 1. 7, 9, 11, 13, 15, 17, 19, 21, 23, 25, 27 2. 8, 10, 12, 14, 16, 18, 20, 22, 24, 26, 28 3. 12, 15, 18, 21, 24, 27 4. 24, 22, 20, 18, 16, 14, 12, 10, 8, 6, 4, 2 5. 15, 10, 5 6. 16, 12, 8, 4

2 1. Dos más quince son diecisiete. 2. Veinte menos uno son diecinueve. 3. Cinco más siete son doce. 4. Dieciocho más doce son treinta. 5. Tres más veintidós son veinticinco. 6. Seis menos tres son tres. 7. Once más doce son veintitrés. 8. Siete menos siete es cero. 9. Ocho más cinco son trece. 10. Veintitrés menos catorce son nueve.

3 1. Hay veinte lápices. 2. Hay un hombre. 3. Hay veinticinco chicos. 4. Hay una conductora. 5. Hay cuatro fotos. 6. Hay treinta cuadernos. 7. Hay seis turistas. 8. Hay diecisiete chicas.

1.3 ¡Inténtalo!

2. somos 3. son 4. es 5. son 6. es 7. son 8. son

1.3 Práctica

1 1. tú, ella 2. Ud., él 3. Uds., ellos 4. tú, él 5. Ud., ella 6. Uds., ellas

2 1. E1: ¿Quién es? E2: Es Enrique Iglesias. E1: ¿De dónde es? E2: Es de España. 2. E2: ¿Quién es? E1: Es Sammy Sosa. E2: ¿De dónde es? E1: Es de la República Dominicana. 3. E1: ¿Quiénes son? E2: Son Rebecca Lobo y Martin Sheen. E1: ¿De dónde son? E2: Son de los Estados Unidos. 4. E2: ¿Quiénes son? E1: Son Carlos Santana y Salma Hayek. E2: ¿De dónde

(Answers to the *Práctica* and *¡Inténtalo!* activities in the student text)

son? E1: Son de México. 5. E1: ¿Quién es? E2: Es Shakira. E1: ¿De dónde es? E2: Es de Colombia. 6. E2: ¿Quiénes son? E1: Son Antonio Banderas y Penélope Cruz. E2: ¿De dónde son? E1: Son de España. 7. E1: ¿Quiénes son? E2: Son Edward James Olmos y Jimmy Smits. E1: ¿De dónde son? E2: Son de los Estados Unidos. 8. E2: ¿Quién es? E1: Es Gloria Estefan. E1: ¿De dónde es? E1: Es de Cuba.

3   1. E1: ¿Qué es? E2: Es una maleta. E1: ¿De quién es? E2: Es de la Sra. Valdés. 2. E1: ¿ Qué es? E2: Es un cuaderno. E1: ¿De quién es? E2: Es de Gregorio. 3. E1: ¿Qué es? E2: Es una computadora. E1: ¿De quién es? E2: Es de Rafael. 4. E1: ¿Qué es? E2: Es un diario. E1: ¿De quién es? E2: Es de Marisa.

1.4 ¡Inténtalo!

2. menos 3. cuarto/quince 4. media/treinta
5. mañana 6. mediodía 7. mañana 8. tarde
9. medianoche 10. cuarto/quince

1.4 Práctica

1   a. 4 b. 2 c. 6 d. 5 e. 3 f. 1

2   1. Son las doce y media. 2. Es la una de la mañana. 3. Son las cinco y cuarto. 4. Son las ocho y diez. 5. Son las cinco y media/treinta. 6. Son las once menos cuarto/quince. 7. Son las dos y doce de la tarde. 8. Son las siete y cinco. 9. Son las cuatro menos cinco. 10. Son las doce menos veinticinco de la noche.

3   1. E1: ¿A qué hora es el programa *Las cuatro amigas*? E2: Es a las once y media/treinta de la mañana. 2. E1: ¿A qué hora es el drama *La casa de Bernarda Alba*? E2: Es a las siete de la noche. 3. E1: ¿A qué hora es el programa *Las computadoras*? E2: Es a las ocho y media/ treinta de la mañana. 4. E1: ¿A qué hora es la clase de español? E2: Es a las diez y media/ treinta de la mañana. 5. E1: ¿A qué hora es la clase de biología? E2: Es a las diez menos veinte de la noche. 6. E1: ¿A qué hora es la clase de historia? E2: Es a las once menos diez de la mañana. 7. E1: ¿A qué hora es el partido de béisbol? E2: Es a las cinco y cuarto de la tarde.

8. E1: ¿A qué hora es el partido de tenis? E2: Es a la una menos cuarto de la tarde. 9. E1: ¿A qué hora es el partido de baloncesto? E2: Es a las ocho menos cuarto de la noche. 10. E1: ¿A qué hora es la fiesta? E2: Es a las ocho y media/ treinta de la noche.

(Answers to the *Práctica* and *¡Inténtalo!* activities in the student text)

contextos

Práctica

1 puerta, ventanas, pizarra, tiza, escritorios, libros, plumas, papel, reloj

2 1. d 2. h 3. e 4. c 5. g 6. a

3 1. grabadora 2. biblioteca 3. librería 4. cafetería 5. pluma 6. laboratorio 7. mesa 8. papelera

4 1. Es la clase de historia. 2. Es la clase de arte. 3. Es la clase de psicología. 4. Es la clase de geografía. 5. Es la clase de español. 6. Es la clase de literatura. 7. Es la clase de matemáticas. 8. Es la clase de biología.

5 1. miércoles, lunes 2. lunes, domingo 3. jueves, miércoles 4. lunes, martes 5. miércoles, viernes 6. domingo, sábado

6 1. estudiante 2. mujer 3. pizarra 4. día 5. biblioteca 6. martes 7. arte 8. profesor 9. reloj 10. domingo

estructura

2.1 ¡Inténtalo!

2. hablan 3. habla 4. hablamos 5. hablas 6. hablan 7. habla 8. hablamos

2. trabajamos 3. trabaja 4. trabajas 5. trabajo 6. trabajan 7. trabaja 8. trabajan

2. deseo 3. deseamos 4. desean 5. deseas 6. desea 7. deseamos 8. desean

2.1 Práctica

1 1. Tomo 2. tomas 3. Tomo 4. tomo 5. tomamos 6. Estudian 7. estudiamos 8. estudia 9. estudia

2 1. Ustedes practican el vocabulario. 2. Deseo practicar los verbos hoy. 3. ¿Preparas la tarea? 4. La clase de español termina a las once. 5. ¿Qué buscan ustedes? 6. Buscamos una pluma. 7. Compro una computadora. 8. Mi compañera de cuarto regresa el lunes. 9. Ella baila y canta muy bien. 10. Los jóvenes desean descansar ahora.

2.2 ¡Inténtalo!

2. ¿Trabajamos mañana? 3. ¿Ustedes desean bailar? 4. ¿Raúl estudia mucho? 5. ¿Enseño a las nueve? 6. ¿Luz mira la televisión? 7. ¿Los chicos descansan? 8. ¿Él prepara la prueba?

2. Trabajamos mañana, ¿no? 3. Ustedes desean bailar, ¿no? 4. Raúl estudia mucho, ¿no? 5. Enseño a las nueve, ¿no? 6. Luz mira la televisión, ¿no? 7. Los chicos descansan, ¿no? 8. Él prepara la prueba, ¿no?

2.2 Práctica

1 1. ¿Prepara la profesora Cruz la prueba?/ ¿Prepara la prueba la profesora Cruz? 2. ¿Necesitamos Sandra y yo estudiar?/ ¿Necesitamos estudiar Sandra y yo? 3. ¿Practican los chicos el vocabulario?/ ¿Practican el vocabulario los chicos? 4. ¿Termina Jaime la tarea?/¿Termina la tarea Jaime? 5. ¿Trabajas tú en la biblioteca?/ ¿Trabajas en la biblioteca tú?

3 1. ¿Cómo estás?/¿Qué tal? 2. ¿Y tú? 3. ¿Qué hora es? 4. ¿Qué estudias? 5. ¿Por qué? 6. ¿Te gusta la clase? 7. ¿Quién enseña la clase? 8. ¿Tomas psicología este semestre? 9. ¿A qué hora regresas a la residencia? 10. ¿Deseas tomar una soda?

2.3 ¡Inténtalo!

2. está 3. estoy 4. estamos 5. estás 6. está 7. están 8. estamos 9. está 10. están 11. estamos 12. estoy 13. están 14. estás

(Answers to the *Práctica* and *¡Inténtalo!* activities in the student text)

2.3 Práctica

1 1. estás 2. Estoy 3. está 4. son 5. está 6. Está
7. están 8. Están 9. es 10. Es 11. Es 12. está
13. Está

2 1. encima de 2. a la izquierda de 3. delante de
4. detrás de 5. en 6. al lado de 7. lejos de
8. cerca de 9. con

2.4 ¡Inténtalo!

1. cincuenta y seis 2. treinta y uno 3. ochenta y
cuatro 4. noventa y nueve 5. cuarenta y tres
6. sesenta y ocho 7. setenta y dos 8. treinta y
cinco 9. ochenta y siete 10. cincuenta y nueve
11. cien 12. sesenta y uno 13. noventa y seis
14. setenta y cuatro 15. cuarenta y dos

2.4 Práctica

1 1. setenta y seis, sesenta y cinco 2. noventa y
dos, ochenta y cuatro 3. cincuenta y ocho,
cuarenta y nueve 4. ochenta y uno, setenta y
ocho 5. sesenta y siete, cincuenta y cinco
6. cien, noventa y uno 7. noventa y cinco,
cincuenta y tres 8. setenta y nueve, cuarenta y
siete 9. ochenta y seis, setenta y uno
10. noventa y ocho, setenta y cuatro

(Answers to the *Práctica* and *¡Inténtalo!* activities in the student text)

contextos

Práctica

1 1. Cierto 2. Cierto 3. Falso 4. Cierto 5. Falso 6. Cierto 7. Cierto 8. Falso 9. Falso 10. Cierto

2 1. c 2. e 3. h 4. a 5. b 6. l 7. k 8. i 9. j 10. d

3 Answers will vary. Possible answers: 1. la madre de mi madre/padre 2. el abuelo de mi madre/padre 3. el hermano de mi madre/padre 4. la familia extendida 5. la madre de mi esposo/a 6. el esposo de mi hermana 7. los hijos de mis hijos 8. el esposo de mi hija 9. el hijo de mi padre pero no de mi madre 10. el hijo de mi madrastra/padrastro

4 1. familia 2. novios 3. médico 4. artista 5. hermanos 6. abuelo 7. hijo/padre 8. programadora

estructura

3.1 ¡Inténtalo!

2. simpática 3. simpáticas 4. simpáticos

2. españolas 3. españoles 4. española

2. difícil 3. difíciles 4. difíciles

2. guapas 3. guapos 4. guapa

3.1 Práctica

1 1. d 2. f 3. h 4. a 5. e 6. b 7. g 8. d

2 1. ecuatoriana 2. mexicano 3. canadienses 4. italiano 5. francés 6. ingleses 7. alemanes 8. puertorriqueños

3 1. delgada, rubia 2. pelirrojo, inteligente 3. jóvenes 4. alta, bonita, rubia 5. bajo, gordo 6. viejo, bajo 7. pelirrojos 8. altas, delgadas

3.2 ¡Inténtalo!

2. Mi 3. Tu 4. Nuestro 5. su 6. tu 7. su 8. Su

2. Nuestros 3. sus 4. Sus 5. nuestras 6. mis 7. Mis 8. sus

3.2 Práctica

1 1. mi 2. Nuestra 3. sus 4. mi 5. nuestro 6. Su 7. mis 8. tu

2 1. La casa de ellos es muy grande. 2. ¿Cómo se llama el hermano de ellas? 3. Los padres de ella trabajan en el centro. 4. Los abuelos de él son muy simpáticos. 5. Maribel es la prima de ella. 6. El primo de ellos lee los libros.

3.3 ¡Inténtalo!

2. corres 3. corro 4. corren 5. corre 6. corren 7. corre 8. corremos

2. abre 3. abro 4. abrimos 5. abre 6. abres 7. abren 8. abren

2. aprendemos 3. aprendes 4. aprenden 5. aprende 6. aprendo 7. aprende 8. aprendemos

3.3 Práctica

1 1. vivimos 2. leer 3. asiste 4. corremos 5. comen 6. creo

2 1. Manuela asiste a la clase de yoga. 2. Eugenio abre su correo electrónico. 3. Isabel y yo leemos en la biblioteca. 4. Sofía y Roberto aprenden a hablar inglés. 5. Tú comes en la cafetería de la universidad. 6. Mi novia y yo compartimos el libro de historia.

3.4 ¡Inténtalo!

2. tengo 3. tiene 4. tenemos 5. tienen 6. tiene 7. tienes 8. tienen 9. tiene

2. vienes 3. venimos 4. viene 5. vengo 6. vienen 7. venimos 8. vienen 9. viene

3.4 Práctica

1 1. c 2. a 3. b 4. d 5. g 6. f

2 1. tenemos 2. vengo 3. vienen 4. tienen 5. vienen, tiene 6. viene 7. tenemos 8. tiene

3 1. Tiene (mucha) prisa. 2. Tiene (mucho) calor. 3. Tiene veintiún años. 4. Tienen (mucha) hambre. 5. Tienen (mucho) frío. 6. Tiene (mucha) sed.

Answers to Activities

(Answers to the *Práctica* and *¡Inténtalo!* activities in the student text)

contextos

Práctica

1 1. b 2. d 3. f 4. c 5. g 6. h

2 1. Cierto 2. Falso 3. Cierto 4. Cierto 5. Falso 6. Falso 7. Cierto 8. Falso 9. Falso 10. Cierto

3 Answers will vary.

4 1. Es un café./Es un restaurante. 2. Es un cine. 3. Es una piscina./Es un parque. 4. Es un parque./Es una ciudad. 5. Es un restaurante. 6. Es un museo. 7. Es una ciudad./Es el centro. 8. Es un gimnasio/es un parque.

estructura

4.1 ¡Inténtalo!

2. voy 3. va 4. va 5. vamos 6. vas 7. van 8. vamos 9. va 10. vamos 11. va 12. van

4.1 Práctica

1 1. La señora Castillo va al centro. 2. Las hermanas Gómez van a la piscina. 3. Tu tío y tu papá van al partido de fútbol. 4. (Yo) Voy al Museo de Arte Moderno. 5. (Nosotros) Vamos al restaurante Miramar.

2 1. Va a leer una revista mañana también.
2. Voy a practicar deportes mañana también.
3. Van a ir de excursión mañana también.
4. Va a patinar mañana también. 5. Vas a tomar el sol mañana también. 6. Vamos a pasear con nuestros amigos mañana también.

3 1. ¿Adónde van Álex y Miguel? Van al parque. Van a . . . 2. ¿Adónde va mi amigo? Va al gimnasio. Va a . . . 3. ¿Adónde vas? Voy al partido de tenis. Voy a . . . 4. ¿Adónde van los estudiantes? Van al estadio. Van a . . . 5. ¿Adónde va la profesora Torres? Va a la Biblioteca Nacional. Va a . . . 6. ¿Adónde van Uds.? Vamos a la piscina. Vamos a . . .

4.2 ¡Inténtalo!

2. cierras 3. cerramos 4. cierra 5. cierro 6. cierra 7. cierran 8. cierra

2. duermo 3. duermes 4. duermen 5. duerme 6. dormimos 7. duerme 8. duermen

4.2 Práctica

1 1. piensas 2. empieza 3. Vuelvo 4. Quiero 5. Recuerdas 6. Puede 7. pienso 8. perder 9. Juegan

2 1. ¿Quieres trabajar? No, prefiero dormir.
2. ¿Quieren Uds. mirar la televisión? No, preferimos ir al cine. 3. ¿Quieren ir de excursión tus amigos? No, mis amigos prefieren descansar. 4. ¿Quieres comer en la cafetería? No, prefiero ir a un restaurante. 5. ¿Quiere ver una película Elisa? No, (Elisa) prefiere leer una revista. 6. ¿Quieren tomar el sol María y su hermana? No, (María y su hermana) prefieren practicar el esquí acuático.

3 1. Las niñas duermen. 2. (Yo) Cierro la ventana. 3. Nosotros almorzamos. 4. (Tú) Encuentras una maleta. 5. Pedro muestra una foto. 6. Teresa cuenta.

4.3 ¡Inténtalo!

2. repito 3. repetimos 4. repite 5. repetimos 6. repites

2. dice 3. dices 4. dice 5. dicen 6. decimos

2. seguimos 3. sigues 4. siguen 5. sigue 6. sigue

4.3 Práctica

1 1. pide 2. dice 3. consigue 4. seguimos 5. repiten 6. pido

4.4 ¡Inténtalo!

1. salimos; salgo 2. veo; ven; ves 3. ponemos; pongo; ponen 4. hago; haces; hace 5. oye;

(Answers to the *Práctica* and *¡Inténtalo!* activities in the student text)

oímos, oigo 6. traen; traigo; traes 7. supongo; supone; suponemos

4.4 Práctica

1 1. haces 2. salgo 3. dicen 4. hace 5. Sale
6. hacen 7. hacer 8. Salen 9. hago
10. Supongo 11. ver 12. pongo

2 1. Mis amigos salen conmigo al centro.
2. Tú traes una cámara. 3. Alberto oye la música del café Pasatiempos. 4. Yo no veo muchas películas. 5. El domingo, nosotros hacemos mucha tarea. Si yo digo que quiero ir al cine, mis amigos van también.

3 1. Fernán pone la mochila en el escritorio.
2. Los aficionados salen del estadio. 3. Yo traigo una cámara. 4. Nosotros vemos el monumento. 5. La señora Vargas no oye bien.
6. El estudiante hace su tarea.

(Answers to the *Práctica* and *¡Inténtalo!* activities in the student text)

contextos

Práctica

1 1. a 2. a 3. c 4. b 5. c 6. b

2 1. b 2. a 3. b 4. c 5. b 6. a

3 1. mar 2. botones 3. avión 4. pasaporte 5. huésped 6. sacar

4 a. séptimo b. sexto c. quinto d. cuarto e. tercer f. segundo g. primer h. planta

5 1. diciembre 2. abril 3. noviembre 4. enero 5. mayo 6. agosto 7. octubre 8. julio 9. febrero 10. el otoño

6 1. primavera 2. verano 3. verano 4. invierno 5. otoño 6. verano 7. primavera 8. invierno 9. primavera 10. otoño

7 1. 17 de marzo 2. 31 de octubre 3. 20-23 de junio 4. primero de enero 5. Answers will vary. 6. Answers will vary.

8 1. hacer sol 2. viento 3. nieva 4. hace calor 5. mal 6. hace fresco 7. buen 8. llueve 9. frío 10. hace buen tiempo

estructura

5.1 ¡Inténtalo!

2. estamos, ocupados 3. están, alegres 4. está, enamorado 5. está, enojada 6. estoy, nerviosa 7. está, ordenada 8. están, equivocados 9. estamos, preocupados 10 está, cansado

5.1 Práctica

1 1. estoy, nervioso 2. está, contenta 3. están, cansados 4. está, enamorado 5. están occupados 6. estamos, preocupados 7. está, triste/enojada 8. estás aburrido

2 1. Está contenta. 2. Están enojados. 3. Está ordenada/limpia. 4. Está desordenada/sucia.

5.2 ¡Inténtalo!

2. (Nosotros) Estamos practicando deportes. 3. Carmen está comiendo en casa. 4. Nuestro equipo está ganando el partido. 5. (Yo) Estoy leyendo el periódico. 6. (Él) Está pensando en comprar una bicicleta. 7. Ustedes están jugando a las cartas. 8. José y Francisco están durmiendo. 9. Marisa está leyendo el correo electrónico. 10. (Yo) Estoy preparando sándwiches. 11. Carlos está tomando fotos. 12. ¿Estás durmiendo?

5.2 Práctica

1 1. estoy investigando 2. está haciendo 3. están buscando 4. estamos leyendo 5. está aprendiendo 6. estás practicando

2 1. estoy escribiendo una carta. 2. está buceando en el mar. 3. están jugando a las cartas. 4. estamos tomando el sol. 5. está escuchando música. 6. está durmiendo.

5.3 ¡Inténtalo!

2. Ellos son pelirrojos. 3. Carmen es alta. 4. Estoy en la clase de español. 5. La película es a las once. 6. Hoy es viernes. 7. Nosotras estamos enojadas. 8. Antonio es médico. 9. Romeo y Julieta están enamorados. 10. Los libros son de Ana. 11. Marisa y Juan están estudiando. 12. El partido de baloncesto es en el gimnasio.

5.3 Práctica

1 1. estás 2. estás 3. Eres 4. estás 5. Estás 6. estoy 7. es 8. es 9. es 10. están 11. es 12. Es 13. es

5.4 ¡Inténtalo!

2. b 3. b 4. a 5. c 6. a 7. c 8. b

(Answers to the *Práctica* and *¡Inténtalo!* activities in the student text)

5.4 Práctica

1 1. Gustavo y Héctor las confirman. 2. Nosotros los leemos. 3. Ana María lo estudia. 4. Yo los aprendo. 5. Alicia la escucha. 6. Miguel las escribe. 7. Esteban lo busca. 8. Nosotros la planeamos.

2 1. Voy a hacerla./La voy a hacer.
2. Necesitamos llevarlos./Los necesitamos llevar.
3. Marcos está pidiéndolo./Marcos lo está pidiendo. 4. Javier debe llamarlos./Javier los debe llamar. 5. Ellos esperan visitarlo./Ellos lo esperan visitar. 6. Puedo llmarlo./Lo puedo llamar. 7. Prefiero traerla./La prefiero traer.
8. No queremos perderlas./No las queremos perder.

3 1. La Sra. Garza los compra. 2. María tiene que hacerlas./María las tiene que hacer. 3. Antonio y María los buscan. 4. La Sra. Garza va a confirmarlas./La Sra. Garza las va a confirmar.
5. María la busca. 6. Antonio lo compra.

(Answers to the *Práctica* and *¡Inténtalo!* activities in the student text)

contextos

Práctica

1 1. Vicente 2. Juanita, Vicente 3. X 4. Vicente 5. Juanita 6. Juanita, Vicente 7. Vicente 8. Juanita, Vicente 9. Juanita 10. Vicente 11. Juanita 12. Vicente

2 1. centro comercial 2. dependientas 3. un par 4. un traje de baño 5. medias 6. la caja 7. tarjeta de crédito 8. vendedores

3 1. sombrero 2. botas 3. bolsa 4. corbata 5. cartera 6. pagar 7. traje 8. ropa interior

4 1. caras 2. buenos 3. larga 4. rica 5. viejo 6. feos 7. baratos 8. negras

5 1. Es amarilla. 2. Es roja y blanca. 3. Es blanca. 4. Es azul. 5. Es blanca. 6. Es marrón./Es café. 7. Es verde y blanco. 8. Es negra y blanca.

estructura

6.1 ¡Inténtalo!

2. cinco millones 3. dos mil uno 4. mil setecientos setenta y seis 5. trescientos cuarenta y cinco 6. quinientos cincuenta mil trescientos 7. doscientos treinta y cinco 8. mil novecientos noventa y nueve 9. ciento trece 10. doscientos cinco 11. diecisiete mil ciento veintitrés 12. cuatrocientos noventa y siete

6.1 Práctica

1 1. trescientos cincuenta, cuatrocientos cincuenta, quinientos cincuenta, seiscientos cincuenta, setecientos cincuenta, ochocientos cincuenta, novecientos cincuenta 2. cincuenta mil, sesenta y cinco mil, ochenta mil 3. cuatrocientos mil, quinientos mil, seiscientos mil, setecientos mil, ochocientos mil, novecientos mil 4. setenta millones, sesenta millones, cincuenta millones, cuarenta millones, treinta millones, veinte millones, diez millones

2 1. Mil más setecientos cincuenta y tres son mil setecientos cincuenta y tres. 2. Un millón menos treinta mil son novecientos setenta mil. 3. Diez mil más quinientos cincuenta y cinco son diez mil quinientos cincuenta y cinco. 4. Ciento cincuenta más ciento cincuenta son trescientos. 5. Cien mil más doscientos cinco mil son trescientos cinco mil. 6. Veintinueve mil menos diez mil son diecinueve mil.

6.2 ¡Inténtalo!

2. nos 3. me 4. les 5. te 6. nos

6.2 Práctica

1 1. le 2. nos 3. le 4. le 5. le 6. les 7. me 8. te

3 1. Álex le escribe un mensaje electrónico (a Ricardo). 2. Javier les muestra fotos (a Inés y Maite). 3. La Sra. Ramos le da los documentos (a Maite). 4. Don Francisco le pide las llaves (a la empleada). 5. El vendedor le vende un suéter (a Javier). 6. Inés le compra una bolsa (a su hermana).

6.3 ¡Inténtalo!

2. celebré 3. celebraron 4. celebramos 5. celebraste

2. comiste 3. comió 4. comimos 5. comí

2. salió 3. salieron 4. salimos 5. salí

2. comenzamos 3. comencé 4. comenzó 5. comenzaste

6.3 Práctica

1 1. asistió 2. llegué 3. compramos 4. compré, compró 5. comimos 6. habló 7. escribió 8. decidió 9. encontró, vimos

2 1. —¿Escribiste el correo electrónico? —Sí, ya lo escribí./Acabo de escribirlo. 2. —¿Lavaste la ropa? —Sí, ya la lavé./Acabo de lavarla. 3. —¿Oíste las noticias? —Sí, ya las oí./Acabo

(Answers to the *Práctica* and *¡Inténtalo!* activities in the student text)

de oírlas. 4. —¿Compraste pantalones cortos? —Sí, ya los compré./Acabo de comprarlos. 5. —¿Practicaste los verbos? —Sí, ya los practiqué./Acabo de practicarlos. 6. —¿Pagaste la cuenta? —Sí, ya la pagué./Acabo de pagarla. 7. —¿Empezaste la composición? —Sí, ya la empecé./Acabo de empezarla. 8. —¿Viste la película *Buena Vista Social Club*? —Sí, ya la vi./Acabo de verla.

6.4 ¡Inténtalo!

2. estos estudiantes 3. aquellos países 4. esa ventana 5. esos periodistas 6. esas empleadas 7. aquel chico 8. estas sandalias 9. ese autobús 10. aquellas chicas

6.4 Práctica

1 1. Aquel sombrero es muy elegante. 2. Esos abrigos son muy caros. 3. Este cinturón es hermoso. 4. Ese precio es muy bueno. 5. Esta falda es muy corta. 6. ¿Quieres ir a aquellos almacenes? 7. Esa blusa es barata. 8. Estas corbatas hacen juego con mi traje.

2 1. éstos 2. éste 3. ésa 4. ésas 5. aquéllos 6. éstas 7. aquélla 8. aquéllas 9. ésos 10. ése 11. aquél 12. ésta

(Answers to the *Práctica* and *¡Inténtalo!* activities in the student text)

contextos

Práctica

1 1. falsa 2. cierta 3. falsa 4. cierta 5. falsa 6. falsa 7. falsa 8. cierta 9. cierta 10. cierta

2 1. despertador 2. manos 3. jabón 4. entonces 5. toalla 6. inodoro 7. espejo 8. dientes 9. baño 10. crema de afeitar

3 1. ¿Qué necesita Mariana para maquillarse? Necesita maquillaje. 2. ¿Qué necesita Gerardo para despertarse? Necesita un despertador. 3. ¿Qué necesita Celia para bañarse? Necesita jabón y una toalla. 4. ¿Qué necesita Gabriel para ducharse? Necesita una ducha, una toalla y jabón. 5. ¿Qué necesita Roberto para afeitarse? Necesita crema de afeitar. 6. ¿Qué necesita Sonia para lavarse el pelo? Necesita champú y una toalla. 7. ¿Qué necesita Vanesa para lavarse las manos? Necesita jabón y una toalla. 8. ¿Qué necesita Manuel para vestirse? Necesita su ropa/una camiseta/unos pantalones/etc. 9. ¿Qué necesita Simón para acostarse? Necesita una cama. 10. ¿Qué necesita Daniela para lavarse la cara? Necesita jabón y una toalla.

4 a. 4 b. 9 c. 10 d. 5 e. 6 f. 1 g. 7 h. 3 i. 8 j. 2

5 1. Ángel se afeita y mira la televisión. 2. Lupe se maquilla y escucha la radio. 3. Ángel se ducha y canta. 4. Lupe se baña y lee. 5. Ángel se lava la cara con jabón. 6. Lupe se lava el pelo con champú en la ducha. 7. Ángel se cepilla el pelo. 8. Lupe se cepilla los dientes.

estructura

7.1 ¡Inténtalo!

2. te despiertas 3. nos despertamos 4. se despierta 5. me despierto 6. se despiertan 7. se despierta 8. nos despertamos 9. se despiertan

2. me pongo 3. se pone 4. nos ponemos 5. se ponen 6. te pones 7. se pone 8. se ponen 9. se ponen

7.1 Práctica

1 1. Roberto y yo nos levantamos a las siete. 2. Papá se ducha primero y luego se afeita. 3. Yo me lavo la cara y me visto antes de tomar café. 4. Mamá se peina y luego se maquilla. 5. Todos se sientan a la mesa para comer. 6. Roberto se cepilla los dientes después de comer. 7. Yo me pongo el abrigo antes de salir. 8. Nosotros nos despedimos de mamá.

2 1. lavas 2. nos acordamos 3. acuestan 4. me siento 5. se visten 6. Se prueban 7. se preocupa 8. me afeito, afeita

3 1. se quita los zapatos. 2. se duerme. 3. se pone la camiseta. 4. se despiden. 5. se maquilla. 6. se enoja con el perro.

7.2 ¡Inténtalo!

2. Nadie, No, nadie 3. tampoco, no, tampoco 4. Nadie, No, nadie 5. nunca / jamás, no, nunca / jamás 6. No, nada 7. tampoco, no, tampoco 8. no, ni, ni 9. no, nada 10. Ni, ni 11. No, ningún 12. Ningún

7.2 Práctica

1 1. Marcos nunca se despierta temprano, pero siempre llega puntual a clase. 2. Lisa y Katerina no se acuestan temprano sino muy tarde. 3. Alfonso es inteligente, pero algunas veces es antipático. 4. Los directores de la residencia no son ecuatorianos sino peruanos. 5. No nos acordamos de comprar champú, pero compramos jabón. 6. Emilia no es estudiante sino profesora. 7. No quiero levantarme, pero tengo que ir a clase. 8. Miguel no se afeita por la mañana sino por la noche.

2 1. No, no encontré ningún regalo/nada para Eliana. 2. No, no vi a ninguna amiga/ninguna/nadie en el centro comercial. 3. No, nadie te llamó./No, no te llamó nadie. 4. No, no quiero ir ni al teatro ni al cine. 5. No, no quiero salir a

(Answers to the *Práctica* and *¡Inténtalo!* activities in the student text)

comer (tampoco). 6. No, no hay nada
interesante en la televisión. 7. No, no tengo
ningún problema/ninguno.

7.3 ¡Inténtalo!

2. fue 3. fuiste 4. fuimos 5. fui 6. fueron
7. fue 8. fuimos 9. fue 10. fue

2. fui 3. fueron 4. fuimos 5. fue 6. fuiste
7. fueron 8. fue 9. fuimos 10. fueron

7.3 Práctica

1 1. fueron/ir 2. Fuimos/ir 3. fue/ser 4. Fue/ser
5. Fue/ser 6. fue/ser 7. fueron/ser 8. fue/ir
9. fueron/ir 10. fuimos/ir

7.4 ¡Inténtalo!

2. me gusta 3. nos gusta 4. les gusta 5. te
gusta 6. le gusta 7. les gusta 8. le gusta 9. nos
gusta 10. le gusta 11. nos/les gusta 12. le
gusta

2. te encantan 3. le encantan 4. me encantan
5. les encantan 6. nos encantan 7. les encantan
8. le encantan 9. les encantan 10. le encanta
11. le encanta 12. nos encanta

7.4 Práctica

1 1. A, le gustan 2. mí, gusta 3. les encanta
4. A, molesta 5. A, nos fascinan 6. le interesa
7. mí, aburre 8. ti, falta 9. me quedan
10. queda, ti

2 1. le molesta el despertador. 2. nos encanta
esquiar. 3. no te queda bien ese vestido./A ti te
queda mal/grande ese vestido. 4. le interesan los
libros de arte moderno.

contextos

Práctica

1 1. Cierta 2. Falsa. El hombre compra una naranja. 3. Cierta 4. Falsa. El pollo es una carne y la zanahoria es una verdura. 5. Cierta 6. Falsa. El hombre y la mujer no compran vinagre. 7. Falsa. La naranja es una fruta. 8. Falsa. La chuleta de cerdo es una carne. 9. Falsa. El limón es una fruta y el jamón es una carne. 10. Cierta

2 1. banana 2. ajo 3. aceite 4. vinagre 5. cerveza 6. camarero 7. pollo 8. queso 9. menú 10. bebida

3 1. b 2. c 3. a 4. b 5. b 6. a 7. a 8. c

4 1. La leche 2. Los frijoles 3. El pescado 4. El aceite 5. El azúcar 6. las bananas 7. El café 8. Los cereales 9. Los espárragos 10. el arroz

5 1. Falsa. En ese grupo están la manzana, las uvas, la banana, la naranja y el limón. 2. Falsa. En ese grupo están los huevos, la leche, el queso y el yogur. 3. Cierta. 4. Cierta. 5. Falsa. En ese grupo están el bistec y la chuleta de cerdo. 6. Falsa. En ese grupo están la lechuga, el tomate, las arvejas, la zanahoria, la papa, los espárragos, la cebolla y el champiñón. 7. Cierta. 8. Falsa. En ese grupo está el aceite y la mantequilla. 9. Falsa. En ese grupo están el pescado, el pollo, el pavo, los camarones y la langosta. 10. Falsa. En ese grupo están los frijoles.

estructura

8.1 ¡Inténtalo!

1. dormí, pedí, preferí, repetí, seguí 2. murió, consiguió, pidió, se sintió, se despidió, se vistió
3. conseguiste, serviste, moriste, pediste, dormiste, repetiste 4. repitieron, durmieron, siguieron, prefirieron, murieron, sirvieron
5. seguimos, preferimos, servimos, nos vestimos, nos despedimos, nos dormimos 6. se sintieron, se vistieron, consiguieron, pidieron, se despidieron, se durmieron 7. durmió, murió, prefirió, repitió, siguió, pidió

8.1 Práctica

1 1. siguieron 2. pidió 3. pidieron 4. repitió
5. se durmieron 6. sirvió 7. se sintió 8. murió
9. pidió

2 1. Nosotros pedimos jugo de naranja pero el camarero nos sirvió papas. 2. Beatriz pidió queso pero el camarero le sirvió uvas. 3. Tú pediste arroz pero el camarero te sirvió arvejas/sopa. 4. Elena y Alejandro pidieron atún pero el camarero les sirvió camarones (mariscos).
5. Usted pidió agua mineral pero el camarero le sirvió vino tinto. 6. Yo pedí una hamburguesa pero el camarero me sirvió zanahorias.

8.2 ¡Inténtalo!

2. lo 3. la 4. las 5. los 6. los

2. se 3. se 4. se 5. te 6. Se

8.2 Práctica

1 1. Sí, señor. Enseguida se la traigo. 2. Sí, señorita. Enseguida se los traigo. 3. Sí, señora. Enseguida se lo traigo. 4. Sí, chicos. Enseguida se lo traigo. 5. Sí, profesor(a). Enseguida se las traigo. 6. Sí, doctora. Enseguida se la traigo.
7. Sí, señores. Enseguida se los traigo. 8. Sí, doctor. Enseguida se la traigo.

2 1. Mi hija se las manda. 2. Mi hijo puede comprármelo./Mi hijo me lo puede comprar.
3. Mi mamá puede prestármelos./Mi mamá me los puede prestar. 4. Mi cuñada nos la trae.
5. Silvia y Renata están preparándonoslos./Silvia y Renata nos los están preparando. 6. Héctor y Lorena nos las traen. 7. Mi hijo puede pedírselo./Mi hijo se lo puede pedir. 8. Mis hijos van a servírsela./Mis hijos se la van a servir.

8.3 ¡Inténtalo!

2. sabemos 3. sabes 4. saben 5. sé 6. sabe
7. sabe 8. sabemos 9. sabe 10. sé

(Answers to the *Práctica* and *¡Inténtalo!* activities in the student text)

2. conduce 3. parece 4. ofrecen 5. traduzco
6. conoces 7. pareces 8. conducen 9. ofrezco
10. conoce

8.3 Práctica

1 1. sabe, sé 2. Conoces, conozco 3. Saben, sabemos 4. conocemos, conozco 5. conozco, sé
6. sé, saben 7. conoce, sabe

2 1. b 2. d 3. a 4. f 5. c 6. e

a. parece b. ofrezco c. conozco d. traduzco
e. sé f. conduzco

8.4 ¡Inténtalo!

2. menos 3. tanta 4. más 5. tanto como
6. como 7. tantos 8. tan

2. los menos aburridos 3. los peores 4. el mayor
5. riquísimo 6. el menor 7. el mejor 8. altísima

8.4 Práctica

1 1. que 2. más 3. simpática 4. menos, más, de
5. menos, tan

2 1. tan interesante 2. como 3. tantas 4. francés
5. amigos extranjeros 6. diferencia

3 1. menor, bajo, guapísimo, trabajadorcísimo, periodista, peor 2. atlética, la, mayor, altísima, más, de 3. mejor 4. Orozco 5. mayor 6. del

(Answers to the *Práctica* and *¡Inténtalo!* activities in the student text)

contextos

Práctica

1 1. Falsa 2. Falsa 3. Cierta 4. Falsa 5. Cierta 6. Falsa

2 1. g 2. d 3. h 4. e 5. b 6. a 7. c 8. i 9. f

3 Answers will vary. Suggested answers: 1. dar un regalo 2. una comida fría y dulce 3. dos personas enamoradas 4. una persona que va a una fiesta 5. ellos deciden estar juntos para siempre 6. la fiesta de cumpleaños de una chica de 15 años. 7. la persona no sabe lo que va a pasar 8. divertirse

4 1. la vejez 2. la madurez 3. el nacimiento 4. la muerte 5. la adolescencia 6. la niñez

5 1. La muerta 2. La vejez 3. se jubilan 4. se casan 5. quiere/se lleva bien con 6. viuda 7. la juventud 8. soltero

estructura

9.1 ¡Inténtalo!

2. dijo 3. hicimos 4. traje 5. condujeron 6. estuvo 7. tuviste 8. dimos 9. traduje 10. hubo 11. supo 12. pusieron 14. pudiste 15. quisieron 16. estuvimos 17. dijiste 18. supieron 19. hizo 20. puse 21. trajimos 22. tuve 23. diste 24. pudieron

9.1 Práctica

1 1. hubo 2. hizo, trajo 3. vinieron, trajeron 4. vino, tuvo 5. pudo 6. dio 7. dijeron 8. dio, pudo

2 1. El Sr. López le dio dinero a su hijo.
2. Norma puso el pavo en la mesa. 3. Anoche nosotros tuvimos (hicimos/dimos) una fiesta de Navidad./Anoche nosotros estuvimos en una fiesta de Navidad. 4. Roberto y Elena le trajeron/dieron un regalo a su amigo.

9.2 ¡Inténtalo!

1. a 2. a 3. b 4. a 5. b 6. a

9.2 Práctica

1 1. Anoche mi esposa y yo supimos que Carlos y Eva se divorciaron. 2. Los conocimos en un viaje a la Isla de Pascua. 3. No pudimos hablar mucho con ellos ese día. 4. Pero ellos fueron simpáticos y nosotros hicimos planes para vernos con más frecuencia. 5. Yo pude encontrar su número de teléfono en las páginas amarillas. 6. Quise llamarlos ese día pero no tuve tiempo. 8. Nosotros supimos la razón del divorcio después de hablar con ella.

9.3 ¡Inténtalo!

2. Cuál 3. Qué 4. Qué 5. Qué 6. Cuáles 7. Qué 8. Qué 9. Cuál 10. Cuál 11. Qué 12. Qué 13. Cuál 14. Qué 15. Qué 16. Qué 17. Qué 18. Cuál 19. Qué 20. Qué

9.3 Práctica

1 1. Cuál 2. Dónde 3. Cuál 4. Cómo/Cuándo/Dónde 5. Quién 6. Qué 7. Qué, Cuál 8. Qué

9.4 ¡Inténtalo!

2. para ella 3. para mí 4. con ustedes 5. contigo 6. conmigo 7. para ella 8. para ellos 9. con ellas 10. para ti 11. contigo 12. con ustedes 13. Para ti 14. Para ellas

9.4 Práctica

1 1. mí 2. ella 3. nosotras 4. ti 5. él 6. nosotros 7. mí 8. usted.

(Answers to the *Práctica* and *¡Inténtalo!* activities in the student text)

contextos

Práctica

1 1. c 2. e 3. g 4. d 5. f 6. h 7. a 8. b

2 1. oído 2. enfermo/a, enfermera 3. examen médico 4. estornudó 5. rodilla 6. consultorio 7. dentista 8. infección

estructura

10.1 ¡Inténtalo!

1. bailaba, recetaba, corría, comía, decidía, vivía
2. nadabas, encontrabas, comprendías, venías, ibas, eras, veías 3. hacía, dolía, asistía, era, paseaba, podía, iba 4. éramos, tomábamos, íbamos, poníamos, seguíamos, veíamos, pensábamos 5. salían, viajaban, iban, querían, eran, pedían, empezaban 6. veía, estornudaba, sufría, iba, daba, era, tosía

10.1 Práctica

1 1. **Eran** las dos de la tarde. 2. Miguelito y sus amigos **jugaban** al béisbol en el patio. 3. Su mamá **estaba** dibujando cuando Miguelito entró llorando. 4. Miguelito **tenía** la nariz hinchada. Fueron al hospital. 5. Miguelito le **dijo** a la enfermera que **le dolía** la nariz. 6. El doctor **quería** ver la nariz del niño. 7. El doctor dijo que no **era** nada grave. 8. Miguelito no **iba** a jugar más. Ahora quería ir a casa a descansar.

2 1. Julieta y César eran paramédicos.
2. Trabajaban juntos y se llevaban muy bien.
3. Cuando había un accidente, siempre analizaban la situación con cuidado. 4. Se preocupaban mucho por los pacientes. 5. Si el paciente tenía mucho dolor, le ponían una inyección.

3 1. eran, tenían 2. tomaba, dolía 3. hacía se sentía 4. estornudaba/tosía 5. se caía 6. dolía 7. quería/pensaba 8. comprendía, se enfermaba 9. tenía, podía 10. tenía, quería 11. tosía/estornudaba, se sentía 12. pensaban, iban

10.2 ¡Inténtalo!

1. Eran 2. Había 3. entramos 4. almorzaba 5. llegó 6. empezamos 7. pedí 8. volvió 9. dio 10. tenían 11. decidimos 12. llovía, salimos 13. regresamos 14. pedí

10.2 Práctica

1 1. querían, Decidieron 2. estaban, llamó, tenía 3. volvió, podía, tenía, se sentían, tenían 4. sonó, estaban, dolía, podían 5. iban, llamaron, pensaban, era 6. se sentaron, comían, llegaron, era, estaba

2 1. hubo 2. vio 3. manejaba 4. murió 5. tuvieron 6. sufrió 7. dijo 8. vio 9. había 10. estaba 11. intentó 12. perdió 13. pudo 14. se lastimó

10.3 ¡Inténtalo!

2. Se come 3. Se venden 4. Se sirven 5. Se necesita 6. Se busca

2 2. Se te cayeron 3. Se les perdió 4. Se le quedó 5. Se nos olvidó 6. Se les quedaron

10.3 Práctica

1 1. Falso. No se veía mucha televisión. Se leía mucho. 2. Cierto. 3. Cierto. 4. Cierto. 5. Falso. No se mandaba correo electrónico. Se mandaban muchas cartas y postales. 6. Cierto. 7. Falso. No se llevaban minifaldas. Se llevaban faldas largas. 8. Cierto.

2 1. Se necesitan enfermeros/as. 2. Se prohíbe comer y beber 3. Se buscan programadores 4. Se habla inglés 5. Se venden computadoras 6. Se prohíbe hablar 7. Se necesita profesor/profesora 8. Se venden libros 9. Se prohíbe entrar 10. Se habla español

3 1. Al camarero se le cayó el pastel. 2. Al señor Álvarez se le rompió el espejo. 3. A Arturo se le olvidó la tarea. 4. A la Sra. Domínguez se le

Answers to Activities

(Answers to the *Práctica* and *¡Inténtalo!* activities in the student text)

perdieron las llaves. 5. A Carla y Lupe se les rompieron dos botellas de vino. 6. A Juana se le rompieron los platos.

10.4 ¡Inténtalo!

2. constantemente 3. gradualmente
4. perfectamente 5. realmente
6. frecuentemente 7. tranquilamente
8. regularmente 9. maravillosamente
10. normalmente 11. básicamente
12. afortunadamente

10.4 Práctica

1 1. tarde 2. ayer 3. a tiempo 4. Por lo menos
5. Apenas 6. inmediatamente 7. bien
8. Afortunadamente

(Answers to the *Práctica* and *¡Inténtalo!* activities in the student text)

contextos

Práctica

1 1. b 2. a 3. b 4. c 5. c 6. a

2 Yo descargué las fotos digitales por Internet. 2. Yo apagué el televisor a las diez de la noche. 3. ¿Quién puso la videocasetera? 4. Daniel y su esposa compraron una computadora portátil ayer. 5. Sara y yo fuimos al cibercafé para navegar en Internet. 6. Jaime decidió comprar una calculadora nueva. 7. Sandra perdió el control remoto. 8. David puso la contestadora y se acostó. 9. El teléfono celular sonó pero yo no contesté. 10. Yo saqué fotos con una cámara digital.

4 1. una licencia de conducir. 2. el baúl. 3. un mecánico / un taller. 4. la gasolinera. 5. el aceite. 6. carretera. 7. conducir. 8. carro.

5 1. taller 2. llenar 3. el aceite 4. el parabrisas 5. manejar 6. las llantas 7. la gasolina 10. revisar

estructura

11.1 ¡Inténtalo!

2. Llena, llenes 3. Sal, salgas 4. Descarga, descargues 5. Ven, vengas 6. Levántate, te levantes 7. Vuelve, vuelvas 8. Hazlo, lo hagas

11.1 Práctica

1 1. vengas, Ven 2. Haz, hagas 3. vayas, Ve 4. me digas, Dime 5. Sé, seas 6. Ten, tengas 7. Apaga, apagues

2 1. No conduzcas más rápido. Para el carro. 2. No pongas el radio. Háblame. 3. No almuerces ahora. Come más tarde. 4. No saques los discos compactos. Maneja con cuidado. 5. No estaciones el carro en esta calle. Piensa en otra opción. 6. No vuelvas a esa gasolinera. Arregla el carro en un taller. 7. No leas el mapa. Pídele ayuda a aquella señora. 8. No duermas en el carro. Acuéstate en una cama.

11.2 ¡Inténtalo!

2. para 3. por 4. para 5. Para 6. para 7. por 8. por 9. para 10. por 11. por 12. Para 13. para 14. por 15. para 16. por

11.2 Práctica

1 1. por 2. por 3. por 4. Por 5. para 6. por 7. para 8. por 9. para 10. para 11. por

11.3 ¡Inténtalo!

1. nos escribimos, se escriben 2. se escuchan, nos escuchamos, se escuchan 3. nos vemos, se ven, se ven 4. se llaman, se llaman, nos llamamos

1. se saludaron, nos saludamos 2. se hablaron, nos hablamos, nos hablamos 3. nos conocimos, se conocieron, se conocieron 4. se encontraron, se encontraron, nos encontramos

11.3 Práctica

1 1. Laura y Elián se conocían bien. 2. Laura y Elián se miraban con amor. 3. Laura y Elián se entendían bien. 4. Laura y Elián se hablaban todas las noches por teléfono. 5. Laura y Elián se ayudaban con los problemas.

2 1. se abrazaron 2. se besaron 3. no se miraron / no se hablaron / se enojaron 4. nos saludamos / nos encontramos en la calle

11.4 ¡Inténtalo!

2. el televisor mío 3. los discos compactos nuestros 4. las calculadoras tuyas 5. el monitor suyo 6. los videos míos 7. la impresora nuestra 8. el estéreo tuyo 9. el cederrón nuestro 10. la computadora mía

2. el mío 3. los nuestros 4. las tuyas 5. el suyo 6. los míos 7. la nuestra 8. el tuyo 9. el nuestro 10. la mía

11.4 Práctica

1 1. Una amiga suya vive en Mendoza. 2. ¿Me prestas la calculadora tuya? 3. El coche suyo nunca funciona bien. 4. No nos interesan los

(Answers to the *Práctica* and *¡Inténtalo!* activities in the student text)

problemas suyos. 5. Yo quiero la cámara digital mía ahora mismo. 6. Unos amigos nuestros manejan como locos.

2 1. Este estéreo, ¿es suyo?/Sí, es mío. 2. Esta computadora portátil, ¿es suya?/Sí, es mía.
3. Este radio, ¿es suyo?/Sí, es mío. 4. Este televisor, ¿es suyo?/No, no es mío. El mío era más grande. 5. Esta cámara de video, ¿es suya?/No, no es mía. La mía era más pequeña.
6. Estos discos compactos, ¿son suyos?/No, no son míos. Los míos eran de Shakira.

3 1. La nuestra 2. el suyo 3. los tuyos, los míos
4. las suyas, las nuestras 5. la suya, la tuya, La mía

(Answers to the *Práctica* and *¡Inténtalo!* activities in the student text)

contextos

Práctica

1 1. la sala 2. la cocina 3. hacer la cama 4. planchar la ropa 5. la oficina 6. la madre de Pedro viene a visitarlos

2 1. b 2. c 3. b 4. b 5. c 6. a

3 1. una almohada 2. lavar los platos/quitar la mesa 3. las cortinas 4. los muebles 5. los vecinos

4 1. una copa 2. un tenedor/un plato 3. una taza 4. un plato/poner la mesa 5. una servilleta 6. un cuchillo (y un tenedor) 7. un vaso/una copa 8. una cuchara/un plato

estructura

12.1 ¡Inténtalo!

2. quien 3. lo que 4. que 5. que 6. quienes 7. que 8. quien 9. quien 10. Lo que 11. que 12. que 13. quien 14. lo que 15. lo que 16. quienes

12.1 Práctica

1 1. d 2. a 3. e 4. b 5. g 6. c

2 1. quienes 2. que 3. que 4. quien 5. que 6. que 7. lo que

3 1. Tenemos una cafetera nueva que mi prima nos regaló. 2. Tenemos una cómoda nueva, lo que es bueno porque no hay espacio en el armario. 3. Esos platos que están encima del horno no nos costaron mucho. 4. Esas copas me las regaló mi amiga Amalia, quien viene a visitarme mañana. 5. La lavadora que nos regalaron mis suegros está casi nueva. 6. La vecina nos dio una manta de lana que compró en México.

12.2 ¡Inténtalo!

2. Díganmelo 3. Salga 4. Sírvannoslo 5. Bárrala 6. Hágalo 7. Vayan 8. Siéntense

2. No me lo digan 3. No salga 4. No nos lo sirvan 5. No la barra 6. No lo haga 7. No vayan 8. No se sienten

12.2 Práctica

1 1. Lea, guárdelos 2. Vaya, vea 3. llame, pídale 4. Contrate, pregúntales 5. esté, vuelva 6. dígales, les diga 7. saque, les haga 8. se preocupe, Sepa

2 1. Abran sus libros, por favor. 2. Cierre la puerta. ¡Hace frío! 3. Traiga usted la cuenta, por favor. 4. La cocina está sucia. Bárranla, por favor. 5. Duerma bien, niña. 6. Arreglen el cuarto, por favor. Está desordenado.

12.3 ¡Inténtalo!

2. estudies, aprendas, asistas 3. encuentre, pueda, duerma 4. hagamos, tengamos, vengamos 5. den, hablen, escriban 6. paguen, empiecen, busquen 7. sea, vaya, sepa 8. estés, des, oigas 9. arreglemos, leamos, abramos 10. canten, lean, vivan

12.3 Práctica

2 1. Es mejor que **cenemos** en casa. No, es mejor que **salgamos** a comer. 2. Es importante que **visites** las casas colgantes de Cuenca. Yo creo que es bueno que **vaya** a Madrid después. 3. Señora, es urgente que le **saque** la muela. Parece que tiene una infección. ¿Ah, sí? ¿Es necesario que me **tome** un antibiótico también? 4. Es malo que Ana le **dé** tantos dulces a los niños. Es importante que **coman** más verduras. 5. Es necesario que **lleguen** a la una de la tarde. Para llegar a tiempo, es necesario que **almorcemos** temprano. 6. Es importante que **nos acostemos** temprano. En mi opinión, no es necesario que **durmamos** tanto.

12.4 ¡Inténtalo!

2. preste 3. hagas 4. limpie 5. ayudemos 6. saques 7. descansar 8. limpien 9. pongan 10. salgas 11. haga 12. ir 13. estudiar 14. pasen

Answers to Activities

(Answers to the *Práctica* and *¡Inténtalo!* activities in the student text)

12.4 Práctica

2 1. diga 2. saber 3. prohíbe 4. comas 5. sea 6.
haga 7. sé 8. cocina 9. ponga 10. vaya
11. quiere

(Answers to the *Práctica* and *¡Inténtalo!* activities in the student text)

contextos

Práctica

1 **Plantas:** flores, hierba, árboles **Animales:** perro, gatos, vacas **Tierra:** valle, volcán, bosque tropical **Cielo:** sol, nubes, estrellas

2 1. gobierno 2. hierba 3. ecoturismo 4. peligro 5. población 6. lluvia ácida 7. cráter 8. solución 9. piedra 3. sendero

5 1. recoger 2. descubrir 3. resolver 4. proteger 5. controlan 6. se desarrollaron 7. están afectadas 8. contaminar 9. reciclamos 10. destruyen

estructura

13.1 ¡Inténtalo!

2. ayude 3. recicle 4. proteger 5. quieran 6. participemos 7. contaminar 8. vengas 9. estén 10. pueda

13.1 Práctica

1 1. vayan 2. lleguen 3. Tengo miedo de 4. molesta 5. encuentren 6. estén 7. alegro 8. Ojalá 9. puedan 10. visitar

2 1. Juan, espero que (tú) le escribas a Raquel. Es tu novia. Ojalá (que) no se sienta sola. 2. Me molesta que (Ud.) me diga lo que tengo que hacer. Ahora mismo le estoy escribiendo. 3. Me alegra oírte decir eso. Es terrible estar lejos cuando nadie te recuerda. 4. Señora, ¡yo tengo miedo que (ella) no me recuerde a mí! Es triste estar sin novia. 5. Es ridículo que te sientas así. Tú sabes que ella quiere casarse contigo. Ridículo o no, me sorprende que todos se preocupen de ella y nadie se acuerde de mí.

13.2 ¡Inténtalo!

2. come 3. salgan 4. ganen 5. vuelva 6. vayamos 7. recicles 8. juegan 9. estudian 10. venga 11. duerman 12. llame 13. oiga 14. ayuden 15. se aburre 16. va

13.2 Práctica

1 1. estudie 2. divierto 3. tomo 4. tienen 5. tengamos 6. dudamos 7. pasas 8. estés 9. uso 10. sea 11. es 12. piensan 13. va 14. puedas

2 1. No creo que estés escribiendo una novela en español. 2. No es verdad que tu tía sea la directora del Sierra Club. 3. Es imposible que dos profesores tuyos jueguen para los Osos. 4. No es cierto que tu mejor amiga conozca al chef Emeril. 5. No es posible que tu padre sea dueño del Centro Rockefeller. 6. Es improbable que tengas un doctorado en lenguas.

13.3 ¡Inténtalo!

2. trabajemos 3. contaminar 4. vamos 5. terminó 6. observar 7. cambiemos 8. estén 9. sea

13.3 Práctica

1 1. aprendan 2. haga 3. caminar 4. prohíba 5. vamos 6. llueva 7. terminemos 8. salir

(Answers to the *Práctica* and *¡Inténtalo!* activities in the student text)

contextos

Práctica

1 1. Falso 2. Cierto 3. Falso 4. Cierto 5. Falso 6. Cierto 7. Cierto 8. Falso 9. Falso 10. Cierto

2 1. pastelería 2. frutería 3. joyería 4. salón de belleza 5. lavandería 6. pescadería 7. carnicería 8. zapatería

3 1. gratis 2. ahorrar 3. firmar 4. cuenta corriente 5. cajero automático 6. cobra 7. deposita 8. pagó en efectivo/al contado 9. de viajero 10. llenar

4 1. paquete. 2. cartas 3. buzón 4. sello 5. correo 6. hacer

estructura

14.1 ¡Inténtalo!

2. tenga 3. sirvan 4. saca 5. está 6. interese 7. come 8. diga

14.1 Práctica

1 1. tenga 2. queda 3. pueda 4. está 5. sirve 6. sepa 7. entiende 8. sea

2 1. Yo conozco una panadería que vende pan cubano. 2. ¿Hay alguien que sepa la dirección de una buena carnicería? 3. Yo quiero comprarle a mi hija unos zapatos que le gusten. 4. Ella no encuentra nada que le guste en esa zapatería. 5. ¿Tienen las dependientes algo que sea más barato? 6. ¿Conoces tú algún banco que ofrezca cuentas corrientes gratis? 7. Nosotras no conocemos a nadie que haga tantas diligencias como nosotras. 8. Nosotras necesitamos una línea de metro que nos lleve a casa.

14.2 ¡Inténtalo!

2. cenemos, no cenemos 3. leamos, no leamos 4. decidamos, no decidamos 5. digamos, no digamos 6. cerremos, no cerremos 7. levantémonos, no nos levantemos 8. vámonos, no nos vayamos

14.2 Práctica

1 1. las dejemos 2. Hagámoslas 3. Vamos 4. busquemos 5. Crucemos 6. entremos 7. nos sentemos 8. sentémonos 9. Pidamos

2 1. Sí, levantémonos a las seis. 2. No, no los enviemos. 3. Sí, depositémoslo. 4. No, no vayamos al supermercado. 5. No, no se la mandemos. 6. Sí, limpiémosla. 7. No, no la miremos. 8. Sí, bailemos. 9. No, no la pintemos. 10. Sí, comprémoslas.

14.3 ¡Inténtalo!

2. bebido 3. decidido 4. roto 5. escrito 6. cantado 7. oído 8. traído 9. corrido 10. leído 11. visto 12. hecho 13. muerto 14. reído 15. mirado 16. abierto

14.3 Práctica

1 1. cerrada 2. abierto 3. conocida 4. descritos 5. escrito 6. hecha

2 1. Sí, los boletos ya están comprados. 2. Sí, las reservaciones ya están confirmadas. 3. Sí, mi pasaporte ya está firmado. 4. Sí, la ropa ya está lavada. 5. Sí, el problema con el banco ya está resuelto. 6. Sí, las cuentas ya están pagadas. 7. Sí, todas las diligencias ya están hechas. 8. Sí, las maletas ya están hechas.

(Answers to the *Práctica* and *¡Inténtalo!* activities in the student text)

contextos

Práctica

1 1. Falso 2. Falso 3. Cierto 4. Cierto 5. Cierto 6. Falso 7. Falso 8. Cierto 9. Falso 10. Falso

2 1. sedentario 2. engordar 3. sufrir muchas presiones 4. fuerte 5. apurarse 6. estar enfermo 7. tranquilo 8. mantenerse en forma

3 1. j 2. f 3. h 4. g 5. c 6. a 7. b 8. e 9. i 10. d

4 1. b 2. c 3. a 4. c 5. b 6. c

estructura

15.1 ¡Inténtalo!

2. has traído, has adelgazado, has compartido 3. ha venido, ha estado, ha corrido 4. ha leído, ha resuelto, ha puesto 5. han dicho, han roto, han hecho 6. nos hemos mantenido, nos hemos dormido 7. he estado, he escrito, he visto 8. ha vivido, ha corrido, ha muerto

15.1 Práctica

1 1. ha sufrido 2. han aumentado 3. hemos adelgazado 4. he llevado 5. hemos hecho

15.2 ¡Inténtalo!

2. había estudiado 3. habían ido 4. se había entrenado 5. habías llevado 6. había visto

15.2 Práctica

1 1. habías estudiado, había tomado 2. habían viajado, habíamos tomado 3. había corrido, había hecho 4. había sufrido, se había mantenido

15.3 ¡Inténtalo!

2. hayas comido 3. haya podido 4. hayamos merendado 5. haya adelgazado 6. haya habido

15.3 Práctica

1 1. se haya sentido, se haya entrenado 2. se hayan ido, haya aprendido 3. hayamos perdido, hayan preparado 4. haya llevado, haya decidido 5. hayan fumado, se hayan enfermado 6. haya disfrutado, haya cumplido

(Answers to the *Práctica* and *¡Inténtalo!* activities in the student text)

contextos

Práctica

1 1. b 2. c 3. a 4. a

2 1. el científico 2. la carpintera 3. la electricista 4. el bombero 5. el corredor de bolsa 6. la contadora 7. el maestro 8. el diseñador 9. la técnica 10. la arquitecta

3 1. pintor(a) 2. consejero/a 3. político/a 4. cocinero/a 5. abogado/a 6. actor/actriz 7. arqueólogo/a 8. maestro/a 9. reportero/a 10. peluquero/a

4 (1) solicitud (de trabajo) (2) currículum (3) anuncio (4) puesto (5) salario/sueldo (6) ganar (7) beneficios (8) entrevistar (9) entrevista.

5 1. b 2. c 3. b 4. a 5. c 6. a 7. a

estructura

16.1 ¡Inténtalo!

2. renunciarás, beberás, vivirás 3. hará, pondrá, vendrá 4. tendremos, diremos, querremos 5. irán, serán, estarán 6. solicitará, comerá, repetirá 7. sabré, saldré, podré 8. encontrarás, jugarás, servirás

16.1 Práctica

1 1. Nos casaremos… 2. Me dirá… 3. Buscaré… 4. Leeré… 5. Obtendré… 6. Estarán…

16.2 ¡Inténtalo!

2. habré terminado 3. habrá hecho 4. habrán llegado 5. habrán recibido 6. habremos llegado 7. habré vuelto 8. habrás decidido 9. habrá salido 10. habremos limpiado

16.2 Práctica

1 1. habré tomado 2. habrá leído 3. se habrán casado 4. nos habremos graduado 5. habré solicitado 6. habrás comprado 7. habrá viajado 8. habrá sido

16.3 ¡Inténtalo!

2. hablaran 3. pudiera 4. invirtiéramos 5. estuviera 6. hicieran 7. supieras 8. creyera 9. fuera 10. llegaran

16.3 Práctica

1 1. dejara, estudiara, pagara, aconsejara, fuera 2. ofrecieran, tuviera, dijeran, volviera, solicitara 3. vinieran, quedaran, pudieran

(Answers to the *Práctica* and *¡Inténtalo!* activities in the student text)

contextos

Práctica

1 1. Ellos fueron a un festival de arte. 2. Le gustó más la tragedia de *Romeo y Julieta*. 3. A Juanita le gustó la banda. 4. Ricardo dijo que él era excelente. 5. Ella dijo que él era guapo. 6. Ella compró un disco compacto. 7. Ricardo compró dos libros de poesía. 8. A Ricardo le interesaron Claribel Alegría y Roque Dalton.

2 1. Cierto 2. Falso 3. Falso 4. Falso 5. Falso 6. Cierto 7. Cierto 8. Falso 9. Falso 10. Cierto

3 1. actor 2. pintora 3. cantante 4. poeta, escritor 5. dramaturgo, poeta 6. escritor 7. pintor, escultor 8. compositor 9. escritora 10. bailarín

5 1. extranjera. 2. aplauden. 3. talentosa. 4. romántica. 5. artística. 6. folklórica. 7. de vaqueros. 8. musical. 9. aburrirse. 10. canal.

6 1. tragedia 2. bailarina 3. pintor 4. concurso 5. película 6. actor/actriz 7. artesanía 8. cantar

estructura

17.1 ¡Inténtalo!

2. apreciarías, comprenderías, compartirías 3. pondría, vendría, querría 4. seríamos, sabríamos, iríamos 5. presentarían, deberían, aplaudirían 6. saldría, podría, haría 7. tendría, tocaría, me aburriría 8. dirías, verías, publicarías

17.1 Práctica

1 1. gustaría 2. querría 3. diría 4. preferiríamos, podríamos 5. veríamos, harías 6. tendría, interesaría

17.2 ¡Inténtalo!

2. habrías apreciado 3. habrían pintado 4. habría tocado 5. habrían puesto 6. habríamos resuelto 7. habrían esculpido 8. habría presentado 9. habrían vivido 10. habrías abierto

17.2 Práctica

1 1. habrías hecho, habrían venido 2. habría tocado, habrían tenido, habría sentido 3. habría presentado, habríamos querido, me habría divertido

17.3 ¡Inténtalo!

2. hubieras dicho 3. hubieran ido 4. hubiéramos hablado 5. hubiera podido 6. hubiera visto 7. hubieras llamado 8. hubiera apreciado 9. hubiéramos bailado 10. hubiera ido

17.3 Práctica

1 1. se hubiera ido 2. hubieran venido 3. hubiera sido 4. hubiéramos podido 5. hubiera gustado 6. hubiéramos hecho

2 1. Fue muy triste que hubiera muerto la tía de Miguel. 2. Dudaba que Guillermo hubiera comprado una casa tan grande. 3. No podía creer que nuestro equipo hubiera perdido el partido. 4. Me alegré de que mi novio me hubiera llamado. 5. Me molestó que el periódico no hubiera llegado. 6. Dudaba que hubieran cerrado el Museo de Arte.

3 1. Esperaba que su hija Diana hubiera conseguido ser una pintora famosa. 2. Esperaba que los políticos hubieran acabado con todas las guerras. 3. Esperaba que su suegra se hubiera ido a vivir a El Salvador. 4. Esperaba que su hermano Ramón hubiera tenido un empleo por más de dos meses. 5. Esperaba que todos los países hubieran resuelto sus problemas económicos. 6. Esperaba que su esposa ya hubiera pagado el préstamo de la casa.

(Answers to the *Práctica* and *¡Inténtalo!* activities in the student text)

contextos

Práctica

1 1. b 2. a 3. c 4. b 5. c

2 1. medios de comunicación 2. desastres naturales 3. desastres naturales 4. política 5. medios de comunicación 6. política 7. política 8. desastres naturales 9. medios de comunicación 10. medios de comunicación 11. política 12. desastres naturales

4 1. anunció 2. ocurra 3. obedecieran 4. eligió 5. durar 6. luchar

5 1. artículo 2. choque 3. peligrosa 4. dictaduras 5. derechos 6. paz 7. violencia

estructura

18.1 ¡Inténtalo!

2. quieres 3. hace 4. iban 5. llamara
6. quisiéramos 7. te levantaras 8. tuvieran
9. hubiera sido 10. hubiera ganado
11. hubieran dicho 12. hubieran trabajado

18.1 Práctica

1 1. e 2. d 3. a 4. b 5. c

2 1. habrías 2. hubiera 3. habría 4. viajas
5. Voy 6. tuvieran 7. compraríamos
8. tuvieras 9. iría

18.2 Práctica

1 1. publicó 2. viniera 3. olvidara/haya olvidado
4. hubiera pedido 5. habría hecho 6. fue
7. fuera 8. llame 9. llegue 10. quiera
11. habrías encontrado 12. pudiéramos

Answers to Activities